本教材获批西安财经大学2022年度校级规划教材建设项目立项



# 城市经济学

李　媛◎主编

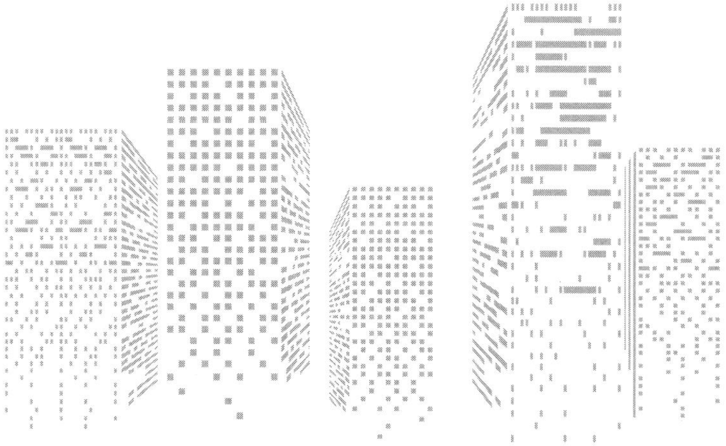

中国财经出版传媒集团
经济科学出版社
Economic Science Press
·北　京·

**图书在版编目（CIP）数据**

城市经济学／李媛主编．-- 北京 ： 经济科学出版社，2024．9．-- ISBN 978-7-5218-6026-9

Ⅰ．F290

中国国家版本馆 CIP 数据核字第 2024SD0406 号

责任编辑：王　娟　李艳红
责任校对：蒋子明
责任印制：张佳裕

**城市经济学**
CHENGSHI JINGJIXUE
李　媛　主编
经济科学出版社出版、发行　新华书店经销
社址：北京市海淀区阜成路甲 28 号　邮编：100142
总编部电话：010-88191217　发行部电话：010-88191522
网址：www.esp.com.cn
电子邮箱：esp@esp.com.cn
天猫网店：经济科学出版社旗舰店
网址：http：//jjkxcbs.tmall.com
北京季蜂印刷有限公司印装
710×1000　16 开　21.25 印张　330000 字
2024 年 9 月第 1 版　2024 年 9 月第 1 次印刷
ISBN 978-7-5218-6026-9　定价：86.00 元

# 目 录

# 第一章

# 导　　论

本章介绍城市经济学的理论渊源、研究对象、研究方法、研究内容以及发展趋势。

**【重点问题】**

◎城市经济学的研究对象

◎城市经济学的研究方法

◎城市经济学的研究内容

## 第一节　城市经济学的理论渊源

### 一、城市经济学产生的历史渊源

城市经济学这一术语最早出现在1965年威尔·汤普森的《城市经济学导论》一书中，学界普遍认为，这本书的出版是城市经济学产生的重要标志。然而，城市地区的经济学研究早就引起了人们的关注，早在1776年的《国富论》中就有对城镇功能、劳动分工是以何种方式促进经济发展的，以及现在我们称为外部经济或集聚经济的相关评论。同时，在《国富论》中也包含着亚当·斯密关于城市经济是如何发挥功能的许多观点。

1920年，马歇尔在《经济学原理》一书中探讨了“工业区”外部经济的影响，即企业为了节约成本而相互就近选址布局，这种集聚行为提高了他们所在地区共同的生产效率。1926 年，海格（Haig）在《经济学季刊》上发表的两篇文章也许可以被视为城市经济学产生的最早标志，这两篇论文以纽约大都市区为背景，揭示了市中心的高地价和市区内存在的低地价差异将会使经济主体对靠近市中心的选址布局更为谨慎，因为如果企业选址不当将会导致自身破产。1954 年，萨缪尔森在理论上证明了人们并不愿意显露对公共物品的偏好。1956 年，美国经济学家蒂伯特（Tiebout）以有关地方公共产品经济学的一篇文章从理论上回应了萨缪尔森的观点。蒂伯特提出，当公共产品是地方公共产品，并且这些地方公共产品仅仅被提供给一个地方政府辖区内的居民时，至少在理论上可以证明，如果居民可以在不同公共产品供给区内部迁移，他们就会显露其对地方公共产品的偏好。之后，这篇论文被视为城市经济学的一座里程碑，已经被用来分析地方政府的经济情况。

城市经济学的确立最初要归功于 20 世纪 50 年代后期美国的两组研究人员。第一组继承了海格的思想，并继续从事 30 年前海格对纽约都市区的经济研究，这些研究成果在雷蒙德·弗农的《大都市 1985》（Vernon，1960）一书中得到了概括。1959 年，胡弗和弗农合作完成了《大都市区剖析》一书，该书关注了一定区域内经济主体的选址行为。此外，《国家的十分之一》（Lichtenberg，1960）一书研究了纽约工业的发展，《金融大都市》（Robbins and Terlecky，1960）一书则着重研究了纽约金融工业的状况。以上这些著作和其他相关主要著作一起，共同描述了城市经济主体运行方式的概貌。

与此同时，第二组人员就是纽约研究小组，开始了对城市经济问题的实证研究，阿隆索（Alonso）和温戈（Wingo）一直努力构建一个描述城市内部土地价值和交通费用特别是人们去市中心的通勤费用和土地价值关系的理论模型，利用这一模型来解释居民选址模式是什么因素决定的。阿隆索从 1960 年开始撰写这方面的研究论文，并于 1961 年发表了第一篇论文，他的《布局与土地利用》一书出版于 1964 年。同时，温戈的《交通与城市土地》一书也早已于 1961 年出版发行（Wingo，1961）。在我们看来，这是具有分水岭意义的时刻，自此，与城市经济学相关的研究计划开始出现。

之所以把阿隆索和温戈的研究成果视为标志着城市经济学诞生的代表作，原因在于：他们的理论将对交通（人们从住址到工作单位的通勤）、住房和居民区布局（为什么人们会选择与自己工作相关的地方居住）的研究整合到了一起。

## 二、城市经济学在西方的兴起

城市经济学在西方产生并发展成为对城市经济问题的研究，最早是从19世纪20年代西方一些经济学家对城市土地经济和土地区位经济的研究开始的。这一时期有关城市经济学的研究主要有：城市区位的研究、城市土地市场的价值分带理论研究和关于“楔形理论”的研究。

20世纪40年代，城市经济问题的研究已进入系统化的阶段，内容涉及城市房地产市场、级差地租、土地价格、土地合理利用、工业布局、空间距离、运输成本等。

城市经济学从广义的经济学中分离出来，并于20世纪60年代成为一门独立的学科。1965年，美国学者威尔帕·汤普森（Wilbur Thompson）编写的城市经济专著《城市经济学导论》问世，标志着城市经济学诞生。

城市经济学虽然起步很晚，但各国城市经济学家颇有见解和价值的观点，对于今后城市经济学的发展起到了很好的推动和引导作用。其中，比较有代表性的学者有：英国的K. J. 巴顿（Button）、日本的山田浩之和美国的沃纳·赫希（Werner Hirsch）等。巴顿强调，现代的城市经济学不仅涉及“效率”问题，而且与“公平”有关；城市经济学具有“多学科性”。山田浩之十分重视城市经济关系的研究，他首先提出了“城市系统”的概念，同时提出了“城市内”和“城市间”经济关系研究的任务。沃纳·赫希认为城市经济是高密度性特征和外部性特征紧密相连的。

## 三、城市经济学在中国的引进与创立

20世纪80年代，城市经济学在我国兴起和传播，经过近40年的风雨历程，城市经济学在我国已经得到长足发展，不论在理论上还是在实践上都取得了突破性进展，并已在经济学领域扮演了重要的角色，发挥出越来越令人瞩目的作用。在我国，城市经济学尚属发展中的新兴学科，随着中国城市化进程的加快，城市经济学将变得越来越重要。40 年的探索，中国进入城市经济研究繁荣昌盛的新时代，城市经济问题的研究论文发表量迅速增加，城市经济问题的专著如雨后春笋般相继出版，丰富了中国经济问题的研究成果。

作为经济学的一个分支，城市经济学的研究开启了创立与发展的历史阶段，40 年来已出版了近 20 部的专著和教材。从这些著作中可以看出，中国学者研究城市经济学的轨迹大体上可以分为引进与创立两个阶段。这就是城市经济学在中国的兴起与发端。大体上是 20 世纪 80 年代与 90 年代中期的著作。我国进入改革开放新的历史阶段之后，国人对商品、市场经济的认识逐步深化，城市的作用日益显著，城市化的进程开始加速，国内学者对城市的研究热情高涨，西方的城市经济学著作开始被引进。基于此，中国学者在借鉴西方教材的基础上开始编写城市经济学大学教材和普及读物。这批早期的著作，有以下几个特点：第一，作为创立阶段的产物，这些著作一开始就借鉴巴顿阐述的“系统地运用经济学的原理去解决城市的各种重大问题”这一观点，紧密结合中国改革开放后的城市化发展、城市内部发展的主要问题展开研究。第二，这些早期著作普遍把城市经济学研究的对象或任务界定为城市经济运动的规律性，有几本著作明确提出要研究社会主义城市经济活动的规律。第三，由于研究对象界定得比较笼统，城市经济学在学科范围和内容上大相径庭。有的著作强调研究城市经济的内部关系和外部关系，范围较广泛，除城市的产生与城市化、城市内部诸问题之外，还包括了城市经济结构、城市经济效益、城市经济管理、城市发展战略和城市经济改革等。有的著作强调城市经济学是研究生产力方面的，而且是从空间经济角度进行研究的一门科学，研究内容主要侧重于城市运行和城市作为空间经济载体而产生的问题，诸如土地问题、住宅问题、交通问题、环境问题以及城市应急管理问题。

## 第二节　城市经济学的研究对象

学科的研究对象源于学科性质的定位，而学科性质的定位又源于该学科实际发展中需要解决的问题。近年来，随着城市经济活动的不断发展与演变，城市经济学的研究对象也由单一的空间理论分析向解决城市实际面临的问题转变，并展现出许多新的特点。

（1）研究重点逐渐从理论分析向应用研究转变，侧重于研究城市快速发展过程中产生的现实问题。随着城市化的快速发展和对城市资源的不断开发利用，出现了大量需要解决的城市问题。城市经济学的研究重心就由单纯对空间经济的理论分析转移到解决城市问题的大量应用性研究。根据城市经济发展过程中出现的各种具体问题，城市经济学开展了大量的对策性研究，进一步强化了城市经济学的应用性。由于城市问题大多表现为公共产品的供应问题，于是可以把公共经济和公共政策分析的一些方法用在城市问题的研究上，使城市经济学成为研究公共产品和私人产品之间联系的桥梁。与此同时，此类对策性研究将城市经济学的研究工具运用于研究发展中国家的城市问题，使得城市经济学作为一门针对城市问题的经济学科的特点显得尤为突出。

（2）研究领域不断向其他学科拓展深化，城市经济学的交叉融合特征进一步彰显。例如，对诸如住房、交通、环境、应急管理等一些热点城市问题，西方经济学界大多将其放在城市经济学框架内来讨论。20 世纪六七十年代的城市住房分析主要关注低收入者的住房问题，20 世纪 80 年代以后更重视住房投资及供给方面的研究，有关住房的财产性质、税收影响及供给行为的实证分析大量出现。进入 21 世纪，随着城市进一步扩张，尤其是美国“911”事件后，针对城市公共危机管理与应急管理的相关研究被广泛讨论。在新一代信息技术变革下，通过构建“技术嵌入—危机学习”分析框架，以大数据技术驱动常规情境下的城市治理创新不断涌现，并触发应急管理领域的范式变革。

（3）研究范式逐渐从规范研究向实证研究转变。广泛运用计量经济工具完成大量的实证研究。城市经济学发展早期，以规范研究为主的研究范式较为普遍。然而，近年来随着西方国家统计网络不断充实完善，极大地提升了数据资料获取的便利性，推动了各种计量经济模型在城市经济问题中的应用和普及，有助于对城市经济现有理论的实证检验及修正。

（4）不断借鉴其他领域的学科前沿问题，丰富城市经济学的研究内容。随着经济学的不断发展，出现了很多新分支和重要的新研究成果，如信息经济学、数字经济学、资源环境经济学等。近年来，随着城市经济学研究领域的不断具体和细化，接受和借鉴新成果的趋势日渐突出。例如，在数字经济中，关于数字技术对企业管理的影响的研究成果，被借用来研究城市政府的管理效能提升。又如，关于信息不确定性及不对称性的研究成果就被适时地引入城市经济学关于企业布局的理论之内，提出了信息成本在布局中的影响机制的新观点。甚至经济学以外的专业如社会学、地理学等的最新研究成果，也逐渐被引入城市经济学的理论研究之中。

综合这些变化，我们可以把城市经济学的研究对象概括为：城市经济学是研究以城市空间要素利用为核心的城市资源配置和城市经济福利最大化的经济科学。其中，以集聚经济原理为核心的城市经济的集聚和扩散以及城市化的需求与供给的运行规律属于理论经济学，以城市公共产品有效供应为核心的各种城市经济具体问题的运行规律则属于应用经济学。

## 第三节　城市经济学的研究方法

从 20 世纪 60 年代开始，经济学家围绕城市经济问题展开了大量研究，表明城市经济学是以研究空间经济和城市公共产品及其与私人产品关系为特色的经济学。空间经济资源与时间经济资源不同，在总量上不能够被替换，因而更多地表现为公共资源；而时间经济资源存在着高度的替换的可能性，因而可以更多地表现为私人资源。同时，城市作为一个整体，是公共产品与私人产品的交汇处，只要公共产品与私人产品分别实现了均衡，城市经济和城市化经济就会实现均衡。因此，城市经济学在研究方法上，既要运用实证分析方法，探究其发展规律，又要运用规范分析方法，探索其发展目标。于是，城市经济学的研究方法形成了两套范式：规范（normative）主义和实证（positive）主义。

规范分析的研究方法，一般是通过严格的经济学模型推演来得出诸如“完全竞争市场是有效率的”理论命题，说明应该怎样组织经济体的结构才能达到高效率。相比之下，实证主义的研究方法是利用现有的资料论证现实的经济是如何运行的，以及运行过程和规范主义理论是否一致。实证主义的研究方法一般要通过五个步骤：（1）对现有相关研究资料的收集；（2）进一步修正和分析收集到的数据；（3）建立能够解释城市问题的模型；（4）结合数据来估计经济模型内的参数，并检验理论假说的准确性；（5）利用模型进行预测和政策制定。当然，根据研究问题的性质，可以对步骤的内容进行修正和调整。

值得注意的是，传统经济分析在上述两类方法的运用上，都是只取其一，要么运用规范分析（如福利经济学），要么运用实证分析（如微观经济学和宏观经济学）。城市经济学的研究却是两种方法都要用：首先在研究中针对不同性质的问题采取二者中相适宜的一种分析方法，然后将分析中得到的结果结合起来进行系统考虑，即要同时考虑规范分析与实证分析两种方法的研究结果。这是城市经济学研究的一个突出特点。

城市经济学研究过程中有一些最初的理论模型，经过大量的实证研究，不断地出现了对模型的修正意见，形成了许多新的认识，但这并不妨碍初始模型对人们认识城市经济和城市化经济运行规律的引导作用。因此，不能简单地判断哪些模型是更好的从而断定哪些方法是更好的。实际上，无论是规范分析还是实证分析，都只是从研究路径的角度对城市经济学进行了概要的描述，而影响这些过程和方法的往往是经济学者在研究城市经济问题时的经济理念。换言之，理论流派的差异会对相关城市经济问题研究的过程和方法产生明显的影响。

在城市经济学研究的流派中，目前有两类学者颇具代表性。

一类是“主流城市经济学派”（mainstream urban economics）。绝大多数城市经济学者属于这一学派，他们研究框架内的核心命题是如何利用有限的空间和时间资源来最大化城市内部主体的效用。这个命题的一般表述是：城市内的土地、资本和时间资源等都是有限的，在利用这些有限资源时，应当使某个产品或者活动所带来的边际收益等于其边际成本，否则，交易中的某一方的福利就会蒙受损失。这一原则就是市场配置资源的最佳方式，是主流城市经济学家们深信不疑的。当然，他们也承认，在某些情况下（比如垄断、外部性和公共品等）市场会出现失灵，所以需要政府干预。例如，市场配置资源的过程可能无法兼顾收入分配的公平，所以制定收入调节的公共政策很有必要。虽然收入调节政策本身可能会带来一定的效率损失，然而社会往往会容忍一定的效率损失来实现更为公平的收入分配结构。如在对低收入家庭的住房政策进行研究时，研究人员首先会收集住房市场和低收入家庭状况的数据，然后建立模型和运用统计数据进行参数估计，寻找到能够改善低收入家庭住房条件的最优方法。主流城市经济学家认为，兴建大量公房来解决低收入居民的住房问题是一项成本非常高昂的计划，一个比较好的办法是采用居住许可证方式，鼓励城市居民在私人住房市场购买合适的住房。同时，政府对城市住房市场的居住许可补贴被经济理论证明是一个比较有效的方法。此外，主流学派还采取宏观经济学的研究成果平稳市场体制中的城市经济运行，认为城市政府应该采用积极的财政政策和货币政策，来实现短期的城市经济稳定与长期的城市经济平稳增长。这些思想决定了这一学派内的研究很多都是围绕着政策的制定来开展的。

城市经济学领域另一类学派的主要研究思想被称为“保守主义城市经济学”（conservative urban economics），其理论创始人是米尔顿·弗里德曼（Milton Fried-man），他的基本思想可以简单表达为：首先，经济制度的最终目标是保护社会成员在从事经济活动时具有充分的自由，因此，他认为政府对市场的干预必须受到限制而且政府权力要分散到地方而不能过于集中。保守主义经济学家对垄断的理解非常独特，在他们看来，垄断最重要的成因是政府低效率的类似于合谋性质的管制政策，所以如果能够通过立法的方式来降低政府对本地经济的干涉行为，那么就有可能有效避免垄断。其次，对于外部性的现象，弗里德曼等人非常推崇科斯的理论，即如果能够充分界定产权，而且达成协议的交易费用是可以忽略的，那么外部性就不会带来低效率。最后，保守主义的城市经济学家认为降低城市贫困水平是社会的中心任务之一。围绕这个问题，该学派提出了负向收入税的概念，其成为城市经济学中一个非常经典的命题。由于基本的经济理念存在差异，保守主义的城市经济学家在设计城市经济政策时，和主流城市经济学家会有很大不同。例如，很多城市都面临着大批公共旧房改造的问题。主流经济学家认为，旧房产生了巨大的外部不经济，因此城市政府必须出面来拆除这些破损房屋。但是，保守主义城市经济学家反对这种偏激做法，他们提出，对破旧房屋进行抽税并通过负向的收入税来为贫困居民增加收入可能是更好的选择。

在国内，近年来对城市经济学的研究虽然还没有形成明显的流派，但是也存在差异很大的各种观点。有的认为应主要运用宏观经济学观点阐述城市经济问题，有的认为应主要运用微观经济学观点阐述城市经济问题，有的认为城市经济学就是空间经济学，有的认为城市经济学的重心是公共经济学等。可见，城市经济学还是一门成长中的年轻学科，它将在人们关注城市经济问题和城市化的历史潮流中，不断地产生新观点，不断地完善自身体系，最终成为指导城市化进程和解决城市经济问题的重要经济学学科。

## 第四节 城市经济学的研究内容

城市经济学是一门独立的学科，是研究城市经济发展规律的学科。根据上述对城市经济学学科性质和研究对象的分析，我们认为城市经济学的研究范围和主要内容应当包括以下几个方面。

（1）高质量发展视域下城市经济基本范畴和城市经济学基础理论问题的研究，主要分析城市的产生与发展、城市经济本质以及城市化问题。各种要素向城市聚集，是城市经济优于乡村经济的最重要特征。因此，以集聚经济为核心所展现的城市规模经济、城市范围经济、城市分工经济理论以及区位理论等，构成了城市经济学的基础理论。

（2）揭示以城市高质量发展为主要目标的经济运行规律。城市经济增长是城市高质量发展的必要条件，从城市增长机制出发探寻的对城市经济规模土地、空间、结构、基础设施等问题的研究，反映了支撑城市增长的经济发展基础条件和增长动力的一般规律。针对城市政府公共经济行为和城市公共政策等方面开展研究，探讨城市经济发展的动力机制、城市规模经济等问题。

（3）中国城市发展中的现实问题。针对城市交通和环境日益恶化、城市空间过度扩张、城市社会发展不均衡等问题，主要从对城市空间的社会性利用上研究城市运行效果的经济问题，包括城市交通和城市环境问题；从城市范围内的居民效用和企业效用出发研究城市软硬环境的经济运行问题，包括城市住房和城市安全问题。以期为解决城市发展中的问题提供思路和对策。

（4）中国的城市群发展问题。目前我国城市化发展的一大特点是城市群的快速发展，并成为引领区域经济增长的重要增长极。理解城市群产生和发展的条件，熟悉我国城市群发展的现状及特点，了解我国三大城市群的基本情况，了解世界五大城市群的发展模式，了解全球城市的功能和基本特征。对这些区域问题的经济分析，已经成为城市经济学的重要构成内容。

（5）中国式现代化进程中的城市现代化问题。在中国式现代化背景下，通过梳理中国式现代化的思想演进及城市现代化研究进展，在中国式现代化框架下界定城市现代化的内涵，介绍城市现代化水平测度评价指标体系，最终提出推进中国式城市现代化的政策框架。

（6）城市未来发展问题。在了解了城市经济的本质、特征、微观基础和基本要素等内容之后，我们已经知道了一座城市的经济是如何运行的，需要具备哪些基本的要件，运行过程中要面临哪些城市问题，以及它们背后的经济学原理。那么，未来的城市是怎样的呢？未来的城市经济又会呈现哪些特征？本书把数字城市、数字孪生城市、生态城市、韧性城市等都看作一个过程来研究，认为城市经济在实现数字化、生态化之后依然会面临各种发展问题，仍需要城市经济研究提供理论和实践指导。

## 第五节　城市经济学的发展趋势

### 一、主要研究领域及发展趋势

（1）关于推进以县域为载体的新型城镇化建设研究。一是注重提升县城市政公用设施建设水平和基础公共服务、产业配套功能，增强综合承载能力和治理能力，如何发挥县城对县域经济发展的辐射带动作用，促进城乡融合发展，推动共同富裕。二是因地制宜发展小城镇，促进特色小镇规范健康发展，构建以县城为枢纽、以小城镇为节点的县域经济体系。以往的研究大多集中在大城市发展方面，较少关注小城镇的城市化问题，而以县域为载体的小城镇城市化正是国家推行城市一体化发展的战略支点，以后应加强这方面的研究。

（2）关于城市综合竞争力评价问题的研究。应该尽快建立起普遍适用的，且具有一定权威性的评价指标体系，需要加强相关的基础理论研究和实践调查。以城市综合竞争力来评价城市发展状况，对大城市来说具有一定的参考价值，但对于中小城市，特别是具有发展特色的中小城市则失之偏颇。因此，应建立可以用来评价具有发展特色城市的指标体系，与综合竞争力评价标准一起，构成完整的有关评价城市的指标体系。

（3）关于城市数字化发展的研究。一方面是城市数字化发展评估指标体系研究。数字经济的内涵极其复杂，城市的数字化发展涉及产业、环境、资源、政府和社会等多方面的协调发展。这就决定了其评估指标体系的建立将涉及多学科背景和复杂的方法论，数字化发展评估指标体系作为总体目标的分解和管理工作的依据，将有助于城市数字化发展的观念创新。另一方面是针对不同规模、不同经济发展水平、不同环境承载力的城市，数字化发展的模式和节奏的把控需重点关注，谨防数字鸿沟的产生，否则将导致城市差距进一步拉大。

（4）关于城市管理问题的研究。一是城市规划建设与管理中政府的职能与定位。这是城市建设与管理的首要和基本问题，相关的研究已有很多，但还不够清晰明确，指导实践的能力也不足，研究工作仍需加强。二是城市发展中的文化传承与保护。在追求中国式城市现代化的过程中，需要从经济学角度确立保护城市历史文化的机制，平衡城市现代化发展与历史文化保护的矛盾。

## 二、加速我国城市经济学发展的建议

（1）呼吁政府和社会力量的支持。城市发展离不开城市经济学的指导。目前我国高等院校的本科专业设置中，城市管理专业仍属于“小众”

专业。设有该专业的高校数量十分有限，招生人数规模也有限。这与我国城市化快速推进的社会发展现实不符，城市发展过程中产生的热点和重点问题其实与生活在城市中的我们息息相关，但是学生对这些问题的认识明显不够，也缺乏必要的交流和研讨。

（2）从国家层面引导学科发展方向。从国家哲学社会科学长远发展规划的层面加强对该学科的指导和引领，鼓励支持全社会以不同的方式创办各种类型的城市大学、城市学院和城市研究院。应整合各方面研究力量，在“十四五”期间协同开展下述重大课题的攻关研究：城市应急管理研究；推进城市现代化问题研究；城市化与新型工业化关系及其互动机制研究；中国城市公共经济与公共经济管理研究；城市与区域经济协调发展研究；城市产业结构调整与城市就业问题研究；城市经济学基础理论、经济模型及研究方法等。

**【本章小结】**

本章通过阐述城市经济学的理论渊源，明确我国城市经济学目前的发展阶段。通过分析城市经济学的研究对象和研究方法，帮助同学们更好地梳理和掌握本书的研究内容，并探析未来的发展趋势。

**【关键术语】**

城市经济学　研究对象　研究方法　研究内容　发展趋势

**【思考题】**

1. 了解城市经济学的理论起源，反思我国城市经济学的发展。
2. 目前城市经济学的研究方法有哪些？
3. 你认为城市经济学未来的发展趋势是什么？

第二章

# 城市与城市经济

本章介绍城市、城市经济以及城市化的一般概念、基本特征、城市的功能与性质、城市经济的运行过程、城市化水平测算方法，世界的城市化进程及特征，以及中国的城市化进程及特征。

**【重点问题】**

◎ 城市化的基本概念

◎ 城市化水平的测度

◎ 世界的城市化进程及特征

◎ 中国的城市化进程及特征

## 第一节　城市的一般概念

### 一、城市的定义及特征

#### （一）城市的多种定义

城市是一个综合体，从不同的角度观察，会有不同的定义。国内外学者从经济、社会、地理、历史、生态、政治、军事等各种角度对城市下的定义约几十种。

从经济学角度看，城市是商业、工业、金融、信息、旅游文化和各种服务业等非农产业和非农业人口的集聚地，是某一地区或国家生产、消费等的经济中心和经济发展的龙头，在区域经济和整个国民经济中居于主导地位。

从历史学、地理学和心理学的角度看，城市是人类文明进步的产物，它起源于古代战争防御的堡垒、自由交易物品的场所、祭神拜相的圣地以及共同生产生活和游戏娱乐的聚居地。城市既是物质的，又是精神的，是自然和人工共同构成的物质形态，也是文化所形成的心理状态。

根据生态学、环境学和系统学的观点，城市是以人类社会为主体，以地域空间和各种设施为环境的生态系统，这个生态系统是城市社会（人口、劳动力、智力）与城市空间（地域环境、自然资源、人工设施）的对立统一体。其中，城市本身就构成了环境，是表现自然环境和社会环境的总和。城市是自然环境不可分割的部分，城市社会环境是人们发展的条件，城市生态环境是人们生存的条件。

根据人类学和社会学的观点，城市是特定的生活社区，是人类聚落的形式之一。由于人口密集，城市在整个人类活动和社会结构中处于显著的位置，是社会政治、法律、文化、教育、体育、医疗卫生、社会保障等制度制定和实施的最重要的区域。

可见，作为非农产业人口集聚的生活社区，城市是自然、政治、经济、社会、科学、文化发展中的节点和中心，是人类各种力量聚集的焦点。英国城市经济学家巴顿说："城市是一个在有限空间地域内的各种市场（住房、劳动力、土地、运输、商品等市场）交织在一起的网络系统。"法国一位地理学家说："城市既是一个景观、一片经济空间、一种人口密度，也是一个生活中心或劳动中心；更具体点说，也可能是一种氛围、一种特征或一个灵魂。"城市属于历史范畴，是经济社会发展的产物和经济社会发展历史过程的具体体现，也是社会再生产过程的具体体现。从社会经济管理的角度看，城市是人类生活社区的形式之一，是区域管理主体（国家、城市政府）的职能结构，也是区域管理客体的空间表现。

综上所述，我们可以把城市定义为：城市是指一定规模及密度的非农业人口聚集地和一定层级或地域的经济、政治、社会和文化中心。

### （二）城市的特征

城市自身有独特的成长机制和运行规律，它显著地区别于农村，主要表现在以下几个方面。

（1）在载体上，城市体现出环境的高组织化和物质设施的高集中性特点。环境组织化是指对自然环境的人为改造，这种人为改造体现为大量建筑物和构筑物的存在，其程度远高于农村，目的是使环境适合人的需求；物质设施的集中化表现为各种工作、居住等场所和交通等设施在市区内的高系统性和高密度分布。这种载体特征使城市一方面在外部景观上明显区别于农村，另一方面在功能上为人们的生产生活提供了更大的便利。

（2）在人口上，城市具有多元性和高度社会化特点。首先，城市人口集中程度远高于农村，且人口从事非农产业；其次，城市人口包容性强，人们从事不同职业并分化为不同阶层，呈现出多元化的特点；再其次，城市家庭规模小型化、结构简单化，人们有更多精力和时间投入家庭外的社会活动；最后，不同阶层、行业等背景的人为保护自身利益或为实现自己的兴趣和价值取向，往往以一定方式组成一定的社团群体，表现出城市人口较强的社群性。

（3）在经济上，城市体现了要素的空间集聚性和规模经济性。一是经济要素特别是劳动力要素不断地向城市集聚，使得在城市里能够形成规模庞大的，甚至跨区域的经济实体；二是城市经济的非农产业门类齐全、功能完备，经济结构能在更大程度上满足经济发展的需要，形成规模经济的特点；三是城市分工不断分化和细化，形成不同功能的高频率的各种经济活动，使城市比农村更具有活力，城市成为“繁华”的代名词。

（4）在生活方式上，城市总是体现出现代化特点。首先是工作职业化，城市人大多从事固定的职业，工作与生活相分离，工作时间具有分割性，日常时间安排较具节奏性和条理性；其次是行为网络化，发达的传媒技术是城市居民须臾不离的主要行为手段，他们借此了解外部世界发生的一切和与他人随时进行间接交往；最后是交往多样化，城市人的交往范围极大地拓宽，交往的内容、方式和规则也随之表现出多样性。

（5）在文化底蕴上，城市文化带有明显区别于农村文化的多元性、开放性、技术性和商业性的特点。首先，由分工、产业、人群等多项城市元素的不同性质构成了城市的多元社会，在文化底蕴上必然体现出多元性，从而城市就成为不同文化的交汇融合之处；其次，城市是个开放系统，每天都进行大量的内外部交流，人们的意识更为开放，观念更具弹性和适应性；最后，城市是个技术社会，城市的一切，包括人的行为，都受到技术化和商业化的影响，使得城市文化在内容上倾向于技术性和商业性。

## 二、城市的功能与性质

### （一）城市的功能

城市的功能是指城市在一定时期和一定地域内（包括一定地区、一个国家直至整个世界），在政治、经济、文化生活中所承担的任务和所起的作用，以及由于这种作用发挥而产生的效能。现代城市功能，通常可以从两个方面进行分类。

**1. 就城市功能的普遍性和特殊性分类**

第一，城市的普遍功能是指任何城市都具有的共同性功能，无论城市规模大小、历史长短以及地理位置如何，无一例外。现代城市的普遍功能主要包括五个方面：（1）承载功能。城市是由自然物质承载体（如土地、水源等）和人工物质承载体（如道路、桥梁、文化设施等）构成的巨大载体，为人们在城市开展各种活动提供物质条件和环境条件。城市的载体功能是有限的，超出它的承受能力，城市将处于超负荷状态，会出现功能紊乱现象。（2）经济功能。经济功能是当代城市普遍具有的核心功能，主要包括生产、交通、分配、消费以及与其密切相关的信息、金融、科技、商业、运输等功能，起着组织和配置城市资源、发展城市经济的重要作用。在现代市场经济下，经济功能是城市不可缺少的重要功能。（3）政治功能。城市往往是一个地区或国家的政治中心，是各级国家政权机关所在地。例如，有些城市是省会的政府机构所在地，有些城市是举办国际、国内各种政治会议的所在地，还有些城市是地方性群众政治活动的集聚地。这些政治功能在现代城市中都或强或弱地存在着。（4）文化功能。现代城市往往是一个国家或地区的教、科、文、卫、体等文化事业的集中地，既肩负着城市文明的基础教育功能，又承担着城市精神文明建设和繁荣文化的任务。这种城市文化功能在产业革命后更为普遍。（5）社会功能。城市是各种社会组织、各类社会活动最集中的场所，各种社会团体，如政府机构、企业、非营利组织、宗教组织等的社会活动，大都以城市为依托，将其自身能量传布到广大地区、全国甚至国外；同时，城市在实施社会福利、社会救济、社会保险及保护环境、治理污染等方面十分得力，因而现代城市的社会功能十分普遍。

第二，城市的特殊功能是指城市特有的，而不是每一个城市都必备的功能，它反映了城市的特性。它是由城市的地理位置、自然资源和历史条件决定的。如海滨城市、边防城市就主要由地理位置决定，即只有位于海岸，才能成为海滨城市；只有位于国家的边境，才能成为边防城市。而石油城市、煤炭城市、钢铁城市、林业城市等，主要由其自然资源决定；旅游城市、历史名城（如杭州、桂林、北京、西安等），主要由其自然、人文环境和历史条件决定，如果离开特定条件，就不可能有这些城市。可见，城市的特殊功能是由城市形成的主导动因及其发展性质决定的，具有与其物质内容相一致的两大特性：对城市发展的决定性和对区域作用的辐射性。

城市的普遍功能，体现着一切城市的共性，是区分城市与乡村的界限；而城市的特殊功能，体现着城市的个性，是区分不同类城市的重要标志。

**2. 就城市功能的重要程度分类**

第一，城市的主要功能，是指城市多种功能中对城市发展起决定作用、能够反映城市特征的功能。对一个城市来说，哪种功能是主要功能，不是由人们主观臆断的，而是客观存在的。自工业革命以来，城市功能发生了划时代的变化，城市的经济功能得到了极大的强化，城市的分工越来越明显，城市的经济功能中的某种功能常常上升为城市的主要功能，一般以城市的某一生产专业化的部门名称表示，并成为确定城市性质的根本原因之一，也是城市核心竞争力的具体体现。

与企业独有某种产品特点的核心竞争力有所不同的是，城市的核心竞争力表现为对所拥有的稀缺的、不可模仿的要素和资源进行配置和利用的能力，具体包括集聚能力、辐射能力、流通能力和增长能力。城市竞争力既表现在科技水平、生产效率和服务质量上，也表现在政治、人文环境、气候交通等方面。中国城市众多，发展方式各异，许多城市都有其发展的特殊性，在考虑城市竞争力的决策时，要十分重视发展城市的个性或培养形成城市个性的因素。城市特色是城市的品牌、城市的标志。一座城市作为一个自然生长的有机体，其魅力在于城市个性和城市特色，它们是城市经济发育、文化积淀等的外在体现，是城市发展品牌效应和城市竞争力的基础。

第二，城市的辅助功能，是指与城市主要功能相比占据比较次要地位的功能。一般来说，辅助功能是保证城市主要功能充分发挥，保证城市发展和人民生产生活需要的城市功能。辅助功能并不是不重要或可有可无的功能，它们都是每个城市必不可少的，有的甚至十分重要。例如，一座矿业城市的主要功能是对矿产品进行加工，工业功能是其主要功能，它的教育功能与大学城比起来显得次要得多。然而，矿产品的开采和加工，矿业的高水平发展，都离不开高素质的人才，因而教育功能也可能是这一城市的重要功能，但不是这个矿业城市的主要功能，它不可能像大学城一样形成规模庞大的教育产业。

值得提出的是，我国对城市的辅助功能认识不足是个突出问题。如果说有的城市因为长期在主要功能方面不明确而影响了城市发展的话，那么不重视城市主要功能和辅助功能之间的协调发展关系，造成“骨肉”关系脱节则更是相当普遍的现象。许多城市出现住房难、乘车难、吃水难、入学难、就医难等问题，关键在于忽视了城市的辅助功能。城市发展的实践证明，解决这些脱节问题要付出相当大的代价，甚至需要花费比当初协调发展多几倍的财力、物力、精力和时间。因此，处理好城市主要功能和辅助功能的关系十分重要。

### （二）城市的性质

反映城市本质特征的某种属性就是城市的性质，它是由城市内部的矛盾性所决定的。古代城市只有两种不同的性质：政治军事城市和商品交换城市。21 世纪初，国外有人把城市划分成六类：行政城市（首都、税收关卡等）、军事性城市（城堡、要塞）、科学文化城市（大学城、科学城、文化城等）、生产性城市、交通运输城市（港口、交通枢纽、商品集散地）和旅游疗养城市。根据劳动地域分工理论，城市可以分成三类：（1）政治中心城市。这是指政治功能特别突出的城市，一般一个国家只有一个，即国家的首都。即使首都的其他功能也较突出，但还是要归入政治中心。（2）经济中心城市。这是指经济功能特别突出的城市。由于经济门类很多，通常以经济细分类的内容表达城市的性质，如工业中心城市、商业中心城市、金融中心城市、交通枢纽城市等。而工业城市又可以细分成钢城、石油城、煤城、综合工业城市等。（3）文化中心城市。这是指历史文化底蕴深厚和文化产业比重较大的城市，具体可以分为历史文化名城、科学城、大学城、旅游城等。这三类城市都是单一特征非常突出的城市，所以城市性质容易确定，而在更多的情况下，城市的特征可能有两个或两个以上，这时城市具有兼质性，形成了综合性城市。

---

**【专栏】**

中国今天的区域经济已进入到一个阶段，即在城市群内部的大城市、中等城市、小城市、小城镇、农村，已经成为一个体系，这个阶段的到来实际上还是因为区域经济一体化的程度在不断提高，而这本身又是以区域经济发展的集聚和规模效应为前提的。具体而言，中国今天的经济，不同的城市之间，功能是互补的。大城市的经济结构开始逐渐以服务经济为主，包括为制造业赋能的现代服务业、消费服务业，如会展、演艺、文化等容易在人口密度高的大城市发展起来的行业。

小城市和县城分成两种，一种是在大城市周围的县城，与中心城市的功能互补，有一些承担制造业的功能，跟大城市的现代服务业配合，还有一些承担着居住、休闲旅游度假功能，都是与核心大城市紧密连接的。另外一种，在地理位置上远离大城市，有的周围是农业生产基地，承担连接农业和现代化大中城市的功能，如农产品的加工、销售及为农业生产提供的服务业等；有的承担旅游的节点功能，如提供旅游配套的住宿、交通、服务业等；还有一些县城有较好的资源，如森林、矿产，那么也可以发展资源型的产业；还有一些边境地区的县城，承担国防安全的功能，以及人口稀少地区的县城，承担生态安全的功能。

大中小城市和小城镇、农村，实际上是一个体系，不同的县城，由于位置不同，功能也会不同。

资料来源：彭艳秋．专访陆铭：以县城为重要载体的城镇化建设，关键在差异化发展［EB/OL］.（2022－05－09）. https：//www. thepaper. cn/newsDetail_forward_17989476.

正确确定城市性质，对于城市建设和城市发展极其重要。

其一，正确确定城市性质可以明确城市的发展方向，充分发挥城市的优势。城市性质问题是个经济问题，符合客观实际确定城市性质，城市优势才能真正发挥出来，潜在的优势就会转变为经济实力；否则，城市性质不明确，城市各种经济部门盲目发展，形成“大而全”“小而全”的局面，会造成资源、资金、人力、物力的浪费，影响城市优势的发挥。

其二，正确确定城市性质是搞好城市规划、建设好城市的前提。纵观我国城市发展史，除极少数城市外，绝大多数城市都经历过一段“有建设无规划、先建设后规划、边建设边规划”的时期，不少城市都在布局混乱、乱搭乱建问题成堆、严重影响城市功能之后才不得不花大力气治理。造成这种局面的原因很多，而城市性质不明确是其中最重要的原因之一。

其三，正确确定城市性质还有利于城市经济结构合理化和城市的协调发展。人们曾经认为，确定城市性质就是给城市的部门排队，没有排上队的门类，其部门似乎是可有可无的。其实不然，确定城市性质的重要意义恰恰在于明确城市发展方向和城市优势，使城市经济结构合理化，使城市协调发展。一般来说，城市总是有优势和劣势，围绕优势发展其他各产业，既不是“大而全”“小而全”的发展，也不是单打一的“跳光杆舞”，而是在突出城市优势中同时协调其他经济部门的发展，以获得较好的综合经济效益。

# 第二节　城市经济

## 一、城市经济的内涵和特征

### （一）城市经济的内涵

“城市经济”作为独立概念并引起各学科注意，始于18世纪工业革命时期。随着电力蒸汽机等先进生产力的出现和广泛使用，城市工业快速发展，城市供水供电等共享性基础设施产业的发展和城市土地的合理利用问题被提出。当时欧洲的许多自治城市政府成立了专门的市政管理部门，负责城市土地利用规划及其基础设施的建设，其中就提出了土地利用和基础设施建设的投入产出效率问题，从此“市政经济”或“城市经济”的概念应运而生。第二次世界大战后，“城市经济”的概念得到广泛的传播。在发达国家，随着农业机械化、电气化和化学化，劳动生产率迅速提高，节余出大量农业剩余劳动力；在发展中国家，由农业国向工业国转变的发展要求逐渐被民众接受，大量农业剩余劳动力涌向城市。这些发展导致城市人口急剧膨胀，出现了所谓的“城市人口爆炸”和一系列“城市病”，如地价昂贵、能源短缺、住房紧张、交通拥挤、供水不足、环境恶化、失业上升、犯罪猖獗、贫富悬殊、阶级矛盾尖锐等。这些由城市扩张带来的问题引起了各国政府和经济学家的重视，学术界纷纷展开了对这些发生在“城市中的经济问题”的研究。自此，在城市中与城市土地利用、市政设施供应和城市贫困相关的各种经济问题，以及与解决这些问题相应的城市政府的经济职能，就成为城市经济最初的内涵。

随着时代的发展和经济理论的深入，有些学者开始探究为什么城市会存在？城市在哪里发展？他们试图根据主流经济学派的逻辑思路，在生产什么、生产多少和怎样生产的基础上，补充在哪里生产的研究，把城市的存在和发展作为生产力的研究范畴纳入经济学体系。于是，人们认为，凡是与城市空间的资源利用相关的各种经济问题，都可以纳入城市经济的概念，具体包括：市场在城市发展中的作用，城市内土地地租与土地利用，贫困与住宅的空间因素，地方政府的经济职能（地方财政支出与税收、市政基础设施建设、教育与预防犯罪等公共物品的提供）等。

在力图把城市经济问题纳入主流经济学体系的过程中，逐渐形成了区别于主流经济学研究对象的城市经济概念。目前人们普遍认为城市经济，是指以一定地域为依托，以一定空间结构形式为特征，人口和生产要素集聚程度较高，综合性较强，非农产业部门门类复杂，社会和环境效益较显著的整体性、系统性经济体系。

### （二）城市经济的特征

与城市作为实体空间的特征不同，城市经济作为一种社会形态，有如下几个特征。

第一，要素空间分布的高集聚性。城市经济由众多相关要素高度集聚而成。这种高集聚性，使城市经济成为配置空间资源的优化区域，成为一定地域内的经济中心（经济增长极）和政府调控经济活动的枢纽点。

第二，经济活动的高开放性。城市经济表现为跨区域、跨国界的人流、物流、资金流、信息流的有效率活动，是沟通城乡和国内外经济联系的纽带，其市场规模和开放程度决定了一个城市经济系统的发展水平和在区域中地位的重要性程度。

第三，投入产出的高效益性。集聚经济是城市经济的内在组成部分，也是一种节约经济和效率经济，其社会化大生产的分工与合作（经营规模的合理化、发达的基础设施与先进的管理服务）可以使城市经济往往以较少的投入取得较高的效益。

第四，城市环境的高外部性。城市作为一个巨大的公共产品，其整体和局部都包含了各种各样的“外部性”问题。这其中既有可以增加城市价值的积极的外部性，也有增加城市发展成本的消极的外部性。这些与其他社会经济系统相比显得十分突出。城市的环境污染（污水、二氧化碳、噪声等）和交通拥堵正日益成为城市面临的两大典型的消极外部性问题（边际私人成本与边际社会成本失衡），也成为城市经济的显著特点。

第五，经济社会结构可持续发展的多样性和系统性。城市经济结构的可持续发展具有多样性，主要是基于城市本身的多样性。自然禀赋、文化传统、开发历史、经贸体制等诸多因素的差异决定了每个城市都有自己独特的发展轨迹。处于不同发展阶段的城市，面临的生态环境和社会经济问题不同，解决问题的方式也就不同。即使面对相同的问题，也会因为传统文化、经济实力、社会制度的不同而存在不同的解决方式。另外，城市经济结构的可持续发展具有系统性。城市可持续发展系统是由经济、社会、环境（资源）三个子系统构成的相互联系、相互制约又相互依存的统一整体。这要求城市经济和社会发展均不能超越城市在开放条件下的自然资源与生态环境的承载能力。

## 二、城市经济的运行

城市经济的运行包括三个方面的经济循环。

### （一）城市国民财富的再生产过程

城市国民财富包括国民财产和自然资源。国民财产包括生产性固定资产和流动资产，非生产部门的财产和居民财产；自然资源包括城市土地、地理环境和其他资源。城市国民财富的再生产过程包括城市生产、流通、分配、使用四大环节。生产过程通过劳动者运用劳动手段加工劳动对象，生产出新的社会产品；流通过程通过商品货币交换实现经济主体的供求行为；分配过程通过要素报酬和国家调节形成各经济主体的最终收入；使用过程通过消费和投资再生产出劳动三要素。四大环节的活动川流不息地依次进行，形成了城市财富的存量和流量。存量是一定时点上存在的变量数值，如固定资产、人口总数是存量；流量是一定时期内发生的变量数值，如投资、人口出生数是流量。流量来自存量，又归入存量之中。

### （二）城市国民收入的运行过程

城市国民收入是城市社会总产品扣掉物质消耗后的新创造价值。城市社会总产品生产出来形成销售收入后，扣掉补偿固定资产磨损和原材料等流动资产的消耗，形成国民收入。国民收入首先在城市的生产单位内进行初次分配，即将新创造价值分成劳动者劳动报酬、投资者收益和单位收入；然后要对初次分配结果进行再分配，即劳动者、投资者和单位收入的一部分要通过利税形式形成国家财政收入，余下的留归经济主体，成为企业基金和居民可支配收入；企业基金和居民可支配收入也可能进行再分配，表现为国家对本市财政和城市财政对城市经济主体的转移支付以及城市企业、居民之间的相互馈赠；最后国家、企业和个人不再进行再分配的收入将分别用于投资和消费。这些分配和再分配的货币收支活动都会影响城市经济的运行。

值得指出的是，上述城市的国民收入运动过程基本上与国家经济的国民收入运动过程相同。此外，城市中还有十分特殊的国民收入运动，即一定时期内总量既定的城市土地，会随着社会经济发展和需求的增多而不断地增值。这种增值形成了城市特色的初始国民收入，它的初次分配一般形成土地所有者和土地使用者的收入，其再分配在我国目前还没有专门规定，而再分配收入往往由土地所有者和土地使用者用于再投资和消费活动。

### （三）城市社会资金的循环与周转过程

城市国民财富的再生产和国民收入的运行统一于城市社会资金的循环和周转。城市社会资金的循环是城市社会资金根据再生产需要，经过准备、生产和销售三个阶段而相应地表现为货币资金、生产资金和商品资金三种形态，并依次转化，最后又恢复到原来的形态。在城市社会资金周而复始的循环过程中，三种资金的循环是同时并且依次进行的，否则将会引起一系列不良后果。城市社会资金的周转是指城市社会资金循环的周而复始、不断反复的周期性运动过程。城市社会资金周转的快慢，反映着城市社会资金的利用效果。

以上三个过程在城市经济的运行中，虽然表现形式和特点不同，但三者相互影响，相互作用，共同构成了城市经济运行的有机系统。

# 第三节　城　市　化

## 一、城市化概念

城市化一词来自英语 Urbanization，也译作“都市化”。我国学术界有人建议译为“城镇化”，较多的学者认为译成“城市化”更为科学。对于什么是城市化，学术界认识不统一，大家根据自己专业的特点对城市化的定义做出了不同解释。

经济学界比较多的人认为：所谓城镇化简单地说就是农村人口转移为城镇人口的过程，伴随着产业结构由农业向第二、三产业转变的过程。

城市地理学家认为：地球表面某一地域内，城市性状态逐渐扩大和发展的过程就是城市化，注重地域空间的变化。

社会学界一些学者认为：伴随着产业革命，出现了人口脱离农村向城市集中的现象，这就是所谓的城市化运动。

国内的学者认为：城市化是指城市的发展壮大，国内人口由分散的农村向城市集中的社会进步过程。它包含以下几方面的内容：（1）城市人口增加，农村人口相对减少，城市人口在国家总人口中的比例不断提高；（2）城市数量增加、规模扩大，城市状态（主要是一个国家的城市体系结构、城市地区分布）变化；（3）城市经济关系和生产方式的普及和扩大，农村逐步实现城市生产方式和生活方式。城市化一般以城市人口占总人口的比例作为主要指标来加以衡量。

有的学者认为：城市化是三个社会过程，即城市人口因自然增长和迁移而引起的变化过程、新城市的产生过程、城市地理界限的调整过程相结合，所引起的城市人口比重的增加和城市生活方式的不断扩大。

有的学者认为：城市化主要应从城市自身发展演变的过程去认识，一般是指由经济工业化、人口城市化、社会生活方式城市化所引起的人口不断集聚，城市不断扩大，城乡差别不断缩小的一种发展过程。

有的学者认为：城市化的基本含义，是指变传统落后的乡村社会为现代化先进的城市社会的自然历史过程。

上述种种对城市化概念的理解和概括，均有一定的理论依据，也反映了城市化进程中的现实，只是侧重点有所不同，但都一致认为城市化是历史的过程。城市化作为人类经济社会发展的历史过程，可以分为性质迥然不同的“城市乡村化”和“乡村城市化”两个阶段。在现代条件下，城市化的本质是乡村城市化，其中包括同时发生的两个过程，一是农业人口向非农业人口转移，向城镇集中；二是农村生产、生活方式和生活质量逐步城市化。也就是说，城市化不仅是农业人口转变为非农业人口，并向城镇集中的过程，而且是城镇在空间数量上的增多、规模的扩大，职能和设施完善以及城市的经济关系和生活方式广泛渗透到农村的过程。在农村大规模集中地建立农民自己的经济文化中心，把越来越多的农民从土地上转移出来，使其物质生活和经济生活得到极大提高，实现城乡协调发展，最终实现消除城乡差别和工农差别。

---

**【案例】**

禹城市位于山东省西北部，隶属德州市，是山东省会济南的卫星城，面积990平方公里，耕地80万亩，辖12个乡镇（街道），人口52万人，有1个国家高新区、1所全日制高校、3家上市企业。禹城紧紧围绕以人为核心推进新型城镇化，突破传统城镇化路径依赖，按照人口向社区集中，产业向园区集中，土地向适度规模集中，依托中心村或乡镇驻地，对2个或2个以上的自然村或行政村，统一规划，合村并居，建设新型社区与产业园区，使村民们离土不离乡，进厂不进城，改善了生产生活方式，实现就近就地城镇化。禹城在社区治理上实行园区协同化。坚持社区与园区同步规划、同步建设、同步发展、相互促进，重点围绕社区辐射半径，引进一批规模适度、精品高效的农业项目，建设一批产出高效、产品安全、资源节约、环境友好的产业园区，促进农民就近就地就业，实现农业增效、农民增收。

禹城农村普遍宅基地多、院落大，空心村现象突出，户均宅基地占地1.5亩；通过制定政策、整合资源、招商引资，以及申报争取棚改项目、农村危房改造、土地整理、农村环境综合整治、水利建设等资金，进行多元化融资，集中用于农村社区和产业园区建设，实现资金使用效益最大化，解决农村社区建设缺钱、工业化城镇化缺地、统筹城乡缺抓手的难题。禹城紧密结合北方农村特色，把传统农村元素植入农村新型社区，使入住新型社区的农民看得见树、望得见水、听得见蝉叫蛙鸣、记得住缕缕乡愁，打造有历史记忆、有产业支撑、有地域特色的生态文明新社区。

禹城的就近城镇化，同步改善了农村生产生活条件。全市25处建成农村社区基本达到了“五化八通八有”标准。初步实现了农民生活居住的城镇化；同步提高了农村转型发展水平，新型社区建设有效整合农村人才资源，拓宽了干部选拔视野，配强了村级班子，巩固了党在基层的组织基础和执政地位，为农村改革发展提供有力组织保障；同步实现了城乡要素双向流动同步加快，农村社区和园区建设为城市资本下乡提供了载体，实现了土地资源、人口等要素双向流动，促进了城市工商活动向农村辐射，工商产业链向农村延伸；同步提升拉动市场供需作用。两区同建提升了农村住房、基础设施、服务设施等方面的投资力度，刺激了对水泥、钢铁、建材、家电、家具、装修、运输等产品和服务的需求，成为化解过剩产能、促进产业转型升级、拉动经济增长的重要引擎。

资料来源：刘洪贵. 走出农区创新路 就近就地城镇化——山东省禹城市以“两区同建”推进新型城镇化的探索与实践 [J]. 城市化杂志，2016 (12)：26 – 28.

## 二、城市化水平测度

城市化过程从最抽象的意义上说，是指城市在国民经济与社会发展中逐渐占据主导地位的过程。因此，城市化水平的测度就是要对城市的这种主导作用进行识别并能在不同的国家（地区）之间或同一国家（地区）的不同时期之间进行比较。

目前，学术界已就城市化的测度提出了多种方法，较为通用的是主要指标法，即选择对城市化表征意义最强又便于统计的个别指标，来测度区域城市化水平或程度。这类指标主要有两个，即人口指标和土地利用指标。反映城市化程度和水平的人口指标有城市人口占总人口的比重、大城市人口占总人口的比重、城镇的平均人口数和平均增长率、城镇密度和人口密度、人口的就业结构等。其中，城市人口占总人口的百分比是反映城市化的最主要指标，通常称为城市化水平，该指标既反映了人口在城镇的集聚程度，又在相当大的程度上反映了劳动力的转移程度，因而在世界范围内得到了广泛采用。

土地利用指标是从土地性质和地域范围上来说明城市化水平的指标。测度指标主要有城市用地占可用地的比重和一定时间内非城市用地（如农田、草原、山地、森林、海滩等）转变为城市用地（如工厂、住宅、文教等）的比率。土地利用指标因为统计上的困难，未被广泛应用，随着航空遥感技术的普及，这个测度指标将会不断涌现出新的应用前景。

从产业发展演变来看，城市化是第二、第三产业在城市集中和扩大的过程。在这一过程中，GDP 的产业结构和劳动力的就业结构都将发生相应的变化，如第一产业的比重不断减少，第二、第三产业的比重不断增加。因此，产业结构指标也是衡量城市化发展的重要指标之一。

主要指标法简单明了，通用性强，容易进行城市化的比较研究，是目前测度城市化程度的主要方法。

## 三、世界的城市化进程及其特征

### （一）世界的城市化进程

18 世纪世界城市化水平仅仅为 3% 左右。欧洲 18 世纪和 19 世纪早期的工业革命造就了现代世界城市化格局，主要在于工业化带来大规模生产，改善了农业机械和种植技术、食品保鲜技术、交通和通信技术，使人们有可能在拥挤的城市里生活。

**1. 发达国家城市化过程与发展机制**

在发达国家，18 世纪晚期至 19 世纪早期的快速城市化过程与逐步的工业化和经济变化交织在一起，表现为自工业革命以后的城市化与工业化相伴而生的现象。在这一时期城镇的劳动力需求稳定增长，而技术进步也允许农村的劳动力逐步转移到城市。总之，这一时期存在着从农村到城市的稳定的移民流。这一时期，城市化是一个复杂的社会发展过程。与工厂制度相联结的工业资本主义使劳动者迫于工资而工作，资本家控制生产手段，迫使劳动者出卖劳动力。与此同时，工厂制度也促进就业规模扩大，使生产迅速发展。这一时期城市的健康和卫生状况较差，城市人口增长并不太快，表现为发达国家的城市化是一个平滑的过程，即逐步的人口转移与经济结构变化相适应。这就是金期利·戴维斯的经典城市化曲线理论。

**2. 发展中国家城市化过程与发展机制**

第二次世界大战后，继发达国家逐步推进城市化，世界城市化的主流逐渐向发展中国家转移，特别是南美、亚洲、非洲的城市化进程尤为迅速。发展中国家在1945年以后出现了快速的城市化，整个城市化过程与经典的城市化曲线不相符。主要在于：发展中国家人口自然增长率高，总人口快速增长，快速的城市化过程普遍表现为工业化滞后于城市化，就业机会增长与人口转型不相适应。

在发展中国家，尽管工业化也对城市化有很强的带动作用，但是制造业在这些国家所占的比重并不高。在1960年代，发展中国家工业占GDP的比重大约为15.6%；到1980年代，发展中国家工业占GDP的比重也仅增长到17.5%；即使到西方国家进入反工业化时期，发展中国家工业占GDP的比重也才接近36%。而大部分发展中国家的城市化水平都已经超过了40%，甚至达到70%左右。这些统计数据显示，发展中国家的城市化水平高于工业化率，这种差距经常用“城市通货膨胀”或者“假城市化”来表述。

发展中国家城市化与工业化过程相脱离有许多原因造成，主要有推和拉两方面的因素。推的因素是发展中国家经济基础差，缺乏资本、技术和市场，劳动力向城市地区的流动加快，但与就业岗位增加和劳动力素质提高不相适应。拉的因素主要是城市提供良好的医疗服务、教育、市政等城市基础设施，吸引着无数青年向往并安家。从历史上看，市场和基础设施都在发展中国家门户城市集聚，因此也就导致了工业和商业的就业机会主要集中在大城市，进一步加剧了发展中国家特大城市的迅速膨胀，城市住房、交通、犯罪和生态环境条件的恶化，一系列城市问题和城市病也便应运而生。最终的结果是发展中国家的城市化与贫困和人口爆炸相伴而生。

### （二）世界城市化的发展特征

一是城市化水平随时间的变化曲线呈现为S型特征（见图2－1）。二是城市化扩散遵循时空梯度规律。所谓城市化扩散的时空梯度规律，是指某一城市化过程和城市化水平总是从世界经济最发达的地方开始，然后沿着经济、技术和文化梯度，随着经济、技术和文化的扩散而转移。三是后发地区的城市化率增长速度后来居上，城市化过程缩短。人口从100万增长到800万，伦敦用了130年，而北京只用了10年。四是顶级城市城市化优先发展。根据《中国城市统计年鉴2020》计算发现，2020年我国人口规模800万人以上的城市人口占我国城市总人口的比重为35.9%，这一指标比2004年增长了23.7%。而2020年人口规模100万～200万的城市人口占城市总人口的比重为4.5%，这一指标比2004年降低了11.2%。可见，随着城市化进程的飞速推进，我国人口从中小城市向大城市流动的趋势越来越明显。

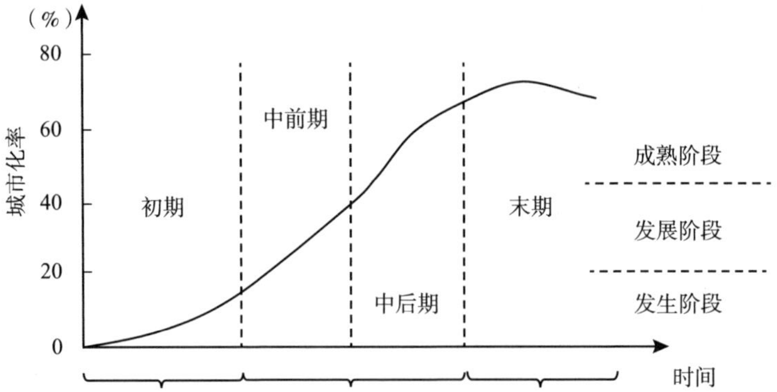


**图2－1　世界城市化发展进程**

## 四、中国的城市化进程及其特征

我国城市化发展的历程，同我国的政治经济发展有着极为密切的联系。新中国成立七十多年来，我国城市化经过了上升、波折、停滞、正常发展和快速发展等几个主要时期。同世界城市化相比，改革开放前，我国城市化水平低，发展滞后，严重制约着我国经济和社会的发展。1952～1978年，我国城市化水平平均提高0.12个百分点。到1978年，伴随着改革开放，我国城市化逐步走上持续、快速和健康发展的轨道，并随着经济社会发展步伐的加快，城市化水平迅速提高。

（1）城市化上升时期（1949～1957年）。新中国成立后，国家用三年时间，恢复遭到严重破坏的国民经济，同时对旧城进行改造。到1953年，国家实施发展国民经济的第一个五年计划，开始了大规模的经济建设和工业化进程，城市建设得到迅速发展。到1957年，我国城市化水平从1949年的10.6%提高到15.4%，年均增长0.6个百分点。① 这一时期是我国社会经济和城市化水平保持协调发展的较好时期。

（2）城市化波折时期（1958～1965年）。城市化水平出现了大起大落。当时，在“左”的错误思想指导下，全国范围内形成了不顾客观经济规律的、急于求成的“大跃进”狂潮，农村人口大量进城。仅1959年一年间，城镇人口就增加了1650万人，城市化水平提高了2.2个百分点。到1960年，全国城镇人口已达13073万人，年均增长超过千万人，城市化水平达到19.8%。1961年，国家开始对国民经济发展实行三年调整，包括大力压缩城镇人口，动员部分职工和家属回乡务农，全国精简职工达2000万人左右，压缩城镇人口约3000万人，城市化水平从1960年的19.8%下降到1963年的16.8%。②

（3）城市化停滞时期（1966～1978年）。在此13年中，城市化水平只提高了0.1个百分点。1966年城市化水平为17.8%，到1978年提高到17.9%，基本处在停滞不前的状态。③ 当时我国正处在“文化大革命”时期，社会秩序混乱，工农业生产遭到严重破坏，国民经济已处在崩溃的边缘，大批城市知青上山下乡，城镇人口机械增长已成负值。

（4）城市化正常发展时期（1979～1999年）。从1979年起，我国城市化水平逐渐摆脱了长期停滞不前的局面，开始步入正常发展时期。1980

①②③　由国家统计局数据计算得出。

年，全国城镇人口为19140万人，占总人口的比重为19.4%，到1995年，城镇人口增加到26600万人，占总人口的比重为29%。在15年中，城市化水平年均增长0.7个百分点。①

（5）城市化快速发展时期（2000年~2011年）。这一时期城市化进程明显加快，城市化率提高显著。以2000~2008年为例，城市化率从26.08%升至44.94%，8年间增加了近19个百分点，平均每年增加2.7个百分点。② 我国城市结构和功能也面临着大规模、大范围的急剧变化和转换，在一般经济发展中罕见的城市超常规扩张，成为我国沿海地区的普遍现象。虽然这些城市的人文历史、地理环境、城市规模与职能各不相同，但在经济高速增长这一共同的动力机制下，城市发展呈现出一些普遍特点：城市形态演化剧烈，空间聚集与扩散并存，水平扩展与垂直扩展并存；城市建设失控，生态压力巨大，城市环境品质下降；许多城市在大规模旧城改造中，历史风貌和传统机理遭到破坏；城市识别感不强，城市形象“千城一面”。于是，如何在高速城市化进程中实现可持续发展，成为城市形态研究领域亟待解决的问题。

（6）新时代的城市化发展（2012年至今）。党的十九大指出，我国经济已由高速增长阶段转向高质量发展阶段。新时代的城市化是由创新驱动的，推动城市化数量型扩张转变为质量型提升。这一阶段城市的发展主要围绕创新型城市试点、国家级中心城市建设以及国家级城市群三个方面展开。

中国城市化与西方发达国家所走过的路不完全相同，有着自身经济的、自然的、民族的和社会的特点。

（1）城市化水平低，城市规模小。城市化水平，一般是用城市人口占总人口的比重来衡量。但也有学者认为，城市化是多维现象，没有单个的度量能够如实地反映城市化的各个方面。除了城市人口占总人口的比重外，还应该增加三个指标来衡量城市化：一是城市的数量；二是绝对的城市人口数量；三是不同规模等级中的城市人口分布及其增长率。还有学者提出要增加土地利用指标，从土地性质和地域结构来反映城市化水平及其

①② 由国家统计局数据计算得出。

质量。目前，中国城市化的总体水平还是比较低的，大城市数量严重不足，小规模城市占比过高。截至2022年底，全国共设有城市687个，城镇人口92071万人，城区建成区面积达到60721.32平方公里。在设市城市中，地级及以上城市为293个，县级城市为394个。市辖区人口在1000万人以上的超大城市有7个，占城市总量的1%；城区常住人口在500万人以上1000万人以下的特大城市有14座，占城市总量的2%；城区人口在50万人以上100万人以下的中等城市有92个；城区人口在50万人以下的小城市有507个。与2000年相比，2022年中国城镇人口增加了44605万人，常住人口城镇化率提高了29个百分点，全国城市建成区面积增加了38282平方公里。[①] 在高质量发展的背景下，促进有能力在城镇稳定就业生活的常住人口有序实现市民化，是新型城镇化的首要任务，同时还应抓好超大特大城市和县域城市这“一大一小”的发展，并加快新型城市建设。

（2）城市化发展的地区差异较大。由于受地理条件、经济发展水平和历史文化等多种因素的影响，我国各地区生产力布局和城市分布不均衡现象明显。沿江、沿海、城市相对集中，特别是东部沿海地区开发的历史悠久，交通便利，经济比较发达，人口稠密，城市密集。西部内陆地区地形和气候比较复杂，经济发展相对缓慢，人口密度小，城市稀疏。“大三线”建设时期，国家一度曾计划向中西部倾斜，而实际结果并不理想。1978年对外开放政策提出后，为了发挥对外开放和地区优势，国家建设重点又有从中西部向东部转移的趋势，相应的城市发展也是长江三角洲、珠江三角洲等地区较快，一般是东部快于中西部，南方快于北方。随着区域差距的逐渐拉大，第十个五年计划起，国家开始重视区域协调发展问题，西部大开发、中部崛起、东北振兴等区域战略相继出台，并逐步形成了一个区域协调发展比较完整的战略和政策体系，地区不平衡状态随之有所改善。党的十八大以后，在继续坚持前期重大区域战略政策的同时，为适应经济发展阶段转换和经济结构转型升级的大背景，中央又先后提出了一系列促进区域协调发展的战略和政策，并取得了显著的成效，在保持总体经济快速

---

① 国家统计局城市社会经济调查司．中国城市统计年鉴（2023）［M］．北京：中国统计出版社，2024.

增长、经济发展水平大幅提升的同时，区域发展的格局也出现了一些积极的变化，最为突出的是区域差距总体来看呈现持续缩小的态势。

（3）城市化以乡村经济发展和繁荣为基础。西方发达国家的城市化，大都是以农民破产，工业化迅速发展来实现的，而中国的城市化走的是中国特色的城市化发展之路。1978 年，中共十一届三中全会以后，中国农村实行家庭联产承包责任制和大力发展乡镇企业，农村经济迅速发展，农村剩余劳动力从传统农业中转移出来，从事非农产业，促进了城市发展。这种建立在农村经济发展和繁荣基础上的城市化，是中国城市化的一大特点，也是城乡协调发展的结果。历史经验告诉我们，城乡关系协调与否，是城市化的关键。20 世纪 50 年代后半期我国城乡发展极不协调，工业发展迅速，城市人口猛增，但由于农业发展停滞导致城市发展失去稳固基础。20 世纪 80 年代以来，城乡关系总体上趋于协调，城市发展进入快车道，但仍存在一些问题：一是农村发展落后局面并未根本改变，城乡之间人均收入、消费水平、产业发展、基础设施、公共服务存在显著差距；二是城乡要素自由流动尚未实现，城乡一体化要素市场尚未建立。这些问题也成为党的十八大以来，中央多次强调并致力于取得突破的领域。

---

**【专栏】**

**以县城为重要载体的城镇化建设，关键在差异化发展**

2022 年 5 月 6 日，中共中央办公厅、国务院办公厅印发了《关于推进以县城为重要载体的城镇化建设的意见》（以下简称《意见》）。《意见》提出，顺应县城人口流动变化趋势，选择一批条件好的县城作为示范地区重点发展，防止人口流失县城盲目建设。《意见》强调，科学把握功能定位，分类引导县城发展方向：加快发展大城市周边县城，积极培育专业功能县城，合理发展农产品主产区县城，有序发展重点生态功能区县城，引导人口流失县城转型发展。

国家发展改革委数据显示，2021 年年底，中国 1472 个县的县城常住人口为 1.6 亿人左右，394 个县级市的城区常住人口为 0.9 亿人左右，县城及县级市城区人口占全国城镇常住人口的近 30%。

怎么理解以县城为重要载体的城镇化？大城市和县城在城镇化进程中将分别扮演怎样的角色？

澎湃新闻记者就《意见》相关问题专访了上海交通大学特聘教授陆铭。

陆铭表示，《意见》理念非常先进。他强调，在县域经济的发展中，要差异化对待，不要一刀切地去做增量。一定要区分人口流入地和流出地的不同情况来走不同的县域经济发展路径。每一种类型的县城都能够发展得更加健康、可持续，为不同类型的人提供满足自己对美好生活向往和提升收入共同富裕的机会。

澎湃新闻：您怎么看这次城镇化的文件提出的以县城为重要载体？提出的背景是什么？这是不是意味着县城将成为新一轮城镇化的重点？

陆铭：这次文件非常重要的一个背景，就是中国区域经济在空间格局上正在出现重大变化。这个变化在过去几十年以来慢慢发展，现在这个趋势已经非常明显了：中国的国土上，出现了区域经济的分化，一部分地区持续成为人口流入地，而另外一部分成为人口流出地。总体而言，人口流入的地方，有两个特征，一是在沿海地区，特别是长三角、珠三角，另外一个是在一些大城市、省会城市及周围。如果一个地方既远离沿海，又远离中西部和东北的大城市，那么总体上人口是减少的。一些人口流出的城市，他们的中心城区也是人口正增长的，真正人口负增长的其实是在郊区的县和农村地区，这样就导致了中国县域经济的分化。这份文件对县域经济面的人口分化有非常清楚的认识，对于人口流入的地方，特别是大城市周围，要去顺应经济发展的趋势，推进它与大城市的融合发展，而人口流出地就引导它去找新的发展空间，甚至要顺应人口减少的趋势，避免盲目扩张。在这个背景上，不能把文件理解为未来就要大力发展县城，更确切来讲，应是在县域经济的发展中，要差异化对待，不是一刀切地去做增量。

澎湃新闻：《意见》将县城分为大城市周边县城、专业功能县城、农产品主产区县城、重点生态功能区县城，还提到了人口流失县城。您怎么看这种分类？

陆铭：这份文件应该说理念非常先进。对于中国的农村地区、县域经济要差异化发展，本质是经济地理的问题，要具体分析县城在自然地理和经济地理中处于的位置。部分县城靠近大城市，靠近沿海，就可以工业化、城市化，融入以大城市为核心的辐射范围，而远离沿海，远离大城市的县城可以更多地承担粮食安全、生态安全、国防安全等功能。

有的地方人口流入，有的地方人口流出，实际上是一个大国建设统一大市场必然会出现的格局。因此，这次文件对于县域经济的发展按照经济功能做了仔细的分类，并分类提出未来发展的方向。

不过，现在也存在一些认识上的误区，认为这份文件是要搞小城镇发展，壮大县域经济，与已经出现的大城市和大城市发展为都市圈的趋势背道而驰。这种担心是不必要的。

此次文件的出台，我认为决策部门在认识中国的区域经济发展和城市体系方面，对于客观经济规律的把握越来越科学，越来越能够做到尊重区域经济发展的规律和城市发展的规律。在这个意义上，作为学者是非常高兴看到这样的进展，与此同时，也建议所有的社会公众能够准确把握这份文件的精神，一些地方政府也要准确地看到自己所在的地方或县城，是属于哪个分类，从而采取适合本地发展的路径，不要跑偏了。

资料来源：彭艳秋．专访陆铭：以县域为重要载体的城镇化建设，关键在差异化发展［EB/OL］．(2022－05－09)．https：//www.thepaper.cn/newsDetail_forward_17989476.

---

**【本章小结】**

世界城市化是由工业化拉动城市化，同时城市化又通过制度创新促进工业化发展，两者相辅相成，呈螺旋式上升发展。迄今为止，世界城市化发展进程告诉我们：世界发展的历史就是工业化与城市化不断发展的历史。自 20 世纪下半叶以来，世界发达国家相继进入后城市化发展阶段，世界城市化的重点向发展中国家转移。中国城市化作为世界城市化史上规模最大、背景最复杂、受益人口最多的城市化进程，是 21 世纪推进世界城市化的最重要力量。中国当前正处于城市化的高速发展期，但制度建设明显滞后于发展的需要，这成为工业化和城市化进一步健康发展的障碍。中国需要深入研究、总结发达国家城市化的经验，加速制度创新，为推进中国式现代化奠定基础。

**【关键术语】**

城市经济学　研究对象　研究方法　研究内容　发展趋势

**【思考题】**

1. 世界城市化进程的基本特征是什么?
2. 中国的城市化进程与发达国家有什么异同?
3. 中国的城市化需要遵循世界城市化的哪些共性规律?
4. 你认为发达国家目前的后城市化状态中国未来会面临吗? 为什么?

# 第三章

# 城市经济基础理论

本章介绍城市为什么会产生和为什么在一定的地方产生，初步了解城市群落中城市之间的关系，明确了集聚经济理论、经济区位论、中心地理论的原理和对城市经济学的理论基础作用。掌握城市化理论的基本内容，明确城市化发展的动力机制和发展规律。

**【重点问题】**

◎ 集聚经济理论

◎ 经济区位论

◎ 城市化理论

在我国，城市经济学通常被认为是应用经济学，很少探讨其基础理论。然而，在把城市实际问题作为对象进行研究的过程中，人们日益发现，许多实际问题不能解决，恰恰是由于其基础理论不够，仅就城市问题的表层进行探讨往往不能解决这些问题。于是，人们开始关注城市经济学的理论问题：城市为什么会在某个地方首先出现，人们在城市中活动的选址行为会受到哪些因素影响，城市为什么会发展到城市体系，为什么会出现城市化现象等，都需要根据更为本质的基础理论来进行回答。这些基础理论对解决城市经济的具体问题十分重要。本章将集中讨论这些问题，以便为后续各章讨论城市经济的具体问题奠定思想和理论基础。

# 第一节　集聚经济理论

## 一、集聚经济的含义

集聚经济（agglomeration economies）是城市经济学的一个核心概念，一般指因企业、居民的空间集中而带来的超额经济利益或成本节约。在某一地理区域范围（城市）内，在生产方式、技术水平、市场价格都不变的情况下，当单个企业的生产成本随着进入该区域的企业数目增多或居住人口的增多而下降，企业获得了额外的收益时，或者当整个地区（城市）的国民产出随着进入该区域的企业数量或居住人口的增多而上升，城市按人口数量平均或按总产出平均的各项投入都下降时，就发生了集聚经济。集聚经济是基于空间向心力由多种因素导致的一种外在性。当集聚适度时，出现正的外在性，即发生了集聚经济；当集聚不适度时，出现负的外在性，即发生了集聚不经济。集聚经济的度量有多种方法（吕玉印，2000），但就其内涵而言，在理论上可以有两种表现，一是表现为城市的边际收益大于零，二是表现为城市的规模收益增加。

城市边际收益是指每当增加一个城市人口所增加的国民产出。如果城市增加一个人口所增加的国民产出高于当时的城市人均国民产出，就出现了集聚经济。我们可以借助城市生产函数 Y 来对其进行分析，设 Y 为城市总产出，P 为城市总人口，对于城市生产函数 $Y=f(P)$，如果 $dY/dP>0$，则这一阶段的人口规模就会产生集聚经济，当然这种集聚经济是边际递减的。

城市规模收益是指适当增加城市人口密度，使人均的城市成本下降的现象。我们可以借助城市等产量曲线来对其加以分析。设 E 为进入城市的企业，P 为城市总人口，二者是城市集聚的主导因素。图 3－1 中 3 个子图分别反映了企业与人口的城市规模收益不变（A）、递增（B）和递减（C）。城市 A 的等产量线由 10 单位发展到 30 单位，是通过均匀地在城市增加企业和人口而实现的，即规模收益不变；城市 B 的等产量线由 10 单位发展到 30 单位，是通过增加较少的企业和人口而实现的，因而规模收益是递增的；而城市 C 的等产量线由 10 单位发展到 30 单位，是通过增加更多（超过产出的速度）的企业和人口而实现的，因而规模收益递减。这个过程中都会产生集聚经济，尽管其收益程度不同。收益程度的差异取决于企业和行业规模经济差异、规模经济不同的部分投入替代以及生产的各种区位条件等方面的差异。

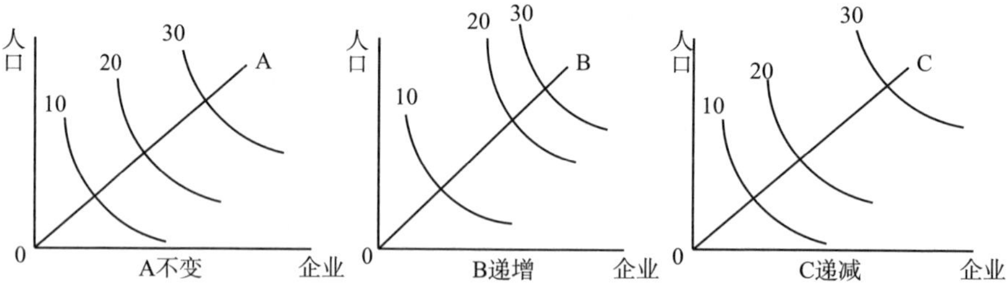


**图 3－1　企业与人口的城市规模收益情况**

德国学者韦伯最早提出要加强对经济集聚作用的分析研究。他在 1909 年出版的经典著作《工业区位论》中，系统地阐述了集聚经济理论。韦伯认为，集聚实质上是工业企业在空间集中分布的一种生产力布局形式，集聚使企业获得成本节约形成集聚经济。但集聚经济并不是无条件的，只有把存在着种种内外联系的工业按一定规模集中布局在特定地点，才能获得最大限度的成本节约；而那种无任何联系的、过渡性的偶然性集结，可能不会有集聚利益，一些恶性集结还可能给地区经济发展造成恶果。可见，韦伯的集聚经济与规模经济有关，他强调工业企业在空间上的规模化。根据韦伯的理论，集聚分为两个阶段：低次阶段是单纯由企业经营规模扩大而带来的生产集聚；高次阶段是同类或不同类企业的集中促成总生产规模的扩大，主要是提高大规模经营的利益。而阿尔弗雷德·马歇尔（1920）把集聚带来的好处归纳为两种主要表现形式：第一类集聚经济能为产业内部的厂商带来正的外部性；第二类集聚经济则对当地的产业总体产生正的外部性。这种区分形成了两个重要的概念：地方化经济和城市化经济。

## 二、地方化经济

地方化经济是行业的集聚经济。如果行业内的企业生产成本随着行业总产量的提高而降低，就出现了地方化经济。行业集聚经济由行业内多个企业的空间分布状态决定：行业内的企业，若密集地聚合于某个地区之内，企业间可以就近得到相互交往的便利，就会产生地方化经济；若是零散地分布于广大地区，企业间联系很松散或没有联系，就不会产生地方化经济。可见，同行业的企业在空间上互相靠近，形成企业群就可以降低它们的生产成本。这种地方化经济的出现主要带来工厂内的规模经济、中间投入品的规模经济、劳动力市场共享效率和由信息集聚导致的知识溢出等机制。

### （一）工厂内的规模经济

工厂内的规模经济是由于工厂内部生产规模扩大引起的产品成本下降和收益增加现象。工厂内规模经济基于以下两个原因。

（1）专业化。一是劳动的专业化可以提高劳动生产率，工人技能的效率随着重复次数的增加会迅速提高；二是由于单一工序工作，大大减少了从一道工序转向另一道工序所需的时间。

（2）生产要素的不可分割性。如果投入具有规模效益，那么这个投入对于生产过程来说是不可分割的。如果将不可分割的投入分为两半，两部分总产出将小于整体投入的产出。

### （二）中间投入品的规模经济

工业企业生产过程中所需投入的中间产品，如果其需求量不值得自己来生产，即自产不存在规模效益，则往往从具有规模经济的供应商那里采购。企业所需要的中间产品由于在设计和制造方面需要常常和供应商进行面对面的协调，或者中间产品本身体积较大、易损坏，需要迅速运送等原因，都会使企业考虑其选址要靠近中间产品供应商。于是在一个具有规模经济的供货商周围就会集聚许多企业，形成企业群落，构成地方化经济。

弗农（Vernon）曾经以曼哈顿的服装制造业为例，说明由于中间投入品生产中的规模经济而在空间上集聚的企业群。为什么服装厂会集聚在纽扣厂附近？这是由于：（1）它们必须监督纽扣的生产；（2）面对面接触会节省交易费用；（3）分享同一个纽扣供应商的规模效益。这种围绕中间产品供应商而集聚的现象，是地方化经济的生产性特征。现代社会的公司总部一般集聚在中心商务区（CBD），就是基于分享中间产品供应商信息的规模经济：广告一般外包给广告公司，请专门律师事务所代理法律诉讼，到最大的经济咨询公司交流经济信息，等等。而高科技企业所在地要靠近具有规模经济效益的电子元件生产商，特别是非标准的电子零件企业；出版行业要靠近能够提供专门信息组织（研究机构、大学、图书馆等）和图示组织（图表设计公司）的周围。尽管现代通信工具使人们的交流十分方便，但事实上，面对面的交流在直接影响交易决策上仍发挥着重要作用。

### （三）熟练劳动力市场的共享效率

熟练劳动力市场的共享效率来自两个方面，一是当企业群落共用一个劳动力市场时，可以降低用工和就业的信息成本和交易成本；二是可以使厂家共享高水平劳动效率并节约劳动力支出，使劳动者实现充分就业。

假如企业生产用工有旺季和淡季之分，存在两条需求曲线（$D_{good}$，$D_{bad}$）。企业独处时，在旺季和淡季都雇用同等数量的工人，但分别支付不同的工资，见图3－2（1）；而企业在群落中时，在旺季和淡季支付相同的工资，但是雇用的工人数在旺季更多，在淡季较少，见图3－2（2）（Arthur，O'Sullivan，2000）。

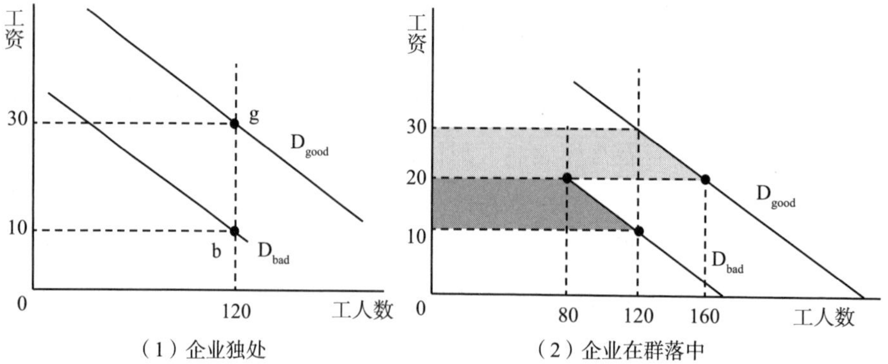


**图3－2　共享劳动力市场的收益与成本**

由于群落中的单个企业的淡季和旺季不是同时出现的，因而会形成全行业对工人的稳定的需求，群落中的劳务市场的工资就是稳定的，这种稳定水平一般比独处的企业淡季时高，旺季时低。可见，群落中的企业在旺季时可以少支付工资，从而就会得到浅阴影梯形部分的共享收益。其中矩形部分表示在雇用120名工人时所节约的劳动成本；三角形部分表明在雇用160名工人时，雇用第121名工人时获得的额外收益。而在淡季时，群落中的企业就会减少工人，但在岗的工人工资仍然保持原来的水平，这样就会比独处的企业多支付深阴影梯形部分的成本，其中矩形部分是实际多支付的工资，三角形部分是由于少雇用工人所损失的收益。浅阴影梯形部分和深阴影梯形部分相比较，收益大于成本，即企业通过旺季以同样工资雇用更多的工人，创造的收益在弥补淡季的支出以后仍然存在大量的剩余，这就是群落给企业带来的好处。而从工人的角度说，在企业群落处工作，可以得到高于在独处企业工作时的工资。即使在淡季，由于企业群落之间的信息是流动的和充分的，所以可以在极短的时间内实现在不同企业间的转移。

### （四）信息和知识集聚的外部经济

信息集聚导致的创新收益是在不增加投入的情况下发生的，是一种"知识的溢出"，即由信息集聚生成的知识状态的生产力创造的收益。而厂商集聚能够加快知识和信息在本产业中的传递。在不同厂商工作的员工如果能够经常进行正式或非正式的交流，无疑会提高产业中每个厂商的产品创新和管理创新水平。产业的规模越大，这种交流的机会就越多，所产生的外部性也就越大。这一点在高新技术产业集群中表现得尤为明显。比如，在美国的硅谷地区就形成了一种崇尚合作交流的创新氛围，许多中小企业的科学家和高级工程师经常在一起交流信息，从而使得这个地区的企业成为近30年全球最有活力的电子和计算机研发中心。不仅如此，由于产业内厂商间实现了知识共享，对其他外部厂商产生了很强的吸引力，因此会有更多的企业进入这个集群，进而影响城市结构的变化。

## 三、城市化经济

第一章已经说明了城市化经济的内涵，我们这里所说的城市化经济的内涵，是指城市化经济的第一种含义，即单个企业的生产成本随着城市地区总产出的上升而下降的经济现象。这就是说，由城市共享基础设施和经济集聚产生的大量正外部性，使城市产出在不增加城市总投入的情况下随着城市规模的增大而上升。它是集聚经济的另一种类型。

城市化经济与地方化经济的区别体现在两个方面：一是城市化经济源于整个城市经济的规模，而不单是某一个行业的规模；二是城市化经济为整个城市带来利益，而并非只针对某一个行业中的企业。城市化经济出现的原因和地方化经济出现的原因是相同的。它是地方化经济效应从产业扩展到区域的结果，具体表现在以下几个方面。

（1）城市基础设施和公共服务业的共享效率。如果提供中间投入品的厂商不是为一个产业服务的厂商（地方化经济），而是为几个产业的厂商服务，那么我们就应该把这种类型的集聚经济划归在城市化经济的范畴内。比如，类似机场、港口和铁路等交通设施的投入是不可分割的，而且一般情况下都具有外部性，可以为城市的每个产业提供运输服务。而一些投入品供应商在提供商务服务（银行、保险、房地产、旅店、建筑物维护、印刷、运输）和公共服务（公路、货物大宗运输、学校、消防）的过程中，都存在明显的规模经济，成本的大部分是固定投入，使用量越大，平均使用成本就越低。所以，随着城市规模的扩大，基础设施和公共服务的种类也更丰富，对城市内厂商的外部性也越大，经济效率就越高。

（2）产业集群的外部性。地方化经济中的范围经济与关联经济，在城市化经济中已经由企业或行业的产品和生产过程集聚（多样化或纵向一体化）发展到企业集群式的集聚，甚至形成了企业网络。在更广阔的空间中，范围经济使拥有多个行业的企业集团出现了，关联经济使企业纵向一体化不只限于工业企业，而是出现了科工贸一体化等更综合性的一体化形式。企业集聚范围的扩大和深度的扩展，使城市中生产经营的成本更低，增强了企业生产经营的灵活性，使企业建立起人与人之间的信任关系和保障这种信任关系的社会制度安排，从而积累社会资本、节省交易费用，使地方特色产业发展起来并保持声誉，使专业知识和技能特别是经验得以传播和扩散，激发新思想、新方法的产生和应用。这些因素导致了产业和产业地区的簇起状态，在扩展城市规模的同时，提升了城市质量，增强了城市特色。

（3）交易集聚的外部性。城市规模的扩大、人口的增加和人口密度的提高，使得讲求规模效益的商贸企业从柜台式零售发展到“超市”“自助消费”“休闲屋”，从单店经营发展到连锁经营。前者利用了消费者的购物“外在性”（购物的互补性和替代性），后者则充分利用了营销的外部效果。此外，大规模连锁经营的商业企业或有众多分支机构的企业集团获得了标准化和简单化的经济性。大规模商业企业在众多分支机构的选择、店铺的空间布置、店面的装修、设备的配置、商品的陈设等方面的标准化、简单化设施，一方面可以使其顾客降低购物过程中的信息搜索费用，并保持相对稳定的顾客群；另一方面，更重要的是，通过标准化、简单化来降低企业经营成本，使企业经过长期摸索得出的成功经验能在众多分支机构中以一种标准化模式推广应用，从而取得更大的经济效益。如现代市场营销中的企业视觉识别系统（CIS）的导入，能通过标准化、简单化的识别标记，和谐的色彩搭配，打动人心的口号与企业宗旨来突出企业整体形象，企业的每个分支机构只要按照统一部署行动，都能从中获益。

（4）城市劳动力集聚的外部性。大城市人口众多，密度高，一般具有比较多的劳动力储备，可以提供劳动力市场的共享服务，对于城市内产业经营非常有利。从厂商角度来看，可以非常容易地雇佣和解雇员工，企业用工数量富有弹性，劳动市场的工资可以保持相对稳定；从劳动者角度来看，可以有效降低对工作岗位的搜寻成本和流动成本，方便在产业间实现就业转移。城市劳动力市场保证了城市劳动力的总供给和总需求的稳定，对于产业的长期稳定发展（因为各个产业每年的景气程度可能是不同的）十分重要。

在社会人力资源的分配过程中存在着“马太效应”，即人才越多的城市越容易吸引人才，人才越少的城市越容易流失人才。拥有较多人才的城市，其经济发展水平也较高或者具有迅速提高的可能性，可以为各类人才的生活和工作提供较为优越的综合环境和自我价值实现的机会，从而对人才有较大的吸引力；而较高的经济发展水平又进一步产生对人才的大量需求。同时，人力资本集聚产生的品牌与声望效应具有外部性：（1）使城市之外的人们对城市产生向往之情，扩大其人力资本集群的影响力，并会在社会中形成良好的“以人为本”的品牌形象和良好的口碑，从而能吸引更多更优秀的人才来城市工作，还减少雇佣专业人才方面的交易成本；（2）“名人效应”吸引了众多的高素质人才，如在某些领域闻名的企业家、管理者、科研骨干、学术带头人，凭借他们的社会威望及强大的影响力和感召力，能为城市招揽各方面人才，进一步扩大其人才优势。城市的这种人才聚集的自我实现、自我发展效应，会不断提高城市劳动力的层次，提升城市的智能性。

## 第二节　经济区位论

经济区位论是学习城市经济学的基础理论之一。城市经济学的特色在于从空间角度出发研究资源的最佳配置，而空间资源的配置就是如何依据经济原则进行区位要素配置的过程。经济区位论为城市经济和城市化经济问题的研究提供了大量的基础性概念和观点，因而全面解释城市现象的基础在于对城市区位的存在和发展进行研究。

### 一、农业区位论

农业区位论是由冯·杜能于 1875 年创立的，其特点是立足于单一经济主体，着眼于到城市的距离最短和成本、运费最省。杜能古典农业区位论源自他的“孤立国”模型。

他首先确立了以下几个基本假定。

（1）肥沃的平原中央只有一个城市，它与周围农业地带组成一个孤立地区。

（2）不存在可用于航运的河流与运河，马车是唯一的交通工具（当时火车尚在试验阶段，汽车尚未出现）。

（3）农村与中心城市具有唯一的市场关系，中心城市是农产品的唯一贩卖中心，也是工业产品的唯一供应者。

（4）获得最大的区位地租是农民生产的动力，为此他们会根据市场供求关系调整其生产品类。

（5）市场的农产品价格、农业劳动者工资、资本的利息皆假定不变。

（6）运输费用同运输重量和距离成正比，由农业生产者负担。

在杜能的孤立国模型中（见图3－3），共包括六个圈层地带，涵盖了当时所流行的一般耕作制度和农作物品种。

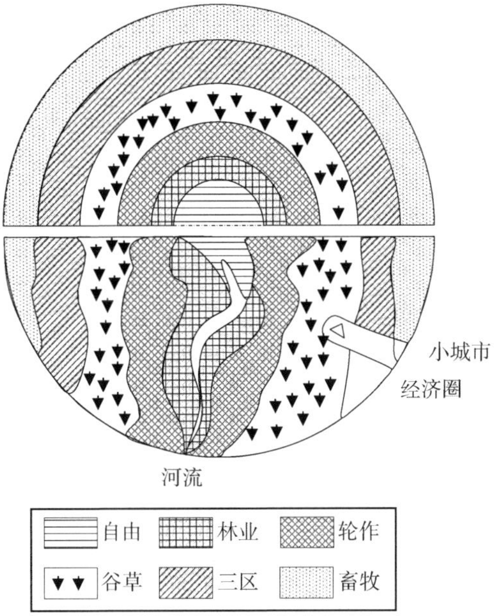


**图3－3 杜能的孤立国模型**

（1）自由农业带。这是离中心城市最近的环状城市农业地带，主要生产易腐难运的产品，如蔬菜、鲜奶。由于运输工具为马车，速度慢，且又缺乏冷藏技术，因此需要新鲜时消费的蔬菜、不便运输的果品（如草莓等），以及易腐产品（如鲜奶等）等就在距城市最近处生产，形成自由式农业圈。本圈大小由城市人口规模所决定的消费量大小而决定。

（2）林业带。孤立国中的平原，除了供应城市粮食外，还必须供给城市用的薪材、建筑用材、木炭等。这些林产品和粮食一样，属于必需品。由于经营林业的成本较低，而运输成本极高，如果将林业放到远离城市的地方，城市中林产品的价格就会十分高昂。因此，从经济角度考虑必须在城市近处种植，成为紧邻自由农业带的第二个产业圈层。

（3）轮栽作物制带。孤立国的第三圈，其特点是没有休闲地，在所有耕地上种植农作物，以谷物（麦类）和饲料作物（马铃薯、豌豆等）的轮作为主要特色。杜能把每一块地划分为六个区，轮流栽种不同的作物，第一区为马铃薯，第二区为大麦，第三区为苜蓿，第四区为黑麦，第五区为豌豆，第六区为黑麦，其中耕地的50%种植谷物。

（4）轮作休闲制带。与轮栽作物制不同的是，为了保持地力的同时还要降低肥料投放等生产成本，就必须拿出一部分土地进行休闲。轮作休闲制是将一块土地划分为七个区，其中三个区分别种植黑麦、大麦和燕麦，三个区种植牧草，另有一个区用于休闲，因此也称为七区农作制。在这种农作制里，谷物播种面积只占总面积的43%。可见，由于距城市较远，这一地带的农作物价格已经不能维持轮栽作物制，不得不让位给轮作休闲制。

（5）三区农作制带。随着与城市距离的加大，不断增加的运输费使谷物的本地价格进一步下降，轮作休闲制也逐渐变得难以为继。此圈是距城市最远的谷作农业圈，也是最粗放的谷作农业圈。三区农作制是将一块土地分为三个区，第一区种黑麦，第二区种大麦，第三区休闲，三区轮作，即为三区式轮作制度。本农业圈内全部耕地中仅有24%为谷物种植面积。三区农作制区域产肥不足，必须依靠牧场来补充，因而和它相邻的圈层往往开辟为永久性牧场。

（6）畜牧业圈。此圈是杜能圈的最外圈，在这里种植谷物向城市出售已经完全无利可图，生产谷麦作物仅用于自给。故土地主要生产牧草用于养畜，以畜牧产品和如黄油、奶酪等供应城市市场。据杜能计算，本圈层位于距城市51～80公里处。此圈之外地租为零，则为无人利用的荒地。

## 二、韦伯的工业区位论

阿尔弗雷德·韦伯是最早对有关城市工业区位的讨论进行系统整理的经济学家，他的理论也成了现代城市工业区位理论中的基石。该理论的特点是立足于单一的企业或工厂，着眼于成本最小、运费最省。这个模型的基本假设是：厂商是二维空间中的一个点，厂商是典型的“经济人”，追求利润最大化。在这样的假定下，厂商的选址问题变成了厂商如何选择一个“厂址”来最大化其利润。

图 3 –4 描述了一个韦伯区位三角形。其中，K 是厂商区位，$M_1$、$M_2$ 分别代表了投入品 1 和投入品 2 的生产区位，$M_3$ 是用来出售厂商的产出品 3 的市场区位；$d_1$、$d_2$、$d_3$ 分别表示厂商与投入品 1、投入品 2 的产地和产出品 3 的市场间的直线距离。

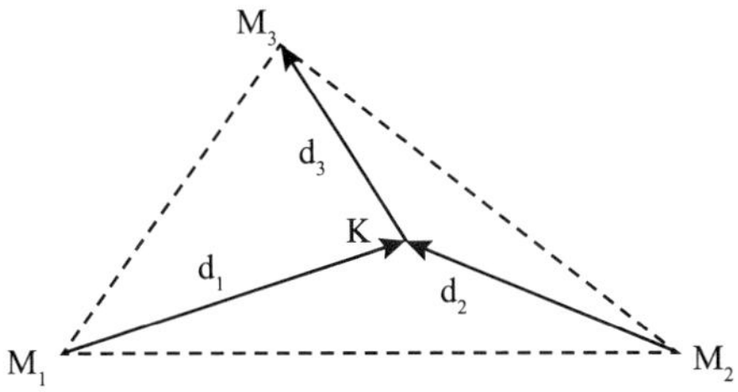


**图 3 –4　韦伯区位三角形**

厂商的行为可以被描述为：从 $M_1$、$M_2$ 获取投入品 1 和投入品 2，然后在 K 点制造出产品 3（图 3 –4 中的箭头代表的是物品的流转方向），最后到市场 $M_3$ 出售该产品。韦伯三角形隐含着两个重要的假定，一是产出品 3 生产中所需要的其他投入，如劳动和资本是随处存在的并且其价格不会发生波动。二是另一个重要的投入品土地是均质的。换句话说，在这里，一维空间是无差异的。由于厂商是理性地追求利润最大化的主体，因此在现有的产出品和投入品价格外生给定的情况下，产出品和投入品的运输费用将成为影响利润的唯一因素。进一步讲，因为产出品和投入品的每公里运费是固定的，所以说现在厂商到市场和投入资源的产地的距离（或者说厂商的区位）是导致厂商利润变化的关键。建立在上述逻辑的基础上，韦伯提出了著名的“韦伯最优区位”理论：给定产品和投入品价格，能够使得厂商最大化利润的区位具有这样的属性，它能够确保厂商为其产品和投入品所支付的运输费用是最小的。

韦伯模型虽然简单，但其经济学意义却非常有价值。投入品和产出品的运输成本都会对厂商选址产生明显的“拉力”，最终区位是这些力量叠加的结果。可以设想，大量投入品主导厂商在产地集聚出现资源导向型城市；越来越多的产出品主导的厂商在市场周围集聚，使该城市成为区域性的市场中心；此外，从城市演进的角度看，韦伯模型很好地描述了投入品、产出品和要素价格在空间范围内的变化对厂商选址的影响。

## 三、中心地带理论

### （一）克里斯泰勒式的中心地带理论

德国经济学家克里斯泰勒（1933）在《南德中心地》一书中，通过对德国南部城市群的观察，系统地阐明了中心地带的数量、规模和分布模式，建立了克里斯泰勒式的中心地带理论（见图3－5）。从某种意义上说，它缺乏严格的理论推导，因此现代经济城市学家往往把它看作来自实际统计研究的一个经验性的科学推断。

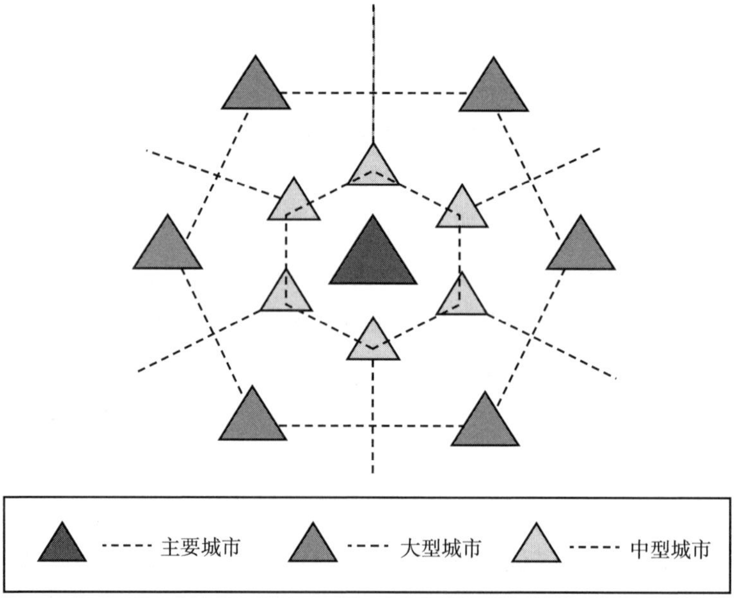


**图3－5　克里斯泰勒的城市体系**

克里斯泰勒的城市体系包括N种不同的产品、N类不同的市场区域和N种不同的城市中心，且都按一定等级从低到高排列。级别高的产出品在对应的级别高的市场区域被出售。另外，在农村人口平均分布的条件下，相邻的两个级别产品的市场区域的相对比例假设为常数，而且这个城市体系内的市场区域级别与产品级别的提高次序是相同的。克里斯泰勒还假设不同级别的城市中心与它们供给的产品存在这样的对应关系：某个级别的城市中心负责供应不高于这个级别的所有产品。例如，假设在图 3－5 中的城市体系由“主要城市”“大型城市”“中型城市”这三类城市组成，那么根据克里斯泰勒的假说，“主要城市”生产出来的产品将为自身、“大型城市”和“中型城市”提供供给，“大型城市”生产的成品除了满足自身的需求外还将出口给“中型城市”。可见，城市中心的级别和城市产品的市场范围是直接相关的。在以上这些假设的基础上，克里斯泰勒认为城市间的空间结构必须满足的一个重要条件，是每个城市市场区位要在周围尽可能少的产品生产点获取其所需要的产品。我们看到，把这个条件运用到三层级城市（当然包括三个级别的市场和产品）的情况就出现如图 3－5 所示的城市体系构型。在这个经典的城市体系中，六边形的城市市场区域重叠交叉，而且某个规模城市中心的数量和它生产出来的产品的数量是反相关的。这一点非常清楚，因为我们可以清楚地看到“主要城市”供应了这个体系中三层级城市相对应的所有产品，但是这样大规模的城市非常少（在克里斯泰勒模型中只有一个）。

在论证该模型中特定的市场结构时，克里斯泰勒将部分的论证建立在日常的观察资料之上。不过，这些有关最少产品的供给的经验观察与现在已被证明的最大城市覆盖范围的理论完全一致。因此，在认识到克里斯泰勒最早推导城市空间体系时所存在的局限性的同时，还应看到其重要的贡献，因为这个模型第一次说明了一个拥有不同的市场空间的城市体系会自发地出现和存在。

### （二）廖什式的中心地带理论

廖什与克里斯泰勒的经验研究不同，他遵循了微观经济学的研究思路。

廖什证明了如果空间价格竞争可以保证所有土地都由同质厂商使用，那么整个空间经济将呈现出一个类似“蜂窝状”的六边形，正如图 3－6 所描述的，我们看到，A1 ~ A5 是 5 个有代表性的厂商，它们分别占据着 5 个六边形市场的中心区位，其中相邻的 3 个厂商 A1、A2、A4 按照三角形区位模式生产，确保生产区位到市场边界的距离是最小的。

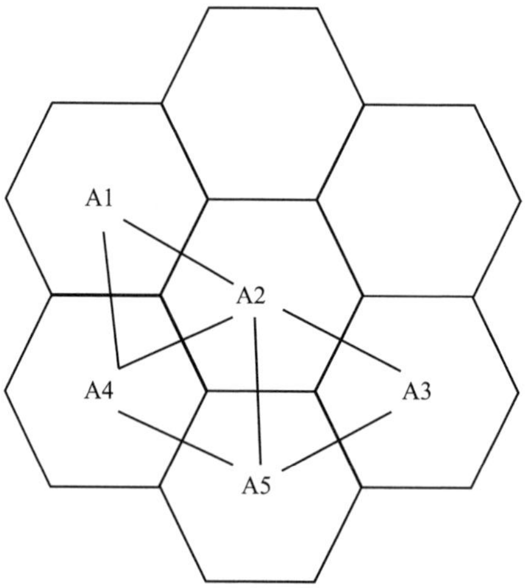


**图 3 -6　同质厂商市场区域的空间分布**

因此，这样的空间经济结构使得所有厂商的平均产品递送价格（价格运费加总）达到最小，同时也意味着经济中竞争性厂商的数量最大化了。在廖什模型中，上述的六边形式的空间结构对单一产业来说是最优的。不过，实际中许多产业的需求曲线，尤其是产品的需求弹性有显著的差异，所以不同产业的六边形市场区位也应该有一定的区别。一般而言，生产高附加值产品的产业（最终产品、高技术产业）所具备的需求曲线往往弹性较大，因此这些产品运费的微量增加就会带来需求的大幅度降低，进而使其市场区域比其他生产低附加值产品的产业市场区域要小。廖什认为，在多厂商、多产品的经济中，实现空间的最优利用效率等同于让每个生产点集中的厂商的数量最大。该理论背后的逻辑是，厂商在最小范围内进行最大限度的集中有利于产生集聚经济。在上面的理论基础上，廖什论证了一定范围的空间内往往倾向于形成这样的构型，即一个基本的中心城市、周边的居民区和工业集聚地带。他的理论与克里斯泰勒模型一样，成为以后绝大多数有关城市体系的研究基石。不仅如此，廖什理论的意义还在于它第一次向我们展示了城市化本身是能够独立于地方性的特殊情况而普遍存在的。

# 第三节　城市化理论

## 一、城市化的动力机制

### （一）农业发展是城市化的初始动力

城市化的本身，就是变落后的乡村社会和自然经济为先进的城市社会和商品经济的历史进程。如果考察世界和中国的城市化轨迹，就会发现一个有趣的共同点：城市化总是在那些农业分工完善、农村经济发达的地区首先兴盛起来，建立在农业生产力的发展达到了一定程度的基础上。

农业的发展是城市化的初始动力，它表现在以下几个方面。

（1）为城市提供商品粮。可以说，一个国家的农业提供商品粮的数量多少，是决定该国城市人口数量多少的关键因素之一（除非通过贸易或战争等手段从别国获取）。商品粮越多，则工业化进行的速度也就越快：反之，势必大大滞缓城市化的进程。农业劳动生产率的高低，表明了农业给予城市化的初始动力之强弱。

（2）为城市工业提供资金原始积累。城市化是以大规模的机器大工业生产为主要标志的，而在工业化这台高速运转的“大机器”后面，正是由农业提供了建立城市化所需的第一笔资金原始积累。马克思在《资本论》里所描述的发生在英国工业化早期的“圈地运动”“羊吃人”现象，就是资本主义工业掠夺农业资本的生动写照。

（3）为城市工业生产提供原料。许多制造业是建立在农业原料的稳定供给基础之上的，否则工业发展只能是“无米之炊”“无源之水”。很多工业化国家都是从发展轻工业、纺织业开始工业化的，轻工业、纺织业所需的棉、麻、丝、羊皮、牛皮、烟草、林木、香料等，无不取之于农业。

（4）为城市工业提供市场。广大的农村不仅担负着原料提供者的重任，也是城市大工业产品的消费者。离开了农村这个大市场，城市工业的发展空间将变得极为局促和狭小，并有在激烈的市场竞争中窒息的危险。

（5）为城市发展提供劳动力。早期工业化建立的大多为劳动密集型产业，它们需要成千上万、源源不断的劳动大军补充到机器大生产这张“巨口”之中；而这些人力资源只能来自农村由于农业劳动生产率的提高所解放出来的剩余劳动力。

### （二）工业化是城市化的根本动力

工业革命冲破了自给自足、分散无序的农村自然经济的桎梏，使得资本和人口在机器大生产中高度集中，由此导致城市规模的不断扩张和城市数量的急剧增加。对城市化与工业化的关系，有专家作了这样一个比喻：“工业化是城市化的发动机，城市化是工业化的推进器。”这是很有道理的。城市化是与产业革命相伴而生的。1801 年，英国城镇化的比例已经相当于我国 1990 年的水平，达到 26%，城镇数量为 106 座；1851 年，英国城镇人口比例已达 45%，接近目前世界城市化平均水平，城镇增至 265 座。进入 19 世纪，法国、德国、美国、葡萄牙等国相继完成了工业革命，整个西方城市化过程相继铺开。工业化是城市化的决定性动因，这是世界城市发展的客观历史和现实。

工业化对城市化的推动作用具体表现在以下几个方面。

（1）工业化发展促进了工业的集中和企业规模的扩大，从而导致城市规模的扩大和新工业城市的形成，这是“集聚经济效益”作用的必然规律。

（2）工业化带来的产业结构升级的变化不断地吸收着从土地中释放出来的农村剩余劳动力，从而促进了城市人口的增加。

（3）工业化由于技术含量和剩余价值较高，使以大工业为基础的城市经济成为国家经济生活的主体，使生产力发展的动力和重心从农村转移到了城市，强化了城市的中心地位。

（4）工业化使城市经济关系和生活方式逐渐渗透到农村，不断瓦解着自给自足的自然经济和小商品经济，使之日益社会化和商品化，其结果必然是农村居民在各个方面同市场、同城市发生越来越紧密的联系，从而改变着他们的生活习惯、文化传统以及物质和文化生活的需要。

### （三）第三产业是城市化的后续动力

随着工业化国家产业结构的调整，第三产业开始崛起，并逐渐取代工业而一跃成为城市产业的主角，城市化进程的“接力棒”从此传到了第三产业的手上，并由它继续推动下去。这种后续动力作用，主要表现为以下两个方面。

（1）生产配套性服务需求的增加。商品经济高度发达的社会化大生产，要求城市提供更多、更好的配套服务性设施，如企业生产要求有金融、保险、科技、通信业提供的服务；产品流通要求有仓储、运输、批发、零售业提供的服务；市场营销要求有广告、咨询、新闻、出版业提供的服务等，而上述这些配套服务的主要提供者是第三产业。工业的专门化程度越高，越要求加强横向协作与交流。

（2）生活消费性服务需求的增加。随着经济收入的提高和闲暇时间的增多，人们开始追求更多丰富多彩的物质消费与精神享受，如要求有更多、更好、更个性化的居住、购物、教育、文化娱乐、体育健身、医疗卫生、旅游休闲、法律诉讼、社会福利等设施和条件。要满足以上各种需求，主要依赖于第三产业，由此促进了城市第三产业的蓬勃发展。而第三产业的多数行业普遍具有劳动密集型的特点，并带来就业机会与人口的增加。根据世界银行发表的《世界发展报告》统计，1960～1980年，发达国家在制造业中就业的人数占总就业人口的比重一直徘徊在38%左右，制造业产值占国内生产总值的比重则从40%降为37%。但在同期，城市化水平不仅没有降低，反而从68%上升了10个百分点，达到78%。究其原因，就是主要受第三产业的拉动所致，这段时期在第三产业中就业的人数所占比重从44%提高到56%，第三产业产值所占比重也从54%提高到60%。由此可见，第三产业对于拉动城市化的贡献，比之工业化亦毫不逊色。

但若把工业化与第三产业对于城市化的作用进行比较，就会发现二者又有显著的不同：如果说工业化带来的是城市规模的膨胀和城市数目的增多，即主要是城市化在“量”上的扩张，那么第三产业更多促进的是城市软硬件设施的完善和人民生活水平的提高，即主要是城市化在“质”上的进步。这就是二者的区别所在。

综上所述，在城市化诸多动力机制当中，可以分解出两大基本力量，即以农业发展为代表的农村“推力”和由工业化与第三产业发展为代表的城市“拉力”。这两股力量一“推”一“拉”，使得城市化的历史进程持续地发生和发展着。

## 二、城市化的一般规律

城市化是人类社会的一种普遍现象，在历史的长河中，它依据其自身的内在规律发展，从一般性上来说，这些规律可以从时间、空间两个维度去考察。

### （一）时间维度的城市化

时间维度的城市化，表现为以S形曲线表达的城乡人口随着工业化进程发展的有序变化和阶段性特征。

城市化是一种自然历史过程，它可以划分为初期、中前期、中后期和末期阶段，其中，中前期是城市化的加速时期，我国大部分城市处于这个时期。

城市化阶段性的一般规律是：（1）第一阶段为城市化初级阶段，一般城市人口低于总人口的20%，城市人口增长缓慢。（2）第二阶段城市化进程逐渐加快，当城市化水平为33%～35%时，开始加速递增，S形曲线呈指数曲线攀升，一般到50%时出现拐点，城市化开始加速递减，城市化的边际成本将逐渐增大，但城市化率还是上升的，一直持续到城市人口超过70%后才进一步趋缓。城市化拐点把中期阶段细分为中前期和中后期，反映了城市化加速度的不同。（3）第三阶段，城市化进程缓慢上升或停滞或略有下降趋势，这表现为一条光滑的扁S形曲线，如图3－7所示。

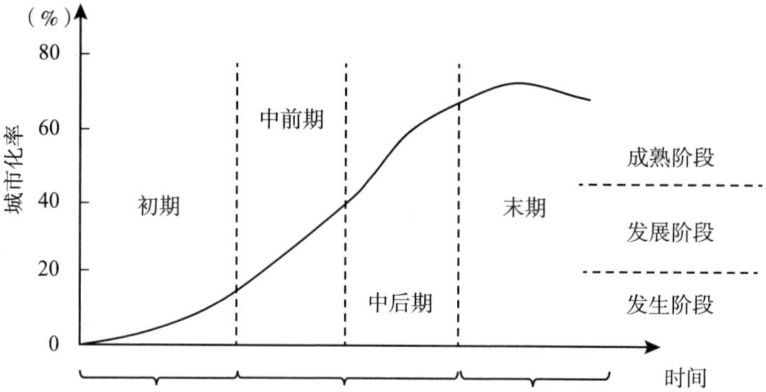


图3－7　城市化阶段

当然，这并不是在任何国家都非常显著，但大部分国家的数据基本上支持了这一结论。

### （二）空间维度的城市化

空间维度的城市化，表现为由集聚与扩散机制决定的集中型城市化与扩散型城市化交织的区域经济运行规律。

集聚与扩散是城市经济区形成和发展的内在机制，中心城市的能量聚集和扩散，是一个连续不断发展的过程，城市化的过程首先是集聚的过程，集聚到一定程度，就要向外扩散，扩张了对新的经济活动的吸聚力，新的集聚又为新的扩散创造条件。在这种“集聚扩散—再集聚—再扩散”的链齿式发展过程中，城市化由城市范围发展到城市化地区。

从地理空间的表现形式来看，集聚过程导致集中型城市化，使城市人口密度增加，一般是城市化前期的主要地理特征；扩散过程引起扩散型城市化，使城市化范围扩展形成城市化地区，一般是城市化后期的主要地理特征，如图 3 –8 所示。

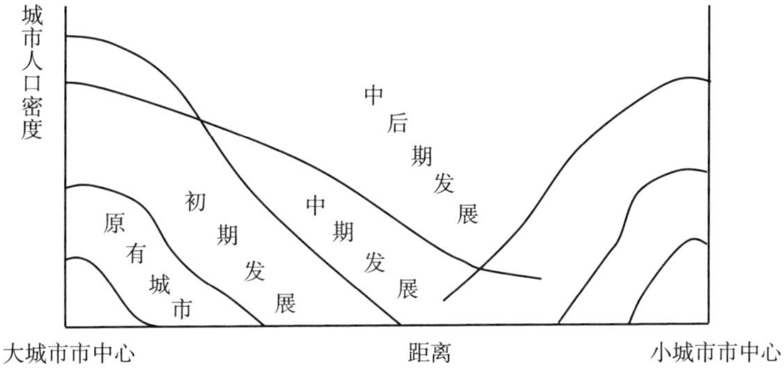


**图 3 –8　集中型城市化与扩散型城市化形成城市化区域**

在城市化初期发展阶段，人口向城市集中，城市人口密度升高，城区不断扩大。在城市化的中前期发展阶段，市中心人口密度达到最高程度，城区继续扩大。这个阶段以集中城市化为主，开始出现扩散型城市化。到了城市化的中后期阶段，市中心人口密度下降，而城市人口总量仍在增加，其中原市区内人口增长速度不如新发展的城区快，城区扩展比较迅速，是比较明显的扩散型城市化阶段。处于扩散型城市化阶段的较大城市的边缘很可能与另一个城市的边缘接壤，构成城市化地区。

不仅如此，经过这种集中与扩散的过程，城市与区域形成了一个紧密的经济系统。城市是相应区域的中心，区域又是相应城市中心的腹地，如果城市与区域之间没有严格的封闭边境和人为关卡，城市与区域的相互作用必然形成空间经济效果：（1）相互作用导致城市与区域间的分工；（2）通过接近形成了地域社会经济系统而产生系统组合的整体效应；（3）城镇群组合效应促进城市（镇）增长序列化；（4）以中心城市为核心较大范围的城市化经济区。

城市化的范围由于聚集力和扩散力，每个城市在地理空间上都存在着自己的外部效应场，即城市经济影响区。从统计学的观点看，中心城市对周围地区的作用力呈现距离递减规律，即距离城市越近，外部效应越强；反之亦然。按不同的场强可以划分某一个城市经济区的边界。不言而喻，城市经济区的大小主要受制于中心城市规模和实力的强弱。城市规模大、实力强，其聚集力与辐射力就强，城市经济区也就越大；反之亦然。就城市与区域的关系来说，20 世纪以来，特别是对城市和地区形态的认识经历了田园城市（城乡结合的城市）、集合城市（没有卫星城的大城市）、城市组群（又译为绵延地区）的发展过程。

总之，任何一个国家和地区的城市化过程，在聚集与扩散机制的作用下都要经历由简单到复杂、由若干孤立的城市发展到城市群或大城市再到城镇绵延区的历史过程，这是城市与区域经济变动的一个规律。

## 三、城市化的发展模式

城市化模式是社会、经济结构转变过程中的城市化发展状况及动力机制特征的总和。城市化模式主要受经济体制、工业化模式和经济发展水平的影响，因此，从经济发展水平和经济体制两个方面来分析，世界各国的城市化模式呈现出三种基本的类型：同步型城市化、过度型城市化和滞后型城市化，如表 3－1 所示。

**表 3-1　　世界各国的城市化类型**

| 经济体制 | 工业化国家 | 发展中国家 |
|---|---|---|
| 市场经济体制 | 同步型城市化 | 过度型城市化 |
| 计划经济体制 | 滞后型城市化 | |

一般而言，在实现市场经济体制的发达国家，城市化与经济发展水平基本上是协调同步发展的，属于同步型城市化类型：实行市场经济的发展中国家，由于在资本主义世界经济体系中处于边缘和外围的地区，自主的工业化迟迟未能启动，往往出现城市化超前于工业化，甚至“无工业化的城市化”（urbanization without idustialization）现象，大多属于过度型城市化。而实行计划经济体制的国家，由于协调社会经济活动的市场交易机制基本上被政府这一庞大的科层组织所取代，在这种体制下，城市已经失去提高交易效率和促进分工发展的优势，城市退化为工业生产的基地，城市化水平和城市发展水平往往滞后于经济发展水平，出现滞后型城市化类型。

### （一）同步型城市化

同步型城市化（synchro urbanization）表现为城市化进程与经济发展同步协调、互相促进，城市的规模和数量适度，城市化的速度与质量同步上升。这种类型的城市化主要体现在西欧和北美发达国家，这些国家的城市化水平与经济发展比较协调，城市化是在农业生产率不断提高的基础上，由于工业、服务业等产业的集聚发展等拉力因素作用下，带来人口的集聚，从而使城市规模扩大、城市数量增加。而且，城市内部结构合理，城市功能完善，形成了分工协调、结构合理的城市体系。城乡一体化发展，城乡之间没有出现二元社会结构。据测算，发达国家在整个工业化中期，工业化与城市化的相关系数极高，1841～1931 年英国为 0.985，1866～1946 年法国为 0.970，1870～1940 年瑞典为 0.967，整个发达国家为 0.997。工业化率与城市化率曲线几乎是两条平行上升的曲线，城市化与经济发展呈显著的正相关关系。

应该指出的是，由于农村人口只有迁居到城市后，才能在城市就业，因此在城市化进程中，农村劳动力的地域迁移先于职业转换是一种较普遍的现象。大部分发达国家的城市化进程中，农村劳动力转移方式，如英国的圈地运动方式、美国自由迁移方式等，都具有地域迁移先于职业转换的特征，但基本上属于同步城市化模式。

### （二）过度型城市化

过度型城市化又称超前城市化，是指城市化速度明显超过工业和经济发展水平的城市化模式。其表现为政府采取种种措施来限制城市化的发展，使城市人口的实际增长速度低于城市工业生产发展所需要的人口增长速度，大量的剩余农村劳动力没有出路。

### （三）滞后型城市化

滞后型城市化的出现，主要是因为政府为了避免城乡对立和“城市病”的发生，采取种种措施来限制城市化的发展，结果不仅使城市的集聚效益和规模效益得不到很好的发挥，而且还引发了诸如工业分散化、农业副业化、离农人口“两栖化”和城镇发展无序化等“农村病”现象，带来整个经济的低效率。它和过度型城市化一样，也是病态的城市化模式。这种城市化主要是计划经济国家政策作用的结果。改革开放前的中国就是这种城市化模式的突出代表：1980 年世界城市化水平为 42.2%，发达国家为 70.2%，发展中国家为 29.2%，而中国城市化水平仅为 19.4%。1996 年我国城市化率与工业化率（指工业增加值占 GDP 的比重）之比仅为 0.69，远低于该比值 1.4 ~ 2.5 的合理范围。

**【本章小结】**

1. 集聚经济理论是城市经济学的又一基础理论，一般指因企业、居民的空间集中带来的超额经济利益或成本节约，是基于空心向心力由多种因素导致的一种外部性。

2. 地方化经济是因为某一产业的空间集聚而产生的，可以降低产业内所有企业的生产成本，提高经济效益，是行业的集聚经济。其形成机制主要有工厂内的规模经济、中间投入品的规模经济、熟练劳动市场的共享效率及信息和知识集聚的外部经济等机制。

3. 城市化经济是地方化经济效应的扩展，是从某一产业的规模经济扩展到了城市间所有产业的规模经济，表现为城市公共产品的共享效益。

4. 农业区位论着眼于到城市的距离最短和运费最省，对研究各产业以城市中心为参照系的选址和农村转向非农化利用的区位地租（城市化地租）有重要的现实意义。

5. 工业区位论着眼于以区位因素分析生产成本的大小，运费最省。不同的区位因素对不同的行业影响不同。

6. 克里斯泰勒式的中心地带理论说明了一个拥有不同的市场空间的城市体系会自发地出现和存在。

7. 廖什的中心地带理论证明了六边形式的空间结构对单一产业来说是最优的。

8. 城市化的动力来源于农业剩余、非农产业的结构变迁、集聚经济和外溢效应，城市化的一般规律表现为时间维度的S曲线成长、空间维度的集聚与扩散、质态维度的城市功能提高和量态维度的城市人口增长。

9. 世界各国城市化模式呈现出三种基本的类型：同步型城市化类型、过度型城市化类型和滞后型城市化类型。

**【关键术语】**

集聚经济　地方化经济　城市化经济　农业区位论　工业区位论　中心地带理论

**【思考题】**

1. 工业区位理论的主要内容是什么？举例分析现实中工业布局与韦伯工业区位理论的差距和原因。

2. 考察某一城市的农业种植分布，看其与杜能农业圈理论的结论是否吻合，并分析产生差距的原因。

3. 请举例说明交通运输、商业活动对企业区位选择的影响。

4. 考察你所在城市的商业中心，看它们在城市中是如何分布的，各自功能有何异同。

5. 运用所学知识说明，为什么城市中大的零售商经常集聚在一起？

# 第四章

# 城市经济增长与高质量发展

本章介绍城市经济增长的内涵与测度，城市经济增长的影响因素和限制因素，城市经济高质量发展的内涵和特征，城市产业结构转换和产业集群对城市发展的作用，城市经济增长与高质量发展的目标和政策。

**【重点问题】**

◎城市经济增长内涵

◎城市经济增长测度

◎城市经济高质量发展的内涵

◎城市经济高质量发展的特征

## 第一节　城市经济增长的内涵与测度

### 一、城市经济增长的内涵

城市经济增长（urban economic growth）是指城市经济的动态演化过程，是城市经济作为一个整体的规模扩张与水平和质量的提高。一个国家（国民经济范畴）的经济增长从数量上看，往往指社会总产品及其生产能力的增加。社会产品的增加通常用国内生产总值（或国民收入）与人均国内生产总值（或人均国民生产总值）的增加来表现，而表现生产能力的增加，往往由一个国家投入生产中的人力资源、自然资源和资本积累的数量与质量以及技术水平的高低来表现，因为生产能力增长的内涵是指这些生产要素的增长。对一个城市来说，经济增长的社会产品增长内涵习惯上仍然是指城市生产的产品或城市 GDP 数量的增多，这与国民经济范畴的经济增长是类同的。而对于经济增长的生产能力增长的内涵，由于决定城市生产能力的诸要素比国民经济复杂得多，它不仅包括一个城市的人力资源、自然资源和资本积累的数量与质量，以及技术水平的高低，还包括空间状态的土地经济和自然资源利用上的规模经济、集聚经济、地方化经济、城市化经济等内容，因而经济增长既包括这些决定生产能力的直接生产要素的规模扩大和质量的改进，也包括反映生产能力的生产要素间接影响的程度与水平。

无论是从历史文献来看，还是从当代城市化进程的实践来看，城市经济增长都是一个相对独立的研究范畴，它与整个国民经济的经济增长在范畴内涵上有明显的区别。首先，城市经济增长的特殊属性可以归因于规模报酬递增，而研究国民经济范围内经济增长的新古典模型往往限制递增规模经济，对于由规模经济原因引起的经济增长研究甚少。第二章已经指出，城市经济能够增长，城市能够扩大的本质原因是集聚经济，它是由地方化经济（行业规模经济）和城市化经济（城市规模经济）两个方面的外部经济现象所决定的。因而，探讨城市规模报酬递增的发展机制和过程，是研究城市经济增长理论的一个研究特色，这是研究国民经济增长理论所忽略的。

其次，国民经济增长理论往往是抽掉空间因素后的动态分析，而对城市经济增长的讨论必须考虑空间因素，即考虑作为“城”的城市土地资源的利用和基础设施的建设（主要是公共产品），与作为“市”的城市一般产品（主要是竞争性的私人产品）的生产规模和人口规模要相适应。具体来说，研究城市经济增长考虑空间因素，一要考虑城市土地资源的有效利用，这是个空间经济分析问题；二要考虑城市在国民经济体系中，作为经济增长极的空间、区位因素及其增长的扩散及对整个城市体系的影响中的多种空间经济问题。

再其次，城市层面上的经济增长分析与国民经济增长分析比较，更重视制度和政府政策的作用。在国民经济增长的分析中，往往把制度性、政治性因素作为既定前提，同时在市场经济条件下，往往忽略对于作为供给政策的经济增长方面的政府干预、公共政策的研究，因而经济增长理论分析更多的是一种技术经济分析，这在城市层面是很不够的。在城市经济增长的分析中，制度、政治、政府、政策是无法回避的重要决定因素，其中最重要的是国家的城市政策和城市政府的公共政策的影响。

最后，城市经济增长的动态规律与国民经济范畴的经济增长规律不同，后者遵循经济周期的一般规律，而城市经济增长虽然受国民经济一般运行周期的影响，但是其增长状态不完全决定于此，城市往往有自己的增长动态和规律，这是由城市的基础部门以及起支撑作用的地理位置、资源条件、历史传统、居民精神等因素决定的。这样，即使在国民经济高涨时期，也会有衰退城市；即使在国民经济衰退时期，也会有居于“发展极”地位的繁荣城市。

综上所述，城市经济增长是一个复杂的概念，它有着丰富的内涵。究竟采用什么样的指标来反映城市经济增长，要根据所研究问题的目的而定。

## 二、城市经济增长的测度

城市经济增长的测度，是指采用什么样的指标来反映城市经济增长的问题。在城市经济学中，这种测度既是城市经济增长理论的一个组成部分，又是一个相对独立的研究工具。这种工具的发展并不全都与理论研究同步。考察城市经济增长，最主要的测度指标有就业量指标和国民收入指标。

### （一）国民收入指标

国民收入指标是对一般经济增长最基本的测度指标，但城市经济增长考察的不是一国的国民收入，而是某一特定城市的国民收入。与国民收入总额（total income）相比，人均国民收入（per capita income）是个更有意义的指标。在对城市经济增长的考察中，一般情况下采用国民收入指标，若要对城市经济增长作更全面深入的考察，则需要利用人均国民收入这一重要指标。

#### 1. 运用国民收入总额的测度

国民收入总额（Y）代表城市经济的总量，实际测算中往往用城市的国内生产总值，根据研究问题的需要，分析城市经济增长状态可以分别采用定基速度、环比速度和平均速度。三者内部又可以分为发展速度和增长速度。

（1）定基速度。定基速度是依据某一基础年代（一般用数字 0 表示基期），研究此后较长一段时期内（可以到 t 时期）城市经济的发展和增长状态。定基发展速度是某一长时期内的城市经济增长的总量水平与某一固定基期水平（0 期水平）之比（指数或倍数），其表达式为：

$$G = \frac{Y_1}{Y_0} \times 100\% = \frac{UGDP_1}{UGDP_0} \times 100\% \tag{4-1}$$

定基增长速度是某一时期的城市经济产出水平相对于某一固定基期水平的增加量与固定基期水平的比值（经济增长率），其表达式为：

$$G = \frac{Y_1 - Y_0}{Y_0} \times 100\% = \frac{\Delta Y_1}{Y_0} \times 100\% \tag{4-2}$$

（2）环比速度。环比速度是对于一个时期内的城市及国内的发展和增长状况，以上一年的水平为基期，研究各个年度逐年的发展和增长情况。环比发展速度是城市经济各个时期（t）的产出总水平与其上一时期（t-1）水平之比（指数或倍数），其表达式为：

$$g = \frac{Y_t}{Y_{t-1}} \times 100\% = \frac{UGDP_t}{UGDP_{t-1}} \times 100\% \tag{4-3}$$

环比增长速度是各个时期的城市经济产出水平相对上一时期水平的增加量与上期水平的比值（经济增长率），其表达式为

$$g = \frac{Y_t - Y_{t-1}}{Y_{t-1}} \times 100\% = \frac{\Delta Y_t}{Y_{t-1}} \times 100\% \tag{4-4}$$

定基速度和环比速度之间存在的换算关系为：

$$G = g_1 \times g_2 \times g_3 \times \cdots \times g_n \tag{4-5}$$

（3）平均速度。平均速度是某一长时期内城市经济发展和增长在每一年度的平均状态。平均发展速度（$\bar{G}$）是对某一长时期内的城市经济增长的定基发展速度的平均值，反映每年平均发展的递增水平，表达式为：

$$\bar{G} = \sqrt[n]{G} = \sqrt[n]{g_1 \times g_2 \times g_3 \times \cdots \times g_n} \tag{4-6}$$

平均增长速度是平均发展速度的增量部分，其关系是：

$$\bar{g} = \bar{G} - 1 \tag{4-7}$$

**2. 运用人均国民收入的测度**

以人均指标计算的城市经济增长速度更能反映人民生活水平或市民福利的提高幅度，其表达式为：

$$g_p = \frac{Y_t/P_t}{Y_0/P_0} \times 100\% \qquad (4-8)$$

可见，人均国民收入的增长率依存于两个因素：国民收入的增长率（g）和人口的增长率（p），国民收入增长率会提高人均收入增长率，而人口增长率会降低人均收入增长率，即：

$$g_p = g - p \qquad (4-9)$$

### （二）就业量指标

就业量（employment）对城市经济来说是一个重要的测度指标，它甚至比国民收入指标更常用，也更有用。在采用就业量作为测度指标时，是用一个城市经济系统中的就业量来代表该城市的经济规模，用就业量的变动来表示城市经济的运动。在现实运用中，就业量指标实际上是一个系列指标，总就业量是各部门就业量的总和。总就业量一般被分解为两个部分：向城市域外提供产品和劳务的部门，即“输出部门”的就业量；向城市内部提供产品和劳务的部门，即“本地部门”的就业量。

就业量之所以被作为测度城市经济增长的指标源于两点：一是就业量与人口之间存在着稳定的对应关系，而人口规模是测度城市化水平最适宜的工具，在城市增长与城市经济增长大部分相同的情况下，就业量自然被用来作为一种测度工具；二是就业量在外部条件不变的前提下，与城市的经济规模存在着稳定的对应关系。考察如下的生产函数：

$$Y = f(L, K, T) \qquad (4-10)$$

式（4－10）中，Y 为总收入（总产量）；L 为就业量（劳动力）；K 为资本；T 为技术。在外部条件，特别是技术水平不变的前提下，T 成为常数，资本有机构成不变。在外部设 $K = g(L)$，于是 $Y = f(L, K, T)$，可见，总收入（经济规模）即成为就业量的函数。

实际上，就业量指标提出的一个重要背景是城市经济模型中的经济基础模型（economic base model），该模型把城市经济分为向城市域外出口产品和劳务从而为城市带来收入的基础部门与只向城市域内的市场提供产品和劳务的非基础部门。城市经济增长取决于基础部门与非基础部门的比例。由于这一模型在城市经济增长中的重要地位，就业量指标就相应地成为最主要的测量指标。

就业量指标是与总收入具有间接关系而成立的，因此，它的有效性取决于这种对应关系是否稳定，甚至是否成立。根据等产量曲线，劳动力 L 投入量的增加（就业量的上升）如果对总产出有效果，必须在生产的经济区内，否则，就业量上升并不能促进总收入的提高，而是表现为劳动力资源的浪费，如图 4－1 所示。

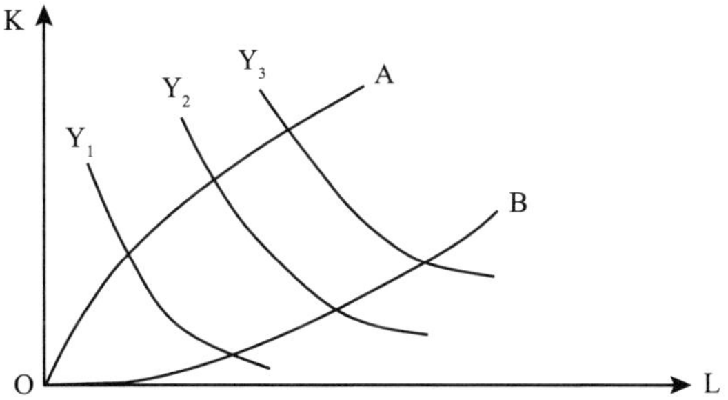


**图 4－1 城市生产的经济区**

图 4－1 中，$Y_1$、$Y_2$、$Y_3$ 为等产量线，OA、OB 为各等产量线上的拐点与原点之间连线的轨迹，称为脊线。如果生产不在图中两条脊线所围成的经济区内进行，劳动和资本的投入是不可替代的，若就业量的增加并不使总收入提高，就业量指标与总收入的对应关系就不成立。这时，就业量就无法成为测度城市经济增长的有效指标。虽然这种情况在成熟的市场经济下一般不会出现，但是在我国的转轨经济中，由于劳动力市场尚不完全等原因，这种情况有可能存在，故运用就业量指标时要注意到其运用的有效区间。

# 第二节 城市经济增长方式

## 一、城市经济增长的方式

### （一）城市经济增长方式的含义和途径

城市经济增长也就是产出的增加，可通过两种方式来实现：一是各种要素投入，包括劳动力、资金等要素的增加；二是要素生产率的提高。在现实中，投入要素的增加与要素生产率的提高往往结合在一起。由要素投入增加对经济增长起主导作用的情况为“粗放型的经济增长方式”，即高投入、高消耗、低产出、低质量地实现经济增长，外延扩张、数量拓展，靠资金和资源的不断投入和积累来支撑经济增长的速度。而要素生产率的提高对经济增长起主导作用的情况则为“集约型的经济增长方式”，即高效率、高产出、高质量、低消耗地实现经济增长，注重内涵发展、质量提高、追求效益，依靠科技进步和结构优化升级，以实现规模经营和合理生产布局达到经济的增长。

对于城市而言，作为生产要素之一的土地，其数量十分有限，且在短时期内固定不变，因而人们往往忽略不计土地要素的投入对经济增长的影响。劳动力资源如果不考虑外部市场，那么它在短时间内也是一个衡量。只有资本要素，即与资本有关的投资、储蓄、消费等行为，会直接决定城市经济的发展、变化。在此，我们可以用发展经济学中著名的“哈罗德—多马模型”来阐述这个道理。

英国的哈罗德与美国的多马于 20 世纪 40 年代提出了关于经济增长的理论模型，其表达式为：

$$G = S/K \tag{4-11}$$

式（4－11）中，G 为国民收入增长率；S 为国民储蓄率；K 为资本产出率，即每增加一个单位的产出所需追加的投资量，又称资本效率系数。这里 G 并不是指现实的增长率，它只代表当 S 和 K 为给定时，要实现稳定的均衡增长所要求的增长率，例如当 $S = 15\%$，$K = 3$ 时，则 $G = 15\%/3 = 5\%$。

哈罗德—多马模型告诉我们：国民收入的增长，与储蓄成正比，与资本产出率成反比。可见，若想获得经济的持续增长，要么提高积累水平，增加储蓄；要么降低资本产出率，即降低资本有机构成。

### （二）我国实现城市经济增长方式转变的目标特征

在经济增长的源泉方面，从主要依靠资本要素投入的增长逐步转变为依靠无形资源的积累，提高全要素生产力，使城市的总体技术水平、人力资本积累和管理水平达到较高的水准。

在经济增长的机制方面，市场充分开放并和国际接轨；政府企业各司其职，企业在资源配置上的主导地位得以确立；产业结构变动逐渐由政府推动转化为产业的自主成长，产业体系发展由投入为主的外延扩张转向以技术创新为主的内涵拓展；资源的开发、配置、利用，价值实现的过程达到系统的一体化。

在经济增长的路径方面，经济高度聚集，实现规模经济效益：使产业形态从资本密集型转向技术密集型，从而完成由资本推动向创新推动的经济增长方式转变。

我国城市经济的增长正面临转型阶段，粗放型的经济增长方式会阻碍和迟滞城市经济的持续协调发展。充分利用现有的良好基础，抓住时机，实现经济增长方式的及时转变，使经济增长方式适应经济社会可持续发展的要求，是今后我国城市发展的重要任务。

---

**【专栏】**

**“中国最敢赌的城市”——合肥**

作为新中国成立后才确立的年轻省会城市，从前的合肥没有优越的地理位置，也没有富饶的自然资源，而且城市规模不大，基础建设薄弱，产业基础单一。从数据上看，新中国成立初期，合肥人口仅有6.06万人，工业总产值亦是只有区区的163万元，规模甚至连省内的蚌埠、芜湖、安庆等城市都比不过；即便是到了2000年，合肥还被外界称为大县城，彼时的GDP不到400亿元，在全国城市中排名80开外，绝对算得上是最不起眼的省会城市之一。

但从2011年开始，这座城市开始了“逆袭”，其命运发生转折的关键点在于两件事，一是2011年，出于安徽全省经济发展的客观需要，巢湖地级市被撤销，原巢湖的部分地区并入合肥，由此助力了合肥城市的扩容，以及经济产业体量的进一步扩大。二是2019年，安徽全域正式加入长三角，这标志着合肥从中部板块的“后方”阵地移位至全国经济发展的前沿，从以往的参与国内分工为主转变为有机会参与国际产业分工，而城市地位也提升到可以比肩南京和杭州的长三角次中心。

2021 年全国各城市经济数据显示，合肥经济总量达到 1.14 万亿元，同比增长 9.2%，在长三角 41 城里仅次于上海、苏州、杭州、南京、宁波和无锡，排名第 7 位。值得注意的是，2011 年合肥 GDP 只有 3642.3 亿元，这便意味着过去 10 年里合肥的经济增幅达到了惊人的 213%。

过去10年主要城市GDP增幅

国民经略 | 制图

| 序号 | 城市 | 2021年GDP | 2011年GDP | 10年增幅 |
|---|---|---|---|---|
| 1 | 合肥 | 11412.8 | 3642.3 | 213.3% |
| 2 | 福州 | 11324.5 | 3819.8 | 196.5% |
| 3 | 昆明 | 7222.5 | 2528.2 | 185.7% |
| 4 | 西安 | 10688.3 | 3791.7 | 181.9% |
| 5 | 重庆 | 27894.0 | 10161.2 | 174.5% |
| 6 | 成都 | 19917.0 | 7345.3 | 171.2% |
| 7 | 武汉 | 17716.8 | 6586.5 | 169.0% |
| 8 | 厦门 | 7033.9 | 2622.1 | 168.3% |
| 9 | 南通 | 11026.9 | 4138.9 | 166.4% |
| 10 | 泉州 | 11304.2 | 4281.8 | 164.0% |
| 11 | 南京 | 16355.3 | 6230.2 | 162.5% |
| 12 | 济南 | 11432.2 | 4406.3 | 159.5% |
| 13 | 深圳 | 30664.9 | 11922.8 | 157.2% |
| 14 | 郑州 | 12691.0 | 4954.1 | 156.2% |
| 15 | 杭州 | 18019.0 | 7153.0 | 151.9% |
| 16 | 南昌 | 6650.5 | 2688.9 | 147.3% |
| 17 | 太原 | 5121.6 | 2114.7 | 142.2% |
| 18 | 宁波 | 14594.9 | 6074.9 | 140.2% |
| 19 | 北京 | 40269.6 | 17188.8 | 134.3% |
| 20 | 长沙 | 13270.7 | 5683.7 | 133.5% |
| 21 | 广州 | 28232.0 | 12199.7 | 131.4% |
| 22 | 青岛 | 14136.5 | 6248.5 | 126.2% |
| 23 | 东莞 | 10855.4 | 4887.3 | 122.1% |
| 24 | 上海 | 43214.8 | 20009.7 | 116.0% |
| 25 | 苏州 | 22718.3 | 10885.9 | 108.7% |
| 26 | 无锡 | 14003.2 | 6799.9 | 105.9% |
| 27 | 佛山 | 12157.9 | 6231.4 | 95.1% |
| 28 | 天津 | 15695.1 | 8112.5 | 93.5% |
| 29 | 大连 | 7825.9 | 4120.9 | 89.9% |
| 30 | 沈阳 | 7249.7 | 4001.0 | 81.2% |
| 31 | 长春 | 7103.1 | 4003.0 | 77.4% |
| 32 | 石家庄 | 6490.0 | 4082.7 | 59.0% |
| 33 | 哈尔滨 | 5351.7 | 4243.4 | 26.1% |

制图：国民经略 数据：各地统计年鉴

备注：考虑到数据可得性，只统计了万亿城市及位列TOP50的省会2011年GDP，除哈尔滨、石家庄外，均为第四次经济普查后调整数据

国民经略 | 制图

除了上述两件大事外，合肥还始终坚持创新。一是坚持科技创新。科技部中国科技信息研究所发布的《国家创新型城市创新能力评价报告

2021》榜单中，合肥高居全国第九位，稳居创新城市第一梯队，2004 年，合肥被科技部批准成为国家首个科技创新型试点城市；2017 年，合肥成为继上海之后第二个综合性国家科学中心城市。目前，合肥拥有全国 38 个“国之重器”大科学装置中的 8 个，数量高居全国之首，超过了北京的 7 个，上海的 5 个；拥有两院院士 138 人，各类人才近 200 万人。二是坚持产业创新。京东方、长鑫存储、蔚来汽车……得益于几场“豪赌”，合肥的平板显示、电子信息、新能源等产业得到了长足的发展，而这也恰恰显现出合肥的产业发展思路，那就是紧跟高新技术产业和新兴产业并全力布局，并且通过壮大产业集群以及对产业链的深耕，带动全市工业实力和创新能力的全面提升。三是坚持机制创新。公开资料显示，中科大是最早参与合肥“市校人才交流挂职”的高校之一，即在校学者可以在政府部门挂职，这不仅有助于提高干部队伍的科学氛围和素养，对于搞“风投”也是大有裨益的，合肥政府部门引入高校人才挂职，可以让真正懂科技、懂产业的人来参与投资项目的运作，从而在很大程度上降低了投资风险。

资料来源：城市战争．经济增长 213%，合肥成过去 10 年全国进步最大的城市［EB/OL］.（2022－03－04）. http：//www. thepaper. cn/newsDetail_forward_16961130；

付一夫．成功实现逆袭，合肥经济为什么能达成如此成就？［EB/OL］.（2022－04－14）. http：//m. thepaper. cn/baijiahao_17609090.

## 二、城市经济增长的因素

### （一）城市经济增长的基础条件

城市经济增长的基础条件主要包括以下几个方面。

（1）先进的技术条件和现代工业形式。城市如果拥有先进的技术条件和现代工业体系，则城市竞争力强，城市经济效益高，能够把大量生产要素吸引到城市中来。

（2）完善的金融、贸易系统。城市如果具备完善的金融、贸易系统，则可以使城市成为区域中最大的资金和产品市场，成为区域资源的集中地。

（3）高效的服务系统。城市如果具备高效的服务系统，特别是现代化的城市基础设施，则能充分发挥城市的功能和城市的高效率。

（4）合理的城市经济结构。合理的城市经济结构不仅是城市生产力布局的表现形式，而且是城市经济功能和城市经济效益的制约因素。

### （二）城市经济增长的限制因素

任何城市经济的增长都有一些限制因素，这些因素主要包括以下几个方面。

（1）城市自然地理位置和资源条件的限制。某些城市的自然地理位置和资源条件或限制了城市用地规模的扩大，或限制了城市某些产业的产生和发展，从而给城市经济增长造成障碍。

（2）区域经济发展的限制。城市作为一个开放的经济实体，它同周围地区有着广泛的经济联系。城市及其周围地区不仅形成了生产体系的整体，而且形成了相对独立的商品、信息流通网络。因此，城市经济增长要以区域为依托，区域经济的繁荣必然促进城市经济的繁荣，而区域经济的衰退或落后也必然会限制城市经济增长。

（3）聚集经济负效益的限制。城市经济在增长中伴随着聚集经济效益的提高也会出现聚集经济负效益，这种负效益增加到一定程度就会影响城市经济增长。

（4）城市经济与国民经济相关的程度。城市经济与国民经济相关的程度影响着城市经济增长的速度及其稳定性。一方面，城市产业结构的专业化程度与国民经济结构的差异，不仅影响到国内市场划分中该城市所占的份额，同时也影响了城市经济的敏感度。一般来说，专业化水平高的城市经济独立性强，市场竞争力强，但可塑性能差，对市场的适应性弱。另一方面，城市产业更新周期与国民经济产业更新周期的不一致性，会减少国内投资大循环对城市经济增长的影响，同时也会波及城市输出产品收入弹性的变化。

（5）国家城市发展政策的限制。国家在一定时期内对不同区域中的不同城市采取不同的发展政策，必然对各种城市产生不同影响，对一部分城市经济的增长起着限制作用。从根本上说，城市经济的增长仍然是基于城市内部动力型机制和功能型机制的作用，特别是城市自身的产业、资源与技术条件。

### （三）城市经济增长的其他因素

（1）城市经济与国家经济的关系。城市经济是国家经济的一个组成部分，二者的关系是部分与整体的关系。城市开放系统的要素流入包括从国内其他城市或地区的进口及从国外的进口，后者要进入国家收支平衡计算，因而成为国家平衡约束的一部分。这就是说，一个城市的进口将影响到所有城市的收入增长和国内市场对某城市产品的潜在需求。这就是部分影响了整体，而整体又把影响传递到其他部分。因而，孤立地考虑一个城市的经济而抛开它与国内其他城市的联系是危险的；同样，孤立地考虑国内城市间的联系而丢掉国际联系也是危险的。

（2）城市经济结构与国家经济结构的关系。二者的结构越相似，相互依赖程度就越高，而当发生经济波动时，也就越容易引起共振，造成经济的更大破坏。同样，在经济增长时期，二者也会互相促进，形成高速度。

（3）城市经济的专业化程度。若专业化程度很高，只限少数几种产品的输出，当这些产品在市场趋于饱和时，经济增长就会停滞。要维持经济继续增长，就要有新产品，而新产品的出现无疑将降低专业化程度。

（4）城市经济的灵活适应性。这里是指对技术革新和需求变化做出反应的能力与速度。无疑，灵活性越强，对经济持续增长越有利，而灵活性来自灵敏的信息系统、快速而准确的决策及资源调动和组织能力。

# 第三节　城市经济高质量发展

## 一、城市经济高质量发展的内涵

城市经济高质量发展就是从新发展理念出发，在创新、协调、绿色、开放、共享的思想上努力提升人民群众的整体生活水平与生活质量，从多方面协同推进城市经济的可持续运行，力求在更短的时间内实现生产要素的最大成本效益比，进而能实现城市经济质量的稳步提升。换句话说，高质量发展不同于过去传统的发展观念，不再单纯集中于探究城市经济的发展速度与发展水平，更多的是强调城市经济发展质量的内涵，重视我国经济发展增速的平稳化发展与演进，有效发挥协调并进的内在特点，实现绿色化、开放化的经济发展之路，属于追求质量效率与美好生活的新型路径。高质量发展将会是未来我国城市经济发展的主流方向，是实现社会经济系统协调的基本着力点，必须深入剖析城市经济高质量发展的理论内涵与现实属性，从社会经济发展的现实规律出发，进一步探究城市经济高质量发展的构成因素与基本特征，基于我国发展的基本现状归纳正确经验与发展路径。城市经济高质量发展是更高水平、层次、形态的发展，首先表现为产业的发展，未来的城市产业构成应向更高层次的发展状态迈进，通过高新生产技术带动产品种类的丰富化与多样化，同时更要注重品牌的力量，通过产品的质量提升引进品牌效应，形成系统的产业体系，推进产品与技术的交互融合。其次是产品带动服务质量稳步提升。现如今城市经济的发展早已不是城市内在物质总量的上升，更是应该体现在城市软服务水平的丰富与完善，人民生存以及生活所必需的物质产品以及精神服务也应逐渐得到高水平的满足，尽可能地提升人民生活的福利效应。再次是经济的本身内涵不断深化，即对应新科技的发展水平下，各类型产业以及业态模式也应融合科技水平的提升，多渠道促进经济新动力的演化，强势推进城市经济质量的提升。最后是人民生活的基本构成逐渐丰富，层次逐渐提升，消费动力以及消费结构有了根本性的改变，逐渐趋于优化，教育、医疗、卫生、就业、居住、社保等公共服务体系更加健全，基本公共服务均等化水平显著提高。总之，城市经济高质量发展要求必须实现全面协调可持续的最终效果，在经济增长的前提下保证经济结构的日益完善，构建科学的空间布局，优质的产业分工，推进城市经济系统中各产业部门之间合作的有序性、联动性，保证各产业之间的协调式发展，进而推进工业化、信息化、城市化等多元化的同步进展，有效促进发展的全面性。同时，对城市经济来讲，高质量的发展必须以均衡为前提，通过各系统之间的对立统一加速均衡形成速率，从而降低城市经济发展的不稳定性，规避经济运行中的风险，为经济发展提供更成熟的发展模式，增强城市发展韧性，不断提升城市经济发展质量，实现高质量经济发展。

【专栏】

宁德市一直以来在福建省的发展并不突出，即便是到了2020年也仅以2619亿元处于省内第8，仅高于南平市。奇迹的一年发生在2021年，这一年宁德市的经济发展迎来高增长。宁德市2021年GDP为3151.08亿元，国内排名第97，实际增速13.3%，国内排名第5，增量532.08亿元，国内排名第54，名义增速20.32%，国内排名第22，在省内是遥遥领先。宁德市之所以有如此的经济增长速度，离不开经济发展方式的转型以及高质量发展。

2021年前三季度，宁德市9项主要经济指标增幅居福建前列，其中GDP、规模以上工业增加值、进出口总值、金融机构本外币贷款余额4项指标，增幅居福建首位。

宁德市委书记梁伟新在2021年接受中新网记者采访时表示，通过这些年的打基础、蓄能量，宁德已经迈入了高质量发展的“快车道”。支撑宁德经济发展迈入“快车道”的，是其产业的持续壮大。该市已形成锂电新能源、新能源汽车、不锈钢新材料、铜材料四大主导产业集群，先后引进上下游企业200多家，覆盖产业链的各个环节，不锈钢新材料、锂电新能源两个产业已成长为年产值上千亿元人民币的产业集群。

作为宁德市的主导产业之一，2011年宁德时代新能源科技股份有限公司（简称“宁德时代”）落户以来，宁德锂电新能源产业高速发展，已成为全球最大的聚合物锂离子电池生产基地。2017年到2020年，宁德时代动力电池在电动汽车上的总装机量连续四年位居世界第一。在“龙头”企业带动下，宁德累计引进卓高、杉杉、厦钨、青美、邦普等80多个产业链项目，覆盖正极、负极、隔膜、电解液等关键材料和电池构件等配套项目，已建成投产和在建电池总产能295GWh。截至2021年10月底，宁德市锂电新能源产业当年完成产值1145亿元。

资料来源：品巧琴．福建发展新答卷：宁德如何建成高质量发展重要增长极？［EB/OL］.（2021－12－03）. https：//baijiahao. baidu. com/s?id=1718109993253177377&wfr=spider&for=pc；城南解读．2021年宁德各区县财政：蕉城45.93亿，福安增速第一，屏南4.01亿［EB/OL］.（2022－02－27）. http：//www. sohu. com/a/525732957_120467820.

## 二、城市经济高质量发展的特征

对于城市经济高质量发展，必须全面实施创新发展、协调发展、绿色发展、开放发展、共享发展，在新发展理念的强力指引下，将高质量发展全面融入城市经济具体运行过程中，把控融入机制和融合效果，以此实现城市经济高质量发展的根本目标。

### （一）创新发展

创新发展是城市经济高质量发展的核心特征之一，是解决城市经济高质量发展动力问题的强大因素。从当前全球发展趋势来看，新一轮的科技革命和产业革命正在兴起中，在此背景下，知识和技术的创新速度在以惊人的幅度增加，以互联网、物联网、云计算等技术为核心的新的经济模式和业态也在不断涌现，为了顺应这一发展趋势，使创新成为促进城市经济发展的重要内生动力，城市经济的高质量发展必须摒弃高速增长阶段对劳动力数量优势和物质资源投入的依赖，实现从劳动力与资本驱动的模式向创新驱动模式的转变。目前中国城市对理论、制度、科技、文化等重要领域的创新的关注度都有所提升，创新对经济社会发展的支撑和引领作用也有所加强，但是整体水平还不足以达到城市经济高质量发展的要求，仍制约着城市经济的发展，因此需要推进以科技创新为核心的全面创新。创新发展不仅有利于突破当前城市经济发展中资源与环境的约束，提高资源配置效率，提高各生产要素的作用，强化经济发展的效率与效益，还有利于帮助城市空间建立起经济发展的核心优势和新的经济增长点，实现城市产业的转型升级和经济社会的可持续发展。只有持续推进创新体系和能力的建设，提高创新在实体经济发展中的贡献，才能使创新发展真正成为城市经济高质量发展的强大动能，推动城市经济在实现动力变革的基础上，实现效率与质量的同步提升。所以，将创新发展作为城市经济高质量发展的核心特征，既符合创新驱动的新机制和新要求，也能够满足化解科技基础薄弱问题的基本需求，有着十分关键的作用。

### （二）协调发展

协调发展是城市经济高质量发展的核心特征之一，也是解决城市经济发展不平衡问题的重要基础。目前城市经济发展中不平衡、不协调、不可持续等问题仍然突出，这些问题若得不到解决，高质量发展就难以真正实现，特别是在城市经济与社会、物质文明和精神文明等方面，存在较为严重的不平衡不协调问题，实现城市经济高质量发展就有着更为关键的紧迫性和现实性。这就要求政府必须正确处理好发展中的重大关系，贯彻落实乡村振兴战略和深入推进区域协调发展战略，不断增强发展的整体性和协调性，实现更加公平、更为协调的发展。另外，协调发展也表现为经济重大关系协调、循环顺畅地发展，需要利用整体性思维，注重整体效率的提升。协调发展，要求政府从整体的角度进行发展规划和战略实施，充分发挥宏观调控的作用，完善经济协调机制，实现由高速增长阶段追求的总量扩张向追求结构合理优化的转变，实现城市经济社会效率与效益提升、抗风险能力和可持续发展能力不断增强的高质量发展。因此，将协调发展作为城市经济高质量发展的核心特征，能够有效化解各种可能引发的不平衡与不协调问题，对于实现城市经济高质量发展起着适配器的作用。

### （三）绿色发展

绿色发展是城市经济高质量发展的核心特征之一，是实现城市经济可持续发展的重要保障。研究表明，当前发达国家经济增长的生态环境成本仅占实际 GDP 的 3.99%～4.22%，而发展中国家则高达 20.79%～23.02%，表现出发展中国家绿色发展力度的不足。因此，强化绿色发展动力，提升绿色发展水平成为城市经济高质量发展的重要使命和特征。高速发展阶段长期存在的高投入、高消耗、高污染的经济增长模式，导致了资源约束趋紧、环境污染严重、生态系统退化等一系列问题的出现。在新时代背景下，若要实现城市经济高质量发展，必须坚持绿色发展理念，加快推进生态文明建设，推动生态补偿机制的市场化，在创造更多物质财富与精神财富的同时，也要注重为人民创造更加优美的生态环境，提供更加优质的生态产品，满足人民日益增长的美好生活需要以及对和谐生态环境的期盼。同时，绿色发展需要在生产方式上实现绿色与环保，推动高循环的产业发展模式，切实提高资源利用效率，这不仅有利于城市产业的可持续发展，而且有利于延长产业价值链。另外，绿色发展也表现为城市发展过程中对生态、环保、绿色等内容的相关政策、法律法规、机制体制的建立健全，以此作为绿色可持续发展的城市经济运行体系的制度和法律保障，推动形成人与自然和谐发展的现代化建设新格局。因此，从这两方面而言，坚持绿色发展，对于实现城市经济高质量发展具有重要的保障性作用。

### （四）开放发展

开放发展是城市经济高质量发展的核心特征之一，是实现城市经济发展内外联动的重要前提，高水平的开放是高质量发展不可或缺的动力。从国际发展的趋势来看，多极化、全球化、信息化仍然是世界发展的主流，并处在持续加深的阶段，也就意味着中国的城市经济与世界经济之间的联系与影响也会进一步深化，在这样的国际背景下，中国的城市经济想要实现高质量发展，就必须坚持开放发展，在拓展开放范围的同时提高开放档次，完善城市对外开放的结构布局和体制机制。开放发展一方面表现为政府在对外开放层面发挥更大作用，进而进一步扩大对外开放程度，推动城市对外开放新格局的形成；另一方面也表现为充分利用自身的比较优势，以寻求在全球的资源配置，在提高自身在国际上的竞争力、获得自身经济发展的同时，也要注重推动世界的包容性增长，为全球的发展作出贡献，实现真正的城市经济高质量发展。因此，只有坚持开放发展，才能对外部环境变化做出及时响应和积极应对，才能充分利用城市经济的固有优势，利用高水平开放推动城市经济高质量发展。

### （五）共享发展

共享发展是城市经济高质量发展的核心特征之一，是解决社会公平正义问题的重要路径。共享发展的实质是以人民为中心的发展，体现了实现共同富裕的最终目标。目前我国城市发展面临着收入分配差距过大的社会公平问题，公民在养老、医疗、教育、就业等公共服务的获得上仍然存在困难。当前我国社会主要矛盾的深刻转变，意味着城市经济要实现高质量发展，就要坚持共享发展，努力推动社会公平的实现，才能不断满足人民对美好生活的需要和对高质量生活的追求。共享发展的具体要求一方面是要促进收入公平，缩小居民收入差距，实现居民收入与经济发展的同步增长，实现居民收入与劳动报酬和劳动生产率的同步增长，使人民共享城市经济高质量发展的成果；另一方面，共享发展要求政府从社会公共利益以及社会公平与正义出发，着重对公平与效率之间冲突的解决，完善社会保障制度和相关政策，提高公共物品和服务的供给水平，坚持实施积极的就业政策和就业战略，以此提高居民收入水平，缩小居民收入差距，提高居民生活水平，加快建成覆盖全民、城乡统筹、权责清晰、保障适度、可持续的多层次社会保障体系，实现真正的幼有所育、学有所教、劳有所得、病有所医、老有所养、住有所居、弱有所扶，真正体现共享发展的理念，使城市经济高质量发展成果惠及全民。因此，共享发展从覆盖面上深化了城市经济高质量发展的内涵，若要实现城市经济高质量发展，必须将实现城市经济的共享发展作为重要的环节。

## 三、城市产业结构与经济高质量发展

城市产业结构是指一定质量、一定数量和一定序列的产业部门组合，反映了城市的增长度。因为城市生产力的发展，是随着城市的社会分工越来越细，新的行业和生产部门不断涌现，各部门行业之间形成互相依存、互为条件和相互制约的经济联系而进行的。城市产业结构包括多种产业分类，除了基础产业与非基础产业的构成外，还有三次产业构成、要素投入构成等。

### （一）三次产业构成与城市经济质量

依据三次产业划分法考察城市经济增长质量，一般来说，后序产业的比重越高，表明城市经济质量越高。这也是我国一些城市政府十分关注提升第三产业比重的原因。但是三次产业发展要有一个合理的序列关系，如果一个城市地区的第一产业很弱，就会无力支撑第二、三产业的发展；如果第二产业很弱，也没有能力发展高层次的第三产业。如某县级市的第三产业产值占总产值的68%，但仍然是一个落后地区，关键就是没有强有力的第二产业。因此，城市三次产业结构的递进应当循序渐进，形成有序的发展链条。某些城市在一定时期内实行跳跃式发展，必须有稳固的前序产业作为发展的支撑，这个前序产业不管是来自本地区还是相邻城市的产出，都必须是稳固的，这是产业结构发展的突出特点。因为，产业结构是一个纵横交错、多层次的复杂结构，它随时间变化有其固有的层次序列从而形成“序列效益”。产业断链，就会损失序列效益。盲目地跳到高层次产业，没有稳固的前序产业作支撑，高层次产业持续时间就不会太久，从而造成城市资源的浪费。

在一个较大的城市地区，如果区域内的某城市的高层次产业比重较高，或者城市的三次产业结构不断向上发展，都可以说是城市经济质量在提高。

---

**【专栏】**

三次产业分类法是依据产业的演进顺序对产业进行的分类。这种分类从20世纪三四十年代开始，目前已成为国际上广泛流行的划分方式。联合国国际劳工组织于1971年颁布的《全部经济活动的国际标准分类索引》(Indexes to the International Standard Industrial Classification of Al Economic Activities，SIC)，简称《标准产业分类》，把全部经济活动分成如下十个大类。

(1) 农业、狩猎业、林业和渔业。(2) 矿业和采石业。(3) 制造业。(4) 电力、煤气和供水业。(5) 建筑业。(6) 批发与零售业、餐馆与旅店业。(7) 运输业、仓储业和邮电业。(8) 金融业、不动产业、保险业及商业性服务业。(9) 社会团体、社会及个人的服务。(10) 不能分类的其他活动。

其中，1~2类属于第一产业，3~5类属于第二产业，6~10类属于第三产业。

中国国家统计局1985年对三种产业在中国的划分作了专门的规定，具体如下。

(1) 第一产业为农业（包括林业、牧业、渔业等)。(2) 第二产业为工业（包括采掘业、制造业、自来水、电力、蒸汽、热水、煤气业）和建筑业。(3) 第三产业为除上述各业以外的其他产业，包括四个层次：①流通部门，包括交通运输业、邮电通信业、商业影视业、物资供销和仓储业；②为生产和生活服务的部门，包括金融保险业，地质勘查业，房地产业，公用事业，居民服务业，旅游业，咨询信息服务业和综合技术服务业等；③为提高科学文化水平和居民素质服务的部门，包括教育，文化广播电视事业，科学研究事业，卫生体育和社会福利事业等；④为社会公共需要服务的部门，包括国家机关、党政机关、社会团体，以及军队和警察部门等。

### （二）要素投入构成与城市经济质量

要素投入分类法是依据各生产要素在不同产业部门中的密集程度和不同比例而进行的分类，包括劳动密集型产业、资金密集型产业、技术密集型产业三大类。凡单位劳动力占用资金较少、资本有机构成和技术装备水平较低、需要投入劳动力较多、单位成本中活劳动消耗所占比重较大的产业，称为劳动密集型产业，如服装、皮革、饮食业等；凡投资比较集中、资本有机构成高而所需劳动力较少的产业，称为资金密集型产业，如石油、化工、钢铁、机械制造业等；凡生产过程机械化、自动化程度和技术层级较高且对知识人才素质要求较严的产业，称为技术密集型产业（或知识密集型产业），如电子、航天、生物工程行业等。在实际构成中，有的行业不一定是单纯某一种要素密集度高，而有可能是几种要素都高。

经济发展的根本特征是产业结构由简单到复杂、由低级到高级的不断转化。经济发展的进程呈现着共同的演变规律：由以劳动密集型产业为主，转化为以资金密集型产业为主，再发展到以技术密集型产业为主。这一规律的基础是不同社会资源累积的顺序与速度、规模的差异，以及由技术进步带来的各种社会资源的有序替代。

与自然资源形成的天赋过程不同，劳动力、资金、科学技术这些社会资源是随着社会发展而逐步累积起来的。图 4－2 直观地显示出各种资源的累积过程与产业结构的相应变化。其中，曲线 OL、OC、OT 分别表明劳动力、资金、技术要素的累积规模，OM、MN、NF 分别表示经济发展的不同阶段。曲线的不同形状反映出不同要素积累过程的差异：劳动力增长在达到一定程度后呈缓慢下降趋势；资金的增长呈直线型上升；技术要素的累积为二次曲线形式，反映出技术进步的加速规律。曲线的位置变化反映出各种资源相对重要性的变化。在经济发展的早期（OM）阶段，劳动力是最重要的社会生产资源，其规模随人口增长而不断扩大。资金、技术要素虽有一定积累，但速度很慢，规模有限，与各种资源的累积规模差异相适应，这一时期的产业主要是农牧业、采掘业、手工业、轻纺工业等劳动密集型产业。在 MN 阶段，资本积累规模急剧扩张。曲线 OC 超过 OL，表明资本替代劳动成为最重要的社会资源，冶金、机械、化学、电力、交通运输等资本密集型产业逐步成为社会生产的主要行业。与此同时，技术要素的积累规模也在迅速扩张，并且呈现出不断加速的趋势。当曲线 OT 超过 OC 以后，技术就成为最重要的生产要素。电子、电器、航天、合成材料等技术密集型产业也逐步取代传统的资本密集型产业，成为社会生产的主要产业。

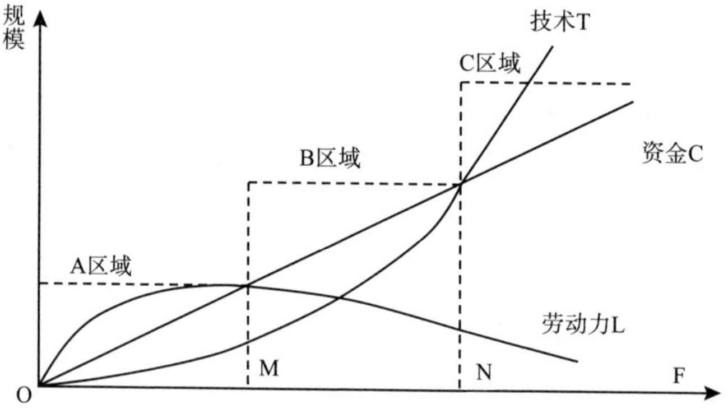


**图 4-2　生产要素累积过程与相应的产业结构变化**

城市的要素投入结构中后序要素投入的比例和贡献越高，表明城市经济质量越高。这种要素投入替代比例的不断变化，反映了城市经济的“硬发展”。因为从劳动密集到资金密集再到技术密集，要求城市劳动力素质有极大的提高和城市资金的利用效率不断提高，从而保证城市经济素质的整体转换。为此，城市政府要增加教育和培训费用，加大城市人力资本投资和保护技术进步。

### （三）城市结构效益与高质量发展

城市结构效益，是指由于城市经济结构的转换和递进，而使城市经济和社会效益提高。测度城市结构效益，可以运用如下两种方法。

（1）城市产业部门相对社会劳动生产率。它是反映某产业结构效益的测度指标，其公式为：

$$\begin{matrix}\text{城市某产业相对}\\\text{社会劳动生产率}\end{matrix}=\frac{\text{城市某产业增加值占城市国民收入的比重}}{\text{该产业劳动力占城市全部社会劳动力的比重}}\times 100\% \tag{4-12}$$

如果城市各产业的相对社会劳动生产率都是上升的趋势，则反映出城市产业结构趋向合理化。因为城市的各产业之间及产业内部如果能够按其自然比例发展，就能使资源得到合理有效的利用，有利于促进劳动消耗的节约和经济效益的提高，否则，城市各产业的相对社会劳动生产率趋于下降，说明城市产业结构有不合理的地方，应采取措施加以调整。

（2）城市产业结构改变指数。它是衡量城市产业结构高度化从而反映城市结构效益的指标，其公式为：

$$\text{结构改变指数} = \sum\left[\frac{P_{i2}}{\sum_{i=1}^{n} P_{i2}} - \frac{P_{i1}}{\sum P_{i1}}\right] \tag{4-13}$$

式（4－13）中，$P_i$ 为城市 i 产业部门的产值；1、2 为两个比较时期；n 为产业部门总数。式（4－13）的计算，是把城市内所有在考察期产值比重大于基期的产业部门的增长比重加总，其数值越大，说明结构改变的程度越大，产业结构走向了高度化。这种结构改变和高度化的本质是技术进步的作用。这一过程表现为：新技术在各产业部门得到广泛运用，社会资金有机构成不断提高，社会产出能力不断增强，出现了满足新的社会需要的新兴产业部门，新兴产业崛起壮大，夕阳产业衰落，传统产业得到改造等。这种结构不断改变的过程就是产业结构高级化的过程，结构改变指数反映了这种高级化的程度。

## 第四节　城市经济高质量发展政策

城市经济高质量发展政策是使城市经济围绕其高质量目标而实现城市经济增长的管理手段，它对城市经济的增长效果有重要影响。推动城市经济高质量发展的政策方法很多，这里从产业政策、要素投入和收益政策及公共环境政策三个方面介绍城市经济高质量发展的推动政策。

## 一、城市输出部门和地方化部门的产业政策

城市输出部门是城市经济高质量发展的重要源泉。因此，城市发展政策的决策者应该努力寻找到那些具有发展潜力的城市输出产品的生产部门，并为这些部门的发展制定产业政策。

（1）确定城市基础部门。城市基础部门的经济特征一般表现为：①输出产品的产值占本市总产出的比重很大；②较多地采用本地投入品，增长乘数和产业关联度高；③较高的边际输入倾向转化为输出产品；④在全国具有较高的收入弹性。城市增长政策制定者要搜集足够的资料研究哪些产业具有这样的特征。

（2）制定扶持城市基础部门的产业政策。城市基础部门是城市发展的支柱，它要带动城市经济高质量发展。城市政府要在国家总体产业政策的指导下，研究采用哪些政策措施能够有效扶持和应用于城市基础部门，确定本市产业政策重点，同时通过地方财政税收政策、信贷政策、资源政策及收益政策等扶持城市基础部门的发展。

（3）发展城市地方化部门的政策。地方化部门是城市经济高质量发展的重要依托性力量。它的作用主要在于：①为城市基础部门提供中间产品；②为城市的各种生产活动提供配套产品和生产性服务；③为城市居民生活提供发展性、享受性的服务。使本地的一般需求尽可能实现地方化，是现代经济发展的特点要求，城市政府要努力扶持产品本地化，可以在税收、信贷、资源和收益等政策上采取有针对性的政策措施，发展本地产业。

（4）培育产业集群。城市产业集群的出现往往由城市基础部门对其上、下游产品的吸引以及集聚经济形成后本行业规模扩大而导致，它是现代区域性发展的主要原因。城市政府应当根据本地条件，积极培育产业集群，主要做法是：①积极促进本地主导产业的中间产品本地化，实现其与上游产品的产业链锁，主导产业不是支柱产业，发展主导产业和其中间投入品，是产业集聚的基本途径；②以优惠措施吸引城市域外与本城市基础部门类同的产业进入本市，以扩大本地基础产业规模，形成产业集群；

③支持本地各种技术进步和新产品开发，以核心性产品的开发牵出系列产品群，实现创新性产业集群。

## 二、城市经济高质量发展的要素投入和收益政策

城市经济高质量发展依存于要素投入和投入的积极性。这种积极性与要素报酬政策密切相关。

（1）城市劳动力投入及其报酬政策。在劳动生产率一定的情况下，劳动力持续稳定的增长是城市经济高质量发展的重要动力，而城市劳动力供给的基本来源之一是外部劳动力的流入。现在很多研究表明，更大的劳动力转移将会促使城市对劳动力的需求进一步提升，故城市政府应制定促使劳动力合理流动和充分利用的政策。例如，防止劳动力歧视政策、同工同酬保证政策、最低工资政策等，使城市经常性地保持吸收就业的经济增长活力。同时，政府要提供劳动力的公共培训，提高劳动者的人力资本，使劳动者素质不断提高，促进城市高质量发展。

（2）城市资本投入及其报酬政策。持续的资本投入是支撑城市经济长期增长的重要条件。我国城市政府一般应考虑如下一些资本利用和开发政策：①积极促进私人投资的政策。我国城市私人资本总体投资不足，很多城市私人资本往往没有实现充分利用。为此，城市政府应采取引导私人资本流向的政策。例如，实行税收减免、投资补助及对中小企业的扶助计划都会对地方经济增长与发展产生显著影响。②稳定中央政府和地方政府的公共投资政策。公共投资是政府责无旁贷的社会责任，在实际工作中，政府应兼顾城市大型机场、高速公路和运输管道等高投资项目与对现有投资存量维护、保证城市居民基本生活需要项目之间的关系。城市政府应寻找社会公益性强和回报率高的项目。③完善城市资金市场，广泛利用社会闲散资金从事城市建设。最主要的是疏通城市融资渠道，保证社会资金的市场流通，使投资人安全地获得市场收益，并能吸引更多资金，提高资金使用效率。

（3）城市经济高质量发展的技术进步政策。技术进步是促进城市经济高质量发展的根本性机制，城市政府应积极实施促进城市技术进步的经济政策：①知识创新政策。很多发达国家在快速城市化过程中，城市政府往

往制定大量政策鼓励技术进步，对高校和研究机构的基础性和应用性研究提供各类资金支持。②中小企业技术进步政策。城市中小企业技术开发能力薄弱，但在城市经济高质量发展中具有重要作用。为此城市政府应尽可能鼓励和帮助他们采用先进技术，提供政策扶持，如优惠技术贷款、提供公共实验室、一般技术的公共供给等。③技术开发和生产关联政策。技术开发往往和本地区重要产业有紧密联系，美国的一些实证研究表明，高校研发中心的发展和美国 6 个部门的地方化增长呈现显著的正相关关系。因此，城市地方政府订立重要的技术开发和生产关联政策对支持本地经济增长有很大作用。

（4）城市发展创新和企业家精神政策。城市内部有活力的新兴产业发展需要富有创新精神的企业家及其风险投资行为。因此，城市政府应采用一些降低和分散投资风险的政策措施来鼓励企业创业。

## 三、城市经济高质量发展的公共环境政策

公共环境政策是指城市的自然环境、文化和公共品（或者统称为“社会适宜度”）供给的状态，它是决定一个城市经济高质量发展的重要因素。随着技术进步，生产摆脱了以往的资源、地理气候、运输等约束条件，很多工业企业选址都逐步摆脱了传统意义上的资源、中间投入品或市场导向的特点，转而关注企业发展的社会环境。因此，拥有一个比较理想的“社会适宜程度”的城市可以让该地区企业更容易雇用到有能力的劳动力。但是，到目前为止，很少有实证研究确切地估计了不同社会适宜程度对当地经济增长的影响。我国目前完善城市经济增长的公共服务环境是城市经济高质量发展的重要方面，对此城市政府可采取如下一些政策。

（1）城市投资环境的建设，主要指投资的硬环境和软环境。硬环境是城市资源、自然环境及其基础设施和服务的功能状态。每一个城市都有其区位特点，城市政府应充分发挥本地硬环境的潜力，结合本地环境状况进行基础设施建设和提供优质的基础设施服务。环境主要指城市市场发育水平和政府公共服务水平。城市市场发育水平将直接影响商务活动的效率，特别是要素市场的水平，进而影响投资者的决策。城市政府应通过完善市场建设，保证要素市场的功能。城市政府公共服务的水平也是影响投资者

决策的重要因素，为此，提高政府自身建设将对城市经济增长有重要的促进作用。

（2）商业孵化环境的建设，指适宜于创新发展的社会环境。目前世界各地很多城市政府都在营造一种催生有能力企业家的商业孵化气氛。商业孵化氛围有多种形式。多数情况下，是一些高校通过直接兴办技术和商业开发区来促使新技术或商务活动的发展，其目的是想借助学校研究人员的力量更快地把技术和科学发现转化为市场化产品。现在有关技术和商业开发区的案例研究非常之多，但一个成功的商业孵化基地背后究竟是哪些因素起决定作用，还是需要深入探讨的问题。城市政府应在这方面不断地总结经验。

（3）城市经济高质量发展的公共服务政策。城市经济高质量发展需要大量公共服务，如供水、供电、通信等公共企业服务和办理各种手续的政府服务。这些服务过去在我国一直是由政府直接提供，随着市场机制的完善，这些功能可以逐步地过渡到民间公共企业和各种中介咨询机构，政府则主要以法律为依据对这些活动实行监督管理。为此，要实施一些旨在促进城市经济高质量发展的民间公共供给政策。

## 【本章小结】

1. 城市经济增长是指城市经济的动态演化过程，包括社会产品和生产能力增长两种内涵，可分别以城市国民收入和就业量两个指标衡量。

2. 城市经济增长理论的发展，其思想源泉可以追溯到亚当·斯密的《国富论》。经过哈罗德—多马经济增长模型、索洛—斯旺模型的发展后，有了收益递增的再发现，接着是经济增长理论的新发展。

3. 城市经济增长也就是产出的增加，可通过两种方式来实现：一是各种要素投入的增加，包括劳动力、资金等要素的增加；二是要素生产率的提高。

4. 城市经济增长的基础条件主要包括：先进的技术条件和现代工业形式、完善的金融贸易系统、高效的服务系统、合理的城市经济结构。

5. 城市经济增长的限制因素：城市自然地理位置和资源条件的限制、区域经济发展的限制、聚集经济负效益的限制、城市经济与国民经济相关的程度、国家城市发展政策的限制。城市经济增长的其他因素：城市经济与国家经济的关系、城市经济结构与国家经济结构的关系、城市经济的专业化程度、城市经济的灵活适应性。

6. 城市经济发展是指以城市结构转换为标志的城市经济质量提高和城市社会经济体制结构转换的进程。其实质是，越来越多的人口进入城市，不但参与利益的生产，同时参与利益的分配，共享城市经济增长的成果。

7. 城市产业结构是指一定质量、一定数量和一定序列的产品部门的组合，反映城市经济的增长和发展的高度。城市产业结构包括多种产业分类，包括基础产业与非基础产业的分类、三次产业分类、要素投入分类和主次产业分类。

8. 城市经济增长和发展的政策对城市经济增长效果有重要影响，主要包括城市输出部门和地方化部门的产业政策，城市经济增长的要素投入和收益政策以及城市经济增长的公共环境政策。

**【关键术语】**

城市经济增长　增长模式　要素投入　产业结构　高质量发展

**【思考题】**

1. 从促进城市经济增长和发展的目的出发，城市政府应当如何建设公共环境？它包括哪些内容？我国目前应侧重于制定哪些方面的政策？

2. 以具体事例比较城市输出部门和地方化部门产业政策的不同，分析促进二者经济增长的不同目标。

3. 你能否用所学的古典城市增长理论量化各种因素对你居住的城市发展的贡献？

4. 对于制定促进城市经济增长的产业政策，你有什么建议？请分析某一个具体城市，说明产业政策对该城市经济增长的作用。

# 第五章

# 城市规模经济

通过本章的学习，了解城市化进程所形成的大大小小城市，如何构成了城市体系和城市区域。理解单个城市应当形成多大规模，能够获得规模经济；多少大城市、中城市和小城市所构成的城市体系，能够获得整个区域的规模经济。明确哪些因素影响和决定了城市规模；城市规模的分布有没有规律性；政府应当制定怎样的城市规模政策；深刻理解这些问题与城市化效益之间的关系。

**【重点问题】**

◎ 城市规模经济

◎ 城市规模经济效益

◎ 城市规模分布

## 第一节　城市规模经济与适度规模

### 一、城市规模的形成

城市规模表现在人口和用地两个方面，两者之比可用城市人口密度或人均占地面积来反映。一般来说，城市的用地规模与人口规模呈正相关关系，但是不同地区的城市，同样的人口规模，用地规模差异很大。由于城市社会经济问题主要是在人口规模上表现出来的，所以这里用城市人口规模来表明城市规模。

最初的城市人口数量比较少，大城市也较少。公元1世纪的罗马城，人口达到了35万人，人口密度为2.5万人/平方公里，就是世界性的巨大城市了。产业革命之后，社会生产力迅速发展，交通运输更加发达，经济型城市逐渐形成，原有的政治、宗教和军事型城市逐渐融入经济因素形成综合型城市，使得城市规模逐渐扩大，全世界进入了一个城市化的时代。在这个时代中，出现了大大小小规模不等的城市，它们或者是沿江沿海的新兴商贸城市，或者是铁路、公路、港口的交通枢纽城市，或者是劳动者密集的工业加工城市，或者是濒临矿区、油田、森林等资源地的某种资源型城市，等等。其中，有的城市逐渐演变成巨大的综合型城市，有的成为规模差距巨大的工商业的专业化城市，还有的城市转变成了风景旅游文化城市和政治经济文化中心城市。

这种城市化进程带来了一些问题，在第二次世界大战后的发展中国家表现得十分突出。由于发展中国家存在大量的农村人口，随着经济发展，出现了一个城市化快速发展的时期，如墨西哥城那样的特大城市已经和正在继续出现，由于发展过度，产生了严重的城市病，于是在理论界出现了要不要对城市化速度进行控制的争论。这种争论的背后实际上是发展中国家要走什么样的城市化道路的问题。于是形成什么样的城市规模比较合适，各个不同区域的城市究竟以多大为宜，就成为发展中国家政府的研究对象，也是城市经济学的一个重要理论问题。

对于城市的适度规模问题，早在古希腊，柏拉图就曾经提出，一个城市的人口规模不应超过广场中心的容量，大约为5040人。后人继续在这个问题上提出看法。英国经济学家E. 舒马赫认为：“可以相当有把握地说：城市合适规模的上限大约为50万居民，十分明显，超出这个规模对城市的价值毫无增进。”另一些人虽不像他那样肯定，但也对城市适度规模提出了大概范围。美国发展经济学家金德尔伯格认为，城市规模以不超过200万~300万人为宜。可见，人们心目中的城市合适规模差异非常之大。事实上，人们在提出自己的观点时，并没有进行相应的理论论证，这些观点也只不过是他们价值观的一种反映。柏拉图的城市规模标准在性质上是政治性的，因为他认为如果城市人口超过广场容量，就会妨碍公民之间的思想交流，因而不利于民主制的实行。从经济学角度看，柏拉图的思想是要求用民主制的制度成本决定城市规模。由此我们发现，上述对城市规模的标准讨论，是基于某种成本的分析，例如，人们从行政管理角度探讨最优城市规模，认为城市规模应该由城市行政管理组织的效率最高，即市政服务的人均费用最低来决定。这些反映了人们对组织城市的某种愿望。

实际上，产业革命后的经济性城市形成什么样的规模，不是由人们主观决定的结果，而是社会经济发展和城市区位因素选择决定的结果。一个城市为什么能够长大，为什么有的城市长不大，其根本原因，是城市经济的特性使然。这一特性主要在于城市的集聚经济。集聚经济的内涵和作用在第二章已经介绍过，这里就构成集聚经济效应的内在本质——规模经济进行阐述。正是基于不同区位条件的规模经济作用，城市才形成了大、中、小不同规模。

---

【专栏】

### 日本东京超大城市人口治理经验探讨

东京作为日本首都，也同时是日本的经济中心和亚洲的金融与时尚文化中心。在其经济高速增长期和城市化的快速推进期，制造业大规模集聚，城市人口快速增长，日本很快就面临交通堵塞、基础设施不足、居住环境恶化等一系列城市问题。为了解决这些问题，东京采取了一系列的措施。

首先通过产业结构优化、城市副中心建设、城市圈建设进行人口分流与扩容。东京制定了工业控制法，大批劳动密集型企业和东京原有的一些重化工业相继迁到郊区中小城市甚至海外。产业结构的调整，使城市人口规模得到控制、并带动了人口素质的优化。东京还通过打造大东京圈建立城市群布局来扩大城市功能与人口容量。东京都市圈由东京都及周边的埼玉、千叶、神奈川（即“一都三县”）组成，面积1.34万平方公里（占全国的3.5%），经济总量接近全国的一半，城市化率超过90%。被认为是“纽约+华盛顿+硅谷+底特律”，集多种功能于一体的综合型大城市。

在城市中，要消灭城市贫困，就业人员的收入水平是一个重要的因素。日本关于工资的法律规定最初出现在1947年的《劳动基准法》中，同时，日本又颁布了《最低工资法》，将最低工资标准的设定确立为国家责任，把“生活工资”作为最低工资法的核心理念，强化了国家对企业强制履行最低工资法和惩罚不履行法律的力度。日本以法律的形式规定了东京等特大城市的工资最高。作为区域工资带来的效应，首先是推动了东京劳动力成本的提高。产业成本居高不下，使价值链低端的产业无法长期滞留东京，加速了制造业的撤离。但以金融业和信息业、传媒业为首的第三产业、日本大公司的总部，及外国公司却依然不断迁入东京。政府对不同区域劳动力成本的调控，间接地成为超大城市的产业和人口控制的一个手段。区域工资的另一个效应就是加剧了东京的就业竞争和人口流动。东京工资高，东京就业的竞争激烈，自然也就成了日本物价最高的城市，昂贵的生活成本是东京净迁入规模大幅度减少的重要原因，它是城市产业人口流动和布局变化的一个重要因素。日本还先后制定了《建筑物保护法》《借地法》《借家法》等多部带有社会法性质的特别立法，保护承租人的权益。这一规定不仅创造了就业机会，还对规范房屋租赁市场、制止“群租”行为起到重要作用。

城市人口的空间分布是生活在城市的人与其生存环境的博弈和选择的结果。东京的竞争状态带来的人口流通特点就是年轻人的大量流入和年老人的大量流出。调查发现，年轻人迁徙的主要理由是城市之间的经济差距，因大城市交通便利、消费时尚，且生活样式多元而迁徙原因增加。老年人退休后的迁徙倾向主要是离开大城市，考虑的是居住的噪音减少、舒适性、物价以及医疗设施的条件。日本老年人的退休年龄居于东京流出人口的高峰年龄段。一些后期高龄者（74岁）还有移动的情况，主要原因是医疗条件和亲人照顾。

由于拥有全国居首的年轻人流入与老年人流出量，东京是日本流动性最大且人口结构相对年轻的地区。东京经验显示，只要有人口流动的自由，人口数量和结构的动态平衡也可以形成。

资料来源：何东，蓝志勇．日本东京超大城市人口治理经验探讨［J］．中国行政管理，2018（10）：134－138.

## 二、城市规模经济

### （一）城市规模经济以及规模经济效益的内涵

**1. 城市规模经济的内涵**

城市规模经济是指城市非农业生产单位和人口恰好适应城市土地承载力和基础设施的容量，使得生产成本和生活成本都达到最低水平，城市发展处于规模经济区间。

**2. 规模经济效益的内涵**

规模经济效益是指由于城市规模的变化，获得了递增报酬，而这种规模报酬递增往往体现为城市规模与城市资本数量和效率的同方向变化。

### （二）城市规模经济的产生

城市的规模决定于城市的规模经济。那么，城市规模效益是怎样产生的呢？假设前提如下：

（1）假定把城市作为一个生产单位，它把投入（如土地、资本、劳动）转化为产出。投入要素具有流动性，一个城市可得到的投入量是变化的，其数量多少取决于其边际产出是否高于其他城市。图 5 –1 给出了大小两种城市的总产出和资本与劳动投入的关系。

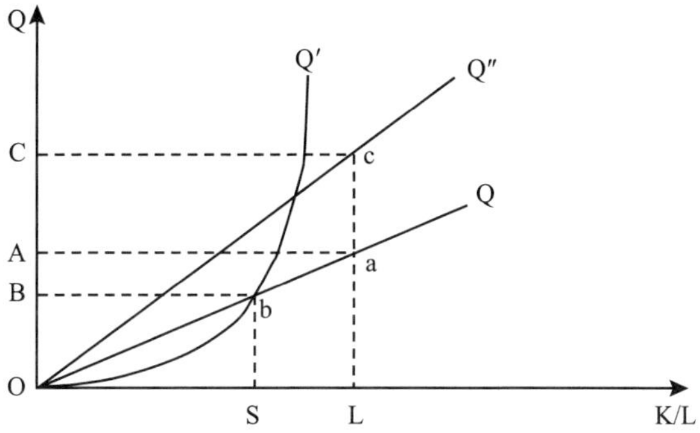


图 5 –1　不同规模城市的投入产出差异

（2）假设资本与劳动的投入比例在同一规模的城市里都一样，而在规模不同的城市不一样（用 Lg、S 分别表示规模较大的城市和规模较小的城市的资本与劳动投入比例系数）。

那么，两种不同规模城市的投入—产出状况可能有以下三种不同的情况，如图 5－1 所示。

理论分析如下：

其一，当大小城市的产出均在同一生产函数曲线 Q 上时，由于大城市资本多，人均资本占有量高于小城市，或是因为劳动力质量高，而使其资本—劳动系数高于小城市（Lg＞S）。这样在线性函数曲线 Q 上，大城市产出位于 a 点，而小城市产出位于 b 点，相对应的产出量分别为 A、B。

其二，当生产函数由曲线 Q′表示时，城市收益将随资本—劳动投入的增加而增加，大小城市的收益和产出分别位于 c、b 点和 C、B 点，其收益展现出规模报酬递增的差异。

其三，当大小城市有着相同的资本—劳动投入系数（K/L），但是有着不同的投入—产出比例，即相同的投入会带来不同的产出时，二者的生产函数分别表现为 Q″与 Q，其收益和产出点分别是 c、a 点和 C、A 点。这里存在的明显的内在机制是规模经济。可见，资本效率、规模报酬递增和规模经济是城市规模效益的基本机制。然而，资本效率和规模报酬递增都是建立在规模经济基础之上的。

在总投入不变的情况下，更高的资本—劳动比例的产出效果要更高，这是因为城市的生产结构更适于技术进步下的资本最小规模，当城市的区位条件或技术水平适宜更多的资本量时，这个城市将会迅速长大；而规模报酬递增紧密地依存于规模经济，在实现了最小规模之后，才会出现规模报酬递增。因此，城市规模经济是城市发展的基础。

### （三）城市规模经济的具体表现

城市规模经济的具体表现可以从居民个人、企业和城市三个层面分析。

（1）从个人的角度考察，主要表现在居民货币收入和公共设施的便利两个方面。居民货币收入可以用工资水平来表示。R. S. 戈尔德法布和 A. M. 耶齐以美国有关数据为基础的研究表明，工资大体上是随着城市规模的扩大而以递减的增长率上升的。

邓肯曾经指出：在城市人口有25000人以上时，出现了擦鞋、女子理发、洗帽子、修皮货商店，而在人口超过50000时，才会出现婴儿服务。因此，较大规模的城市能够使相对更多的居民从广泛的便利中得益。

（2）从企业的角度考察，相应的城市规模经济的主要内容来自生产效率和市场容量两个方面。有大量证据证实，生产效率随城市规模的扩大而增加，对私人企业和公共事业都是如此。生产效率和市场容量是互为促进的。与规模经济相联系的生产效率和市场容量主要表现为地方化经济（localization economies），它是一种行业的规模经济，表现为居于城市中的某行业中单个企业的成本随整个行业总产量的提高而下降。

（3）从城市的角度来看，城市规模的效益表现为城市化经济。城市化经济（urbanization economies）也称都市经济，是指整个城市范围内的规模经济，即在整个城市区域内，单个企业的生产成本随着城市总规模的上升而出现了下降的情况。

城市化经济出现的原因与地方化经济的原因基本相同，只是在内容上有扩大，表现在以下几个方面。

（1）从中间投入品的规模经济来看，城市公共投入的非排他性和非竞争性使企业能够共享城市基础设施和公共服务的好处。

（2）从范围经济与关联经济来看，单一企业变成企业集团、企业集群和企业网络，这使范围经济和关联经济在更广阔的空间中实现。

（3）从商品交易的规模经济来看，单店经营发展到超市和连锁经营，使消费者节省购物时间，扩大选择范围，从而享受到商店的规模经济。

（4）从共享熟练劳动力市场的效率来看，大城市劳动力市场的共享服务更完善。

（5）从信息外部经济来看，信息和知识的交流由行业内部扩展到行业之间，一方面加深了社会化，使人力资本的形成获得正外部性；另一方面交流作用于生产活动，提高了人们的生产力和工资水平。

## 三、城市适度规模

### （一）城市适度规模的成本与收益

城市规模经济超过一定限度会转向它的反面，即出现规模不经济。这就是说，一定的城市规模能够带来效益，但是也要付出成本。城市规模的经济成本现实地表现为门槛成本和外部性成本两种。城市规模经济要求在提供某些公共服务事业之前，需要有一个最低限度的人口规模。这些与规模经济要求相适应的投资往往具有一次性巨额投资的特点，这既是城市基础设施建设的技术性要求，也是需求和供给不可分性决定的投资要求，这就是所谓的“门槛成本”。

城市门槛成本突出地反映了规模经济的特性。城市规模经济要求在提供某些公共服务事业之前，需要有一个最低限度的人口规模。以交通运输业为例，只有几十个人行走的地方，肯定不需开设公共汽车路线，甚至不宜铺设道路。英国政府在规划汽车公路建设时就曾经规定：“凡是人口超过 25 万人的城市，应直接同对全局具有重要意义的公路网连接起来，所有超过 8 万人的城市，则应该处于该公路网 10 英里以内。”当然，一旦这些投资形成资本、发挥效益，就可以通过所获得的规模效益来偿还这些投资成本，然而这是一个较长的时期。城市能否在较短的时期内，筹集大量的资金用于可以使用几十年、上百年甚至几百年的城市设施的建设，这确实是城市发展的一种“门槛”。

城市外部性成本是指一些企业或家庭的生产和生活活动，对其他企业或家庭的生产或生活造成了负面影响，为克服这些负面影响所需承担的费用或福利损失。例如，城市人口增加带来的小区噪声会使某些家庭失去宁静安逸的生活环境，这些家庭也许需要购买一些高质量的隔音材料，把门窗封闭好从而支付相应的费用；或者直接要求其邻居付费，请他们不要制造噪声。又如，当商业区扩展到住宅区时，引起地价上涨，附近居民不得不承担更高的房租（价）。这种外部性成本说到底仍然是由于城市规模引起的，因而是规模成本的一部分。那么，城市在多大规模上可以保持规模经济呢？这需要通过城市规模的成本效益分析来回答。人口和经济活动在城市中的集聚，一方面可以从中获取多方面的利益，但另一方面又得为此付出一定的代价（成本）。

当集聚利益大于集聚成本，集聚过程就会继续，城市规模不断扩张，直到两者相等为止；一旦集聚成本大于集聚利益，那么满足理性假设的各种行为主体就会从城市迁出，从而出现城市人口分散的过程，城市规模随之收缩，直至集聚利益和集聚成本相等为止。当集聚利益等于集聚成本时，就会形成一个均衡点，这就是城市的适度规模。在图 5 -2 中，由成本曲线 C 与效益曲线 R 相交的 E 点所对应的城市规模 A，就是一个适度城市规模（optimum city）。

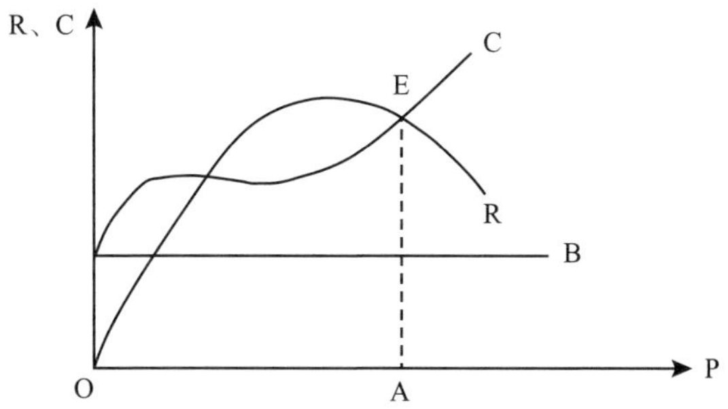


**图 5 -2　城市适度规模**

在图 5 -2 中，横轴为由人口表现的城市规模，纵轴为城市收益和成本，B 为城市基础设施投入，C 是城市总投入成本，R 是城市总产出收益。整个坐标系反映了一种理论上的综合，意在说明理论上存在的城市适度规模。图中的 A 点，从直观上看，表明达到此点时城市规模的成本和效益相等，即一定的投入数量等于它的产出数量价值，而实际上的经济内涵是指：由一定的城市投入要素比例限定的城市人口规模所体现的成本，与城市的总产出价值或效益相等，这时意味着城市的规模收益不变。在 A 点之左，由于投入的价值小于它的产出价值，这时会出现规模收益持续上升的现象；而在 A 点之右，由于投入的价值大于它的产出价值，这时规模收益下降，如果城市产出不能通过技术进步等因素使城市产出函数上升，城市规模就会停止发展。

### （二）城市适度规模的考察

#### 1. 城市规模效益规律

假定城市所需的各种投入都按照相同比例进行，并且是以人口为核心而构成的，代表城市的经济投入规模，也表明这种投入规模与城市经济的内在关系。城市规模是否会产生规模经济，反映的就是城市人口和城市土地资本各要素的集中力量与产出之间的关系。

把与城市土地资本等要素的一定比例关系为条件的城市人口作为城市投入的集中表现，就可以通过以这一投入为解释变量的城市产出函数的变化，来分析城市各种规模的产出效益，如图5－3所示。

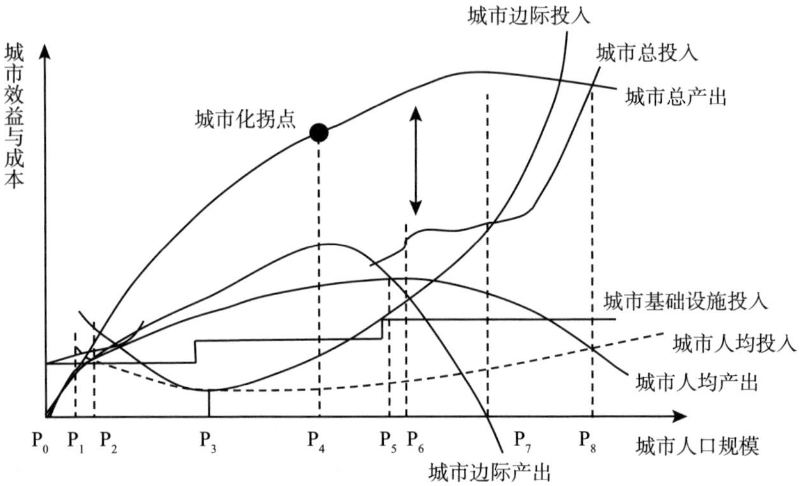


**图5－3　城市规模的成本与收益**

图5－3中，横轴表示城市人口规模，纵轴表示城市效益与成本，根据城市经济各种收益和成本之间的关系，可以考察各种城市规模的适宜情况。

这里我们把城市看作一个集聚的生产单位，总产出曲线形状呈S形，并存在拐点，在拐点以前，城市总产出随着城市人口的增加呈加速增长；在拐点以后，城市总产出随着城市人口的增加呈减速增长，并最终到达最高点，然后开始下降。

城市总投入曲线与总产出曲线正好相反，在拐点以前，随着城市规模扩大呈减速增长；在拐点以后，呈加速增长，并最终超过城市总产出。

城市人均投入曲线先随着城市规模扩大而下降，超过某一点后转为上升。把这些投入和产出情况对城市适度规模的影响作综合分析如下。

（1）$P_0$ 点为城市发展起点。

（2）$P_1$ 是城市功能基本形成点。这时城市总产出等于基础设施投入存量价值，城市功能开始运行，依托于城市的最初功能，形成城市经济活动的最初规模。

（3）$P_2$ 是城市的最小门槛规模，这点是城市总产出和总投入、城市人均产出和人均投入的左交点，是成本等于效益的城市的最小规模。在此点之前，城市成本不能得到补充；此点之后，收益超过成本，城市功能开始产生正收益。

（4）$P_3$ 是城市的最低生产规模。在这一点，城市边际成本曲线通过城市人均成本曲线的最低点，意味着城市收支正好相等，城市平均成本最小，城市能够以规模效益吸引企业形成最低城市规模。

（5）$P_4$ 是城市边际效益最高点，即城市化发展的拐点规模。从这一点开始，城市进入适度规模发展期。

（6）$P_5$ 是城市人均效益最高规模。这时城市企业的平均效益或城市居民的人均收入最大。

（7）$P_6$ 是城市最大经济效益的规模，因为在此规模点上，城市边际产出等于边际投入，即城市总产出减掉城市总投入的收益最大。

（8）$P_7$ 是城市最大总产出规模。此点城市总产出规模最高，边际产出为零，超过这一点，城市总产出绝对数量下降，边际产出为负数，因而应当是城市人口的控制规模。但是由于这时的城市总收益仍然为正数，城市规模仍然可以在控制中相应地少量扩大。

（9）$P_8$ 是城市的最大人口规模。它是城市人均产出与人均投入的右交点，这时城市总产出等于总投入，城市总效益为零。

以上 $P_3 \sim P_8$ 的人口规模，都可以在某种程度上称为适度规模。

**2. 城市规模效益的影响因素**

（1）人口密度。人口密度过大会产生城市弊病，它是影响城市规模效益的一个原因，但这些弊病并不直接就是规模引起的。规模是一个总量，在不同土地面积上会有不同密度。在其他条件不变的情况下，一定城市的人口（不论其规模是大是小）只要密度合适，即使是大城市也不一定产生弊病，相反，如果密度不合适，即使是小城市也会产生弊病。

（2）城市管理。有许多“城市病”是由于管理不善引起的，而不是规模本身的原因。例如，城市交通问题，有的公交路口交通拥挤，一改为立交桥，交通形势马上改观；有的问题则是由于计划不周造成的；有的是由于相互缺乏协调引起的；有的则是属于管理经验差、水平低；有的是由于缺乏全局观；有的是由于缺乏资金，无钱新建、改建，只好因循度日；有的是因没有立法，无权管，只好听之任之，等等。属于这些方面原因而造成的城市问题占相当大的比重。

（3）技术条件。无论是生产技术条件还是公共经济的技术条件，都是决定城市规模效益的重要因素。技术先进，效益就高；技术落后，效益就低，这是不言而喻的事情。但这也不是城市规模本身的问题。我国不少小城镇其规模不可谓不小，但生产技术落后，环境污染比大城市要重得多，这样的实例不在少数。

**3. 提高城市规模效益的方向和方法**

我国资金短缺，人均土地面积少，亟须集约使用资金和土地，而集约使用资金和土地效益最高的地方在城市和大城市。因而贯彻中央提出的转变经济增长方式，即由粗放型经营向集约型经营转变，不仅在企业，也不仅在工业和农业，更重要的层面是在城市。要盯住城市和大城市，要向城市和大城市要效益，为此，要创造城市和大城市进一步发展的条件。在现阶段，要集中发展我国大城市、特大城市和大城市区域，要增加生产要素的投入，改善城市基础设施和城市投资环境，加强城市管理和城市规划。控制大城市规模，特别是控制大城市的人口规模和土地规模，对大城市发展是极为不利的。大城市的投资增长与人口、土地增长应该相适应且有一定比例关系，在这个前提下解决人口过密和土地浪费的问题。生产要素出入大城市只是一个疏导问题（要根据生产发展和市场规律进行疏导），而不宜用行政命令和指令性计划的方法加以控制，甚至设关、设卡、设堤防加以限制和阻止都是不恰当的。

但是这不等于说中小城市的发展无足轻重。前面已指出，在发展大城市的同时必须相应发展中小城市。大中小城市都有自己合理的、适时的规模效益。问题是在合理发展大中小城市时，必须实事求是地解决大中小城市发展中存在的问题。就大中城市而言，从生产要素供应方面来说，现在发展中存在的主要问题是人口户籍门槛和用地不足。农民进城难、落户难由来已久，大量流动人口在城市和乡村之间往返，既不利于城市经济的有序发展，也有碍社会治安。城市建设需要农村劳动力进城工作，但却没有这些劳动者的固定安身之地，户口、住房和生活供应都不能与城市居民统一。这既与人们的认识和政策有关，也与城市建设滞后、缺乏容纳这些人的物质条件有关，应该下大力气解决这一问题。这个问题解决不好，还会从根本上影响我国城市化进程，降低城市化的速度和城市现代化的质量水平。现代化的城市社会大生产与“打游击”式的劳动力供应方式是很难协调发展的。

大中城市的土地供应问题更加突出。大中城市的土地利用效率高，这是事实，但同时也存在用地不足，表现在以下几个方面：（1）基础设施用地不足。以交通用地为例，据专家研究，为了便利交通，城市干道网的密度（即城市干道总长度与城市用地面积之比）的合理范围应为1.8～2.8公里/平方公里，而我国目前一般只达到每平方公里1公里。城市道路面积率（即城市道路面积与城市总面积的百分比）全国只有3.8%，比合理面积率偏低较多。道路面积少，是大中城市交通效益下降、交通事故增多、公交服务水平下降的主要原因。（2）城市住房用地不足。我国大中城市人口密度偏大，人均居住面积少。我国政府已经制定了向小康目标前进的、提高城镇居民住房标准的政策，这不仅要靠住房投资的保证，也要靠住房用地的支持。住房紧张、住宅区拥挤、相应的服务设施及其用地缺乏是我国城市环境污染较重、有碍城市观瞻和形象的重要因素。（3）城市绿地不足。我国绝大多数大中城市人均绿地尚在3～5平方米区间徘徊。

我们强调大中城市用地不足，不等于说这些城市用地没有浪费，或以为这种浪费无足轻重。特别是近年来“开发区热”所造成的土地浪费现象常有报道。但是就不同规模的城市而言，中小城市在土地使用上的浪费比大中城市要多得多。一方面，土地闲置、晒太阳、长野草，建设密度低、发挥聚集效益不够、集约经营不够等；另一方面，中小城市也存在用地不足的问题，特别是扩建和新建的小城镇，由于存在农村集体所有制土地转变体制的问题，存在经济发展水平低、负担不起地价和难于安置农业人口转移的困难问题等，影响了小城镇对乡镇企业吸纳作用的有效发挥。但是总的来说，大中城市是土地供应不足的问题，小城市是土地浪费较多的问题。

就小城市而言，生产要素的供应状况有倒过来的情况，土地供应和劳动力就业较少存在问题，而较多存在的问题是信息、科学技术、人才和资金的短缺以及与此相应的城市规划水平较低。以上均只是概略言之，实际工作应该具体城市具体分析，做得更细，实事求是地解决每个城市（无论大城市、中等城市或小城市）妨碍规模效益发挥和提高的各种实际问题。

在对土地利用的规模结构效益进行调查的时候，应该对用地规模进行更细的分类调查，从实际出发提出土地结构调整的可行性研究报告，并始终遵循以下指导思想和原则。

第一，全国城市用地必须以效益为中心进行配置。鉴于大中城市具有规模经济优势和集约经营优势，长期以来用地又相对紧张，而且用地比重有缩小趋势。为此，必须提出方向性的宏观调整任务，即在注意大中小城市协调发展的同时，要根据实际需要，有组织、有重点、有计划地向大型城市用地倾斜。

第二，全国城市用地必须因地制宜，区别对待。由于生产发展和地域发展的不平衡性以及区位的重要作用不同，城市及其用地不可能在空间领域平衡发展。特别是在城市化前期，城市及其用地的空间差异会有一定程度的扩大。也就是说，发达地区的城市用地比重会明显高于欠发达地区，所以我国东部、中部、西部的城市用地会呈梯度发展趋势，在东部内部、中西部内部还会有自己的梯度。因此，在注意扶持内地和不发达地区城市发展的同时，不要用行政的办法控制发达地区城市用地的增长。

第三，全国城市用地要分层次满足需要。按照城市与区域经济的相互作用及中心城市在区域经济发展中的牵引作用和制导作用的规律，应根据需要和可能，扶持和重点发展各层次区域的中心城市（或称首位城市）及相关城市群。就全国而言，城市区域基本可以划分为五个层次：全国区域、跨省区域、省区域、省内区域和县区域。因此，要以全国性中心城市、地区性中心城市、省会城市、省内区域中心城市和县城为龙头，全面发展相应层次的城市体系，要对第一类、第二类、第四类中心城市进行科学界定。

# 第二节　城市规模分布

## 一、城市密度与城市规模

从经济本质上讲，城市人口规模可以看作是一个人或企业在这个城市中可得机会的反映，机会越多，吸引力越大，规模也就越大。如果大城市规模的不经济性很强，即规模超过了规模经济点，城市要素就会向外移动，大城市周围的小城市就有了发展的机会；而平均收入较高和距离大城市较近的小城市有较高的收入潜能，会先一步得到迅速发展。这一规律的结果就是使19世纪的特大单中心城市转变为20世纪的多中心大都市区，并形成了星座式的城市群。

人们发现，在一个经济区域里，每个城市有着各种不同的经济分工和规模，且绝大多数有十分规律的地理分布。一个国家的主要生产活动，一般由几个比较大的城市承担着大部分，而这些城市一般坐落在人口稠密的地方，同时大中小城市呈现出非常规律的降次排列，如图5－4所示。

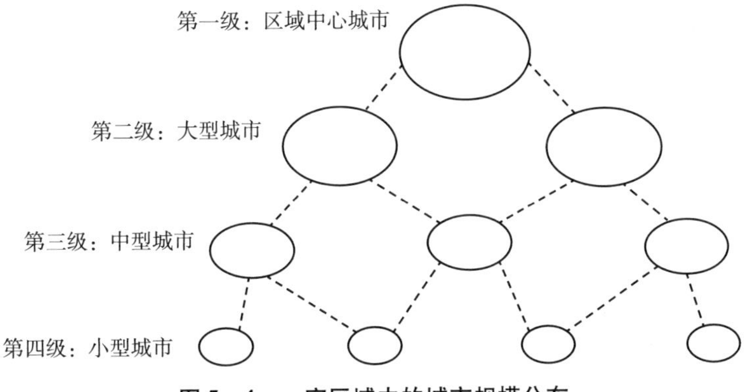


**图5－4　一定区域中的城市规模分布**

可见，城市规模是与城市密度密切联系的，在一定的区域内，城市密度高的地区城市规模会小些，城市密度低的地区城市规模会大些。不同的分布状况会影响区域的经济效率，这提出了一个城市规模的分布理论问题。

## 二、城市规模分布理论

### （一）“位序－规模”分布理论

城市非常规律的分布现象早就引起了人们的广泛关注。20 世纪初，人们就对城市的规模与它在国家所有城市中按人口规模排列所处位置之间的关系进行了研究。1913 年，F. 奥尔巴克通过对五个欧洲国家和美国的城市人口数据的实证检验，提出了“位序－规模”分布规律，其表达式为：

$$P_iR_i = K \tag{5-1}$$

式（5－1）中，$P_i$ 是城市 i 的人口规模；$R_i$ 是所有按人口规模排列的城市中的城市 i 的位序，即属于第几级，处于第一级的城市通常叫做首位城市；K 是一个常数。式（5－1）表明，任何一个城市的人口规模与它所处的位序的乘积恒等于某个常数。

1925 年，A. 洛特卡实证了式（5－1）的关系，得出了 $P_iR_i^{0.93} = 5000000$ 的估计式，他用美国 1920 年排在前 100 位的城市规模进行拟合，效果很好。

到 1936 年，H. 辛格给出了关于“位序－规模”分布的一般关系式：

$$\lg P_i = \lg K - a\lg R_i \text{ 或 } P_iR_i = K = P_1 \tag{5-2}$$

式（5－2）中，$P_1$ 是首位城市的人口规模，a 是位序变量的指数。

式（5－2）的相关系数 R 越大，说明该体系越符合“位序－规模”分布；如果相关系数 R 不够大，有可能是首位分布（见后面分析）或者有多个城市中心并存或别的特殊类型。lgK 值是回归线的截距项，它反映了首位城市的规模。a 值是回归线的斜率，当 $|a| = 1$ 时，是标准的“位序－规模”分布；当 $|a| > 1$ 时，说明城市规模分布比较集中，高位城市比较突出，而低位城市发育不够，首位度较高；当 $|a| < 1$ 时，说明城市规模分布比较分散，位次较低的中小城市发育较好，高位次城市规模不是很突出。在极端情况下，当 $|a| \to \infty$ 时，表示该国只有一个城市；而 $|a| = 0$ 时，则表明该国所有城市的规模都相等。对于 a 取值有不同的原因，贝里认为，一个国家的经济发展水平、城市发展的历史、人口规模和土地面积等因素都会影响该国的城市规模分布形式。在城市发展的早期，只有一些高位次

的大城市，这时的|a|值非常大；随着国家经济、政治和社会生活的日益复杂化，低位次的城市不断成长，|a|值也不断下降，直到成熟的城市体系形成时，该国的城市规模结构将趋向于“位序－规模”分布，走向城市体系的稳定状态。

这种描述后来被人们总结为帕雷托分布（Pareto Distribution），其表达式为：

$$y = Ax^{-a} \text{或} \log y = \log A - a\log x \tag{5-3}$$

式（5－3）中，x 为特定人口规模；y 为人口规模超过 x 的城市数量；A 和 a 为常数，a 正如“位序－规模”分布描述的那样，是分布模式的有效测度，一般是大城市化指数，而 A 是表明城市规模与城市数量关系的参数，在 a＝1 时，常常与大城市的规模是一致的，具体表明了“位序－规模”分布法则。帕累托分布是从顶部开始至某一个门槛规模 P 为止的累积频率分布，它与对数正态分布一样，描述了城市规模等级与相应的城市数量之间的关系。

---

【专栏】

### 国家规模与首位城市：国际视角

城市人口是可以被科学预测的吗？坦率地说，很难，但是，真的是可以预测的。这里，我先介绍一个齐夫法则（Zipf's Law），根据这一法则，一国最大城市的人口，是第二大城市人口的两倍，是第三大城市人口的三倍，以此类推，最大城市的人口是第 N 大城市的 N 倍。尽管经济学家和城市学家到目前为止还不太清楚齐夫法则的形成原理是什么，但从经验数据来看，齐夫法则已经被世界上很多国家的数据所验证。由于中国原来是计划经济国家，在改革开放以前政府曾经实施政策把人口从大城市往小城市迁，从沿海往中西部迁，导致中国的城市人口总体来讲是比较分散分布的。改革开放以后，尽管政府对于人口流动仍然有各种各样的政策限制，市场力量在人口分布当中仍然起到越来越重要的作用。根据复旦大学陈钊教授和我为亚洲开发银行做的研究，中国城市和城市之间的人口分布越来越趋向于齐夫法则。

接下来，我需要讨论的问题是，一个国家的最大城市的人口是怎样决定的。如果最大城市的人口有规律可循，那我们就可以去预测未来上海人口的规模；如果齐夫法则越来越适用于中国人口发展的话，我们基本可以推测中国未来的城市人口分布。每一个城市，只要找到它的排序就基本上可以预测这个城市的人口。当然，这个预测不可能是完全精准的，特别是对于排名靠前的城市，它们的人口可能会超过上海人口的二分之一、三分之一，等等。

我和陈钊教授为亚洲开发银行展开的一项研究在全球视野下考察了每个国家的首位城市人口规模的决定因素。我们的想法是，一个国家的人口通常是在国家内部自由流动的，那么，这个国家最大城市的人口就取决于这个国家的总人口怎么布局。

我们首先看一下世界上各国的首位城市（一个国家人口最多的城市）人口占总人口比重的状况。

在美国，纽约作为一个大城市，人口和面积都比较大，其人口占到美国总人口的2.7%。而且我这里讲到的纽约只是在行政区划上的纽约市，并没有包括与纽约已经连成片的、非纽约市管辖区域的其他周边地区。仅仅按这个非常狭义的纽约市来看，它就已占全美人口的2.7%了。

我们再看一下伦敦和东京，伦敦人口占英国人口的13.1%。仅用小东京的概念，东京都的人口已经占全日本人口的10.3%。如果我们用东京圈概念的话，它的人口大约是3600万，也就是说每三个日本人里面就有一个住在东京圈之中。然而东京圈的面积仅相当于上海全境加上苏州的面积。

我们再看一下法国，法国人口有很大比重是集中在巴黎的，达到了15.9%。相对来说，在比较小的国家，由于人口的集聚发展，首位城市占国家城市人口的规模比重就更高了。比如韩国有20%左右的人口集中在首尔，奥地利有20%左右的人口集中在维也纳，秘鲁首都利马的人口占到整个秘鲁人口的25%。

我们猜想，一个国家最大城市的人口应该与这个国家的总人口有关。

有的读者可能会问，如果国家人口多，而大量的人口又集中于首位城市，那么这个首位城市就会产生很多社会问题。“城市病”严重了，难道不会导致人口布局的分散化吗？不错，大量的人口集中在首位城市的话可能更会导致“城市病”的发生和房价上升，这就使得一部分人觉得生活在首位城市也没那么好。那么，人口向首位城市集聚的过程是会慢于这个国家人口增长的。也就是说，人们在向首位城市迁移的时候，已经将人口集聚导致的各种成本考虑进自己的理性决策了。

那么，什么因素会导致首位城市人口规模偏离呢？众所周知，一个国家如果以农业为主，其最主要的生产投入要素就是土地，而农业土地是不能在空间上移动的，这会导致一个国家的农业比重越高，人口分布就越分散。当工业和服务业比重提高的时候，人口就会更加集中，因为工业和服务业的发展就需要人口在城市集聚。我们的研究证实了这一点，的确，当城市化水平提高的时候，一个国家的首位城市人口也更大。这意味着，未来随着城市化水平的提高，还有大量农村人口要进城，其中，一定会有一部分要进入特大城市。

资料来源：陆铭．大国大城：当代中国的统一、发展与平衡［M］．上海：上海人民出版社，2016：184－189.

### （二）克里斯泰勒中心等级分布理论

“位序－规模”分布是从统计分析中得出的，侧重于描述城市规模与它所处的位序之间的关系来说明城市规模分布，城市规模等级分布则是建立在由克里斯泰勒（Christaller）提出，并经勒施和胡佛发展完成的中心地理论的基础之上，侧重于描述城市规模等级与处于某等级的城市数量之间关系的城市规模分布理论。两者之间可以互相转化。

克里斯泰勒在《南德中心地》一书中，以对德国南部城镇的调查为基础，系统阐明了中心地的数量、规模和分布模式，从而建立了中心地理论。该理论的要点主要包括以下几个方面。

（1）假设前提。地表均质，即均匀的资源、人口、收入的空间分布，需求和消费方式一致，同一规模的所有城市间交通便捷性相同，交通费用只与距离成正比，理性的生产者和消费者分别追求利润或效用最大化。

（2）市场区形状的决定。假设一个生产点（中心地）只供应一种商品，它的市场区在地理上初始是圆形的。如果它的利润可观，必将吸引外地生产者陆续进入，使原有生产者的最大销售范围逐渐缩小，直到其门槛范围为止。门槛范围指一个生产者维持其生产经营活动所必须赚取的最低收入的销售区域空间，或者是具有最低人口数（消费者）的地理空间。这样，这个均质平原上供应该货物的生产点将达到饱和，每个生产者的市场区都是彼此相切的圆形。但是，相切的圆之间存在空角，为了使空角内的消费者也得到相应服务，市场区先是出现重叠，在重叠的市场区中，假设消费者会按照到最近距离供应点购物而平均分割，这样，圆形的市场区就演化成六边形的市场区，如图 5 -5 所示。

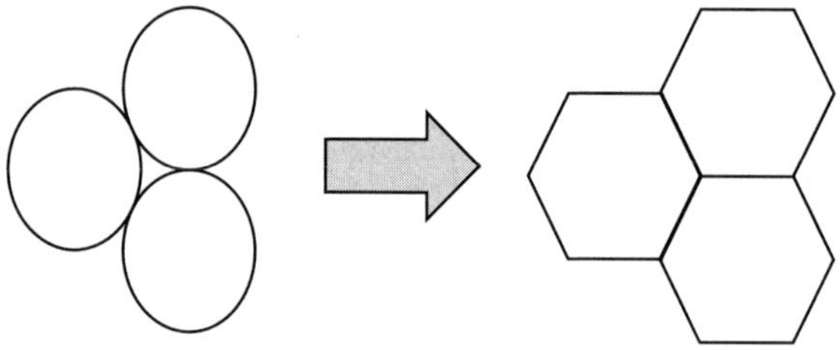

**图 5 -5　市场区形状的演变**

（3）城市规模等级体系。每种商品的门槛范围和最大销售范围不同，如果把门槛较低、最大销售范围较小的商品称为低级货物（low-order goods），而把门槛较高、最大销售范围较大的货物称为高级货物（high-order goods），那么提供不同等级货物的中心地也就有了等级之分。高级货物由于门槛较高，只有少数地方才能提供；同理，较低等级的中心地数量就会较多。因此，克里斯泰勒认为，所有的中心地都能按其提供货物等级的高低有序地排列成一个等级体系。在这个等级体系中，一定等级的中心地只向同等级别和低层次级别的地方供应货物，较低等级的中心地不能向高等级的中心地供应货物。

（4）城市规模影响力 K 值。根据上述中心地等级体系中的商品流向假定，一定等级的中心地会对数个下一等级的中心地产生影响，这个影响量用 K 值描述。克里斯泰勒认为，由于建立中心地等级体系的原则不同，K 值也不相同。按市场原则组建的中心地等级体系的 K 值为 3，按交通原则组建的 K 值为 4，而按行政原则组建的 K 值为 7。

这样，中心地等级分布的关系可以由图 5 -6 给出。

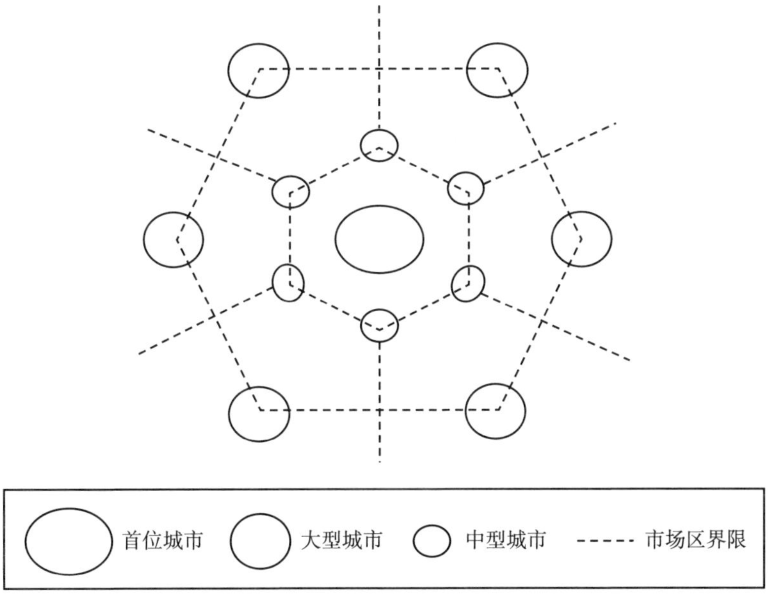


**图 5-6 克里斯泰勒中心地等级分布**

### （三）首位分布理论

“位序-规模”分布的一个特例——首位分布。

首位分布是指由少数几个大城市占据主导地位的城市规模分布，在这种城市规模体系中，第一大的城市的作用十分突出，首位分布实际上是“位序规模”分布的一个特例，在“位序-规模”分布模型中，如果 a 值足够大，表明城市规模分布的集中趋势明显。就是这里所讲的“首位分布”。反映首位分布水平的指标是“首位度”，即首位城市与第二位城市之间人口规模的比率，表达式为：

$$P_c = P_1/P_2 \tag{5-4}$$

式（5-4）中，$P_c$ 为首位度；$P_1$ 为首位城市人口规模；$P_2$ 为第二位城市人口规模。

首位度的内涵是表明最大的城市人口数是次一级的城市人口数的几倍。一般来说，首位度越接近 2，城市规模分布越接近“位序-规模”规律。只有在 $P_c$ 足够大时，首位分布才会存在，但是 $P_c$ 应在多大值以上，目前没有定论。这种首位分布的分析更能突出中心地或者城市的结构特点，有较高的应用分析价值。

## 三、中国城市规模分布

### （一）中国城市规模分布

我国自改革开放以来，城市化发展迅速，一些原本的小村镇、小渔村，迅速地发展为大城市，使得城市规模分布更能体现出经济自然发展的特征。我国许多学者根据城市人口的实际数据，对中国的城市规模分布做了专门的分析，表5-1是对中国部分年份城市规模位序关系的研究结果。

根据“位序-规模”分布的一般性关系式为 $lgP_i = lgK - algR_i$ 或 $P_iR_i = K = P_1$。如果相关系数越接近于1，说明城市规模分布状况越接近于位序-规模分布定律。表5-1中各项研究的相关系数都非常接近1，说明中国的城市规模分布非常接近标准的位序—规模分布。美国区域科学家贝里在检验了38个具有不同经济发展水平的国家和地区的城市规模分布以后，也把中国归入具有位序-规模分布的国家和地区一类。同属此类的国家还有美国、德国、瑞士、比利时等发达国家。显然，经济发展水平在这里不能成为城市规模分布的解释变量。不少学者认为，中国城市规模分布呈现位序-规模分布规律的主要原因在于中国幅员辽阔、人口众多、城市发展的历史悠久，因而城市体系较为完整。我们还可以通过计算首位度来验证上述研究结论。

**表5-1　　中国城市规模分布**

| 年度 | 城市规模分布模型 | 样本数 | 相关系数 | 资料来源 |
|---|---|---|---|---|
| 1953 | $P_i = 781.80R_i^{-0.906}$ | 前100位 | 0.990 | 徐学强．我国城镇体系的演变与预测［J］．中山大学学报（哲社版），1982（3）：46-48 |
| 1963 | $P_i = 9101.87R_i^{-0.838}$ | 前100位 | 0.992 | |
| 1973 | $P_i = 544.84R_i^{-0.881}$ | 前100位 | 0.991 | |
| 1978 | $P_i = 713.56R_i^{-0.762}$ | 前100位 | 0.987 | |
| 1990 | $P_i = 1085.25R_i^{-0.995}$ | 前100位 | 0.995 | |

续表

| 年度 | 城市规模分布模型 | 样本数 | 相关系数 | 资料来源 |
|---|---|---|---|---|
| 1982 | $P_i = 1316.21R_i^{-0.878}$ | 186（10 万人以上） | 0.998 | 顾朝林．中国城镇体系等级分布模型及其结构预测［J］．城市规划，1988（3）：55 |
| 1983 | $P_i = 1363.25R_i^{-0.879}$ | 213（10 万人以上） | 0.990 | |
| 1984 | $P_i = 1400.03R_i^{-0.874}$ | 228（10 万人以上） | 0.990 | |
| 1985 | $P_i = 1975.27R_i^{-0.9255}$<br>$P_i = 2620.02R_i^{-0.9988}$ | 248（10 万人以上）<br>307（10 万人以上） | 0.996<br>0.987 | |
| 2000 | $P_i = 1225.48R_i^{-0.704}$ | 前 100 位（10 万人以上） | 0.993 | 根据 2001 年中国城市统计年鉴数据测算 |

### （二）中国城市首位度

首位度不仅可以计算城市人口的首位度，还可以计算城市经济的首位度。表 5－2 是 2020 年我国省会城市的人口首位度与经济首位度情况。可以看出，城市的人口首位度与经济首位度具有方向一致性，人口首位度高的城市往往经济首位度也较高。我国西部地区城市的人口首位度与经济首位度整体高于东部发达地区。

**表 5－2　　　　2020 年中国省会城市首位度**

| 城市 | 经济首位度（%） | 人口首位度（%） | 城市 | 经济首位度（%） | 人口首位度（%） |
|---|---|---|---|---|---|
| 广州 | 22.6 | 14.8 | 石家庄 | 16.4 | 15.1 |
| 成都 | 36.5 | 25.0 | 南昌 | 22.4 | 13.8 |
| 杭州 | 24.9 | 18.5 | 哈尔滨 | 37.8 | 31.4 |
| 武汉 | 36.0 | 21.3 | 南宁 | 21.3 | 17.4 |
| 南京 | 14.4 | 11.0 | 贵阳 | 24.2 | 15.5 |
| 长沙 | 29.1 | 15.1 | 太原 | 23.5 | 15.2 |
| 郑州 | 21.8 | 12.7 | 乌鲁木齐 | 24.2 | 13.7 |
| 济南 | 13.9 | 9.1 | 兰州 | 32.0 | 17.4 |
| 合肥 | 26.0 | 15.4 | 呼和浩特 | 16.1 | 14.3 |
| 西安 | 38.3 | 32.8 | 银川 | 50.1 | 39.7 |
| 福州 | 22.8 | 20.0 | 海口 | 32.4 | 28.5 |
| 昆明 | 27.5 | 17.9 | 西宁 | 45.7 | 40.3 |
| 长春 | 53.9 | 37.7 | 拉萨 | 35.6 | 23.8 |
| 沈阳 | 26.2 | 21.2 | | | |

资料来源：根据《中国城市统计年鉴（2021）》计算得出。

### （三）中国城市规模等级分布比较

根据城市规模等级分布模型，位序越高的城市数量越少。也就是说，数量与位序的关系呈金字塔型。金字塔的基础是大量小城市，塔的顶端是一个或少数几个大城市。随着我国城市化的进程不断发展，我国的城市数量及城市人口都在不断增长，表5－3统计了1952年、1977年、1990年、2000年、2022年我国城市规模等级分布比较。可以看出，中国城市规模等级分布不断得到完善，高等级的城市大量涌现，城市发展取得了很大进步。应该指出的是，如果等级规模足够小，那么相应位序的城市数目不是增加，而是减少，城市规模的等级分布也就不再表现为金字塔型，而是表现为对数正态分布。

**表5－3　　中国城市规模等级分布比较**

| 项目 | | >700万人 | 400万～700万人 | 200万～400万人 | 100万～200万人 | 50万～100万人 | 22万～50万人 | <22万人 |
|---|---|---|---|---|---|---|---|---|
| 城市数目（个） | 2022年 | 14 | 11 | 24 | 55 | 159 | 103 | 329 |
| | 2000年 | 2 | 3 | 8 | 25 | 54 | 183 | 380 |
| | 1990年 | 1 | 2 | 6 | 22 | 28 | 125 | 282 |
| | 1977年 | 0 | 2 | 4 | 9 | 19 | 76 | 210 |
| | 1952年 | 0 | 1 | 1 | 5 | 8 | 20 | 118 |

**【本章小结】**

1. 城市规模表现有人口和用地两个方面，两者之比可用城市人口密度或人均占地面积来反映。一般城市用地规模与人口规模呈正相关关系，但是不同城市同样的人口规模，用地规模差异很大，故大多用城市人口规模来表明城市规模。

2. 城市规模决定于城市规模经济。城市效益可以从居民个人、企业和城市三个层面分析：从个人角度考察的城市规模效益表现为居民货币收入和公共设施便利两个方面；从企业角度考察的城市规模效益主要来自生产效率和市场容量两个方面；从整个城市角度来看的城市规模效益表现为城市化经济，即整个城市范围内的规模经济。

3. 城市规模经济是一个指标体系，不同规模效益点反映了不同城市人群的收益。城市门槛成本突出地反映了城市规模经济特性。适度城市规模是一系列城市规模效益点的集合。

4. 城市规模与城市密度密切联系，城市密度高，城市规模会小些，反之则大些。不同的分布状况会影响区域的经济效率。研究这些现象的理论有“位序—规模”分布、城市规模等级分布和首位分布理论。

5. 中国城市规模分布呈现“位序—规模”分布规律，主要原因在于中国幅员辽阔、人口众多、城市发展历史悠久，城市体系较为完整，但是也有个别省份城市出现首位度高、规模等级断层现象。

**【关键词】**

规模经济　规模经济效益　城市规模分布　适度规模　人口密度　首位度

**【思考题】**

1. 城市规模经济和城市规模是一回事吗？举例说明二者的区别和联系。

2. 结合一个案例谈一谈你所理解的集聚经济现象。

3. 如何理解城市经济规模的各种效益点？所谓最佳城市规模存在吗？如何根据实际因素对城市规模进行决策？

4. 举例解释克里斯泰勒中心地等级分布理论，这一理论对现实城市发展有什么意义？

# 第六章

# 城市经济运行

通过本章的学习，了解城市经济运行的基本要素，即城市基础设施、城市产业经济、城市物流经济等内容。能够运用经济学原理和模型来分析城市基础设施的供求平衡、城市产业结构的优化、产业集群的发展、城市物流高效通畅的运转等现象，以及理解在此基础上发展起来的城市基础设施、产业结构、物流管理等方面的有效措施。

**【重点问题】**

◎城市基础设施发展

◎城市产业结构和产业集群

◎城市物流经济

## 第一节　城市基础设施经济

### 一、城市基础设施概述

#### （一）城市基础设施的含义

“基础设施”一词的英语为 Infrastructure，该词源自拉丁文 Infra（意为下部、底层）和 Structure（意为结构、建筑物），在经济学中一般是指那些为社会生产提供一般条件和服务的部门和行业。“城市基础设施”

则是限定了空间使用范围的“基础设施”，它既是城市生产、生活的物质基础，也是城市经济体系中的重要产业部门。我国关于城市基础设施的研究始于20世纪80年代，目前基本认同的定义为“城市基础设施是既为生产又为人民生活提供一般条件的公共设施，是城市赖以生存和发展的基础”。

在西方国家，一般把城市基础设施分为社会性（福利性）基础设施和技术性基础设施两类，前者包括居民住宅、医疗卫生、文化教育、幼儿保健等设施，后者包括市政工程、公用事业、环境卫生、园林绿化和电力、通信等。在中国，按照提供服务范围的宽窄，把城市基础设施分为广义基础设施和狭义基础设施。其中，狭义城市基础设施是指向城市提供给排水、能源、交通运输、邮电通信、环境清洁保护等服务的设施和产业部门。它们构成了城市的主要物质支撑体系，是确保城市经济和社会活动得以正常进行的基本要素。广义的城市基础设施除了上述内容以外，还包括文化、教育、科学、卫生等部门的设施。

从一般意义上来讲，城市基础设施包含设施、产品（服务）和产业三种形态。其中，设施是指城市基础设施自身的物质形态，是城市地区中在地上或地下提供通道等载体和便利服务的实体结构，如道路、给排水管道、电话与电力线路等，有时也泛指物质及社会性的基础结构；产品是指借助于城市基础设施而开展的经济活动所产生和提供的产品或服务；产业是指把基础设施实体或产品（服务）作为经营对象的产业和行业。通信产业、自来水经营企业、公共交通企业等，一般称为公用事业。

在狭义的城市基础设施概念中，主要由城市地方政府负责组织实施和运营管理的部分又称为市政公用设施，可分为公用事业与市政建设两部分，前者包括市内公交、供水、供气、供暖等部门；后者则包括市政工程（公共照明、道路、排水、防灾、文体等设施）、园林绿化、清洁卫生、环境保护等部门。

### （二）城市基础设施的构成

现代的城市，不论何种性质、何等规模，其基础设施的构成大体上是一样的，而只有数量和质量的差别。从系统的观点，我们可以把城市基础设施分为六个子系统及其下属的二十二个分系统。

（1）城市供水与排水系统。它包括四个分系统：①水资源的开发、利用和管理系统；②自来水生产与供应系统；③污水排放及处理系统；④雨水排放系统。

（2）城市能源系统。它包括三个分系统：①电力生产与输送系统；②煤制气、天然气、石油液化气的生产及供应系统；③热源的生产与热力输送系统。

（3）城市交通系统。它包括四个分系统：①道路与停车设施系统；②公共交通系统（如公共汽车、出租汽车等）；③快速交通系统（如地铁、轻轨等）；④对外交通系统（如铁路、机场、高速公路、港口等）。

（4）城市通信系统。它包括四个分系统：①邮政设施系统（如信函、电报等）；②电信设施系统（如电话、传真等）；③广播设施系统（如无线电和有线广播）；④电视设施系统（包括无线电视和有线电视）；⑤互联网系统（包括光纤宽带和移动互联网）。

（5）城市环境系统。它包括三个分系统：①环境卫生系统（包括垃圾收集、处理、公共厕所、公共场所保洁）；②环境保护系统（环境检测与保护）；③园林绿化系统（包括公园、绿地、行道树等）。

（6）城市防灾系统。它包括以下四个分系统：①消防系统；②防洪系统；③抗震及防地沉系统；④人防备战系统。

## 二、城市基础设施的发展模式

### （一）城市基础设施的需求

城市基础设施的需求主要来自城市化率的不断提高，是城市物质生产发展和居民生活需要不断提高的结果；城市化发展引起的城市规模扩大所带来的对基础设施的新增需求，在投资上表现为城市新增项目和原有设施的规模不断扩大；城市发展水平和城市居民生活水平的提高引起的对基础设施服务质量的提升需求，表现为对既定城市基础设施规模的技术进步投资，即更新改造。临时性、一次性的城市发展重大事件，如举办大型体育运动会、大型博览会，或遭遇重大灾害性事件等情况，会在较短时间内对城市基础设施产生集中性、专门性和高品质需求，这往往需要通过专项建设来满足。

在城市稳定发展的前提下，对城市基础设施综合系统需求的决定因素主要有以下内容：

（1）城市人口规模。城市人口规模是决定城市基础设施需求水平的基础性因素。人口增加对城市基础设施有三方面影响：一是对城市基础设施（如自来水、医疗服务设施等）直接服务的需求增加；二是对由城市基础设施直接、间接提供的服务（如能源、通信邮政服务等）的需求增加；三是由人口增多导致的城市空间扩张引起的对城市新区配套基础设施需求的增长。

（2）城市性质。城市性质决定着城市基础设施的需求水平和城市基础设施内部的组成比例。一个商业、旅游性质的城市，必然对更多的直接为人服务的社会性基础设施有更高的需求，而工业城市则必然对能源供应、交通运输设施有更高的需求。

（3）城市功能水平。城市功能水平是指城市非农产业的发展水平，可以用 GDP 来代表。城市 GDP 水平越高对城市基础设施的数量需求越大，功能需求越全，质量需求越高，如要求有高效率的信息、通信服务，高质量的生活环境和齐全的公共服务等。

（4）城市基础设施存量。城市基础设施的更新是建立在一定存量基础上的，现有城市基础设施存量的负荷能力决定了新增设施的数量和结构。城市基础设施发展的阶段式、台阶状和跳跃式发展，使其存量设施对新增需求的影响更为明显。

（5）科技进步水平。科技进步能引起城市经济结构、布局、功能、体系及城市间关系等发生变革，引起城市对基础设施服务需求的变化。同时，科技进步也使基础设施本身发生变化和飞跃。一个明显的例子是通信技术的变革，使经济活动对信息交换和传输的需求骤增，从而对城市通信设施的需求骤增。

（6）城市人均收入水平。此因素对城市基础设施的需求影响不同于前几种因素主要影响生产性设施，它主要影响对城市社会性基础设施（环保、文化、教育等设施）的需求。随着人均收入水平的提高，一方面，人们需求的层次上升，需要更高雅舒适的生活，对文化、教育、园林绿化、公园等设施的需求会增长；另一方面，生命的经济价值增大，人们会更加注意身体健康，对医疗卫生、环境保护类设施的需求增大。

综合以上因素，城市基础设施的需求函数可以表述为：

$$D = f(P, U, GDP, S, T, I) \tag{6-1}$$

式（6－1）中，D 为城市基础设施水平；P 为人口规模；U 为城市性质；GDP 为城市功能水平；S 为基础设施存量；T 为科技水平；I 为人均收入。

具体到构成城市基础设施综合系统内部的各组成部分，由于各类基础设施的性质不同，它们的供给和供求机制有很大差别，不可能用统一的模式来分析。例如，在交通运输子系统中，道路、桥梁由城市政府提供，公共交通由公交企业提供，小公共汽车和出租汽车则可由私人经营者提供。

### （二）城市基础设施的供给

长期以来，我国城市基础设施的供给依赖政府，投资资金来自财政，其运营由政府主管的公营部门（公用事业单位）管理，其结果是，给财政造成较大压力，也导致资源配置和经营管理的低效，城市基础设施建设步伐缓慢。

从 20 世纪 70 年代末开始，随着供给冲击的出现，城市基础设施供给短缺，促使人们的理论认识深化。世界各国开始在城市基础设施领域进行改革，即城市基础设施供给逐步出现了政府和企业分别独自、合作进行城市基础设施产品供给的多元化体系。我国从 20 世纪 90 年代末开始，也逐步进行城市基础设施供给多元化的市场化改革，投资主体日益多元性。

（1）政府投资主体。政府仍是当前城市基础设施最主要的投资主体。中央政府为实现政治、经济、文化的管理职能，其投资更多考虑维护政治和社会秩序，促进经济增长，实现社会公平，体现国家长远发展利益，主要依据国民经济和社会发展规划，由国家财力安排投资，追求较好的社会效益、宏观效益和长期效益。地方政府则更多考虑维护本地区经济和社会利益，促进本地区经济增长和社会发展，根据地方国民经济和社会发展规划依靠地方财力安排投资。政府投资主体可以承担大型非营利基础设施项目建设，但是往往效率偏低，需要加强管理。

（2）公有企业投资主体。此类主体的投资动机兼顾国家目标和企业目标，追求项目的公益性和资金的可回收性。为保障城市基础设施适应城市建设和发展的需要，世界各国都设立了一定数量的公有企业从事城市基础设施的建设和运营。它们以财政资金为资本，在特定领域和行业按照企业原则从事投资经营活动。我国国有企业，包括国有独资、国有控股或参股企业，虽然已经成为市场主体，但有些仍然缺乏有效的约束和激励机制，忽视投资效益和风险约束；有些地方仍然受地方政府影响，投资不是从实际需要出发，而是表现为与“政绩”相关联的投资冲动，因而难以获得好的投资效益。目前，我国城市基础设施建设领域，国有独资企业占有很大比例，处于主导地位，能够满足城市基础设施大型、关键工程的建设需要。

（3）混合所有制投资主体。这是指由国家授权的投资机构或部门与私营部门共同投资成立的企业。在我国，混合所有制企业的实力已经比较壮大，它兼有国有独资企业的资金优势和私人企业经营灵活的优势，在城市中一些重要的基础设施建设上，发挥着项目攻关和系统化建设的作用。这类企业需要与国家处理好城市基础设施建设的利益和责任关系。

（4）私营企业投资主体。这是指由私人独资或私人集资而投资设立的企业，一般很少主动进入非经营性城市基础设施领域。但是，随着我国私营企业数量和规模的壮大，私营企业的经济地位日渐提高，积累起来的资本已相当可观，它们对进入可经营性城市基础设施领域的愿望不断增强。于是吸引私营企业进入城市基础设施建设，成为我国城市经济发展的新趋势。这里的关键问题是：要明确规定私营企业进行城市基础设施建设的成本和收益、责任和义务。

（5）个人投资主体。个人往往通过间接投资方式参与城市基础设施建设。例如，市政府发行市政债券、城市基础设施公司上市、社会机构建立城市基础设施建设基金等，市民通过购买债券、股票或基金等，成为城市基础设施建设的个人投资主体。个人资金在我国已经逐渐成为庞大的力量，但是如何使其进入城市基础设施建设领域，是一直未能很好解决的问题。个人不可能直接投资城市基础设施建设，只能通过中介机构或投资与城市基础设施相关的金融产品，如何利用好这种资金进行城市基础设施建设，是当前我国城市政府的一个发展任务。

（6）专业投资机构。这是指专门通过投资金融产品或进行产业投资获取收益的机构。专业投资机构将社会各部门的资金集合在一起，并依照一定投资策略由专业人员进行投资。由于城市基础设施建设具有收益的长期性和稳定性，故在国内外都是专业投资机构的重点投资方向。我国专业投资机构目前主要包括商业银行、各类型投资基金和专业投资公司。专业投资机构的资金较为雄厚，如果能够充分利用到城市基础设施的建设，将会对城市基础设施的长期稳定发展提供很大保证。但是，专业投资机构追求的是资本利润最大化，其经营对象是资本而不是资产。因此，专业机构对城市基础设施的投资，所提供的只能是资本，而很少有经营。

## 三、我国城市基础设施现状与问题

### （一）城市化与基础设施建设

城市基础设施状况是城市发展水平和文明程度的重要支撑，是城市经济和社会协调发展的物质条件。2021 年《中国统计年鉴》显示，我国的城镇人口按统计口径算，已经达到了 9.1425 亿人，城镇化率提高到 64.72%，随着城市人口不断增加，对城市基础设施的需求也不断增加。2020 年城市完成市政公用设施固定资产投资 22283 亿元，占同期全社会固定资产投资总额的 4.23%，占同期城镇固定资产投资总额的 4.29%。道路桥梁、公共交通、园林绿化分别占城市市政公用设施总投资的 35.07%、28.81% 和 7.3%，城市基础设施建设的发展，为城市化进程提供了物质保障。

截止到 2021 年，中国城市全年供水量从 1990 年的 382.3 亿立方米增长到 2020 年的 629.5 亿立方米，增长了 64.7%；人工煤气供气量从 174.7 亿立方米减少到 23.1 亿立方米，减少了 86.8%；天然气供气量从 64.2 亿立方米增长到 1563. 7 亿立方米，增幅高达 2335. 7%；年末实有道路长度从9. 5 万公里增长到49. 3 万公里，增长了4. 2 倍。2020 年底，我国城市集中供热面积为98. 8 亿平方米，城市排水管道长度80. 3 万公里，城市生活垃圾运量2. 3 万吨，城市污水日处理能力 19267 万立方米。

基础设施的增长不仅是城市容量的基础，更是城市生活品质提高和城市文明的保证。城市供水设施保障城市居民饮水达到卫生标准。2020 年，中国城市自来水供水总量达到 629. 5 亿立方米，人均日生活用水量为179. 4 升。2020 年全国人工煤气供应总量为23. 1 亿立方米，天然气供应总量为1563. 7 亿立方米，液化气供应总量为833. 7 万吨，城市燃气普及率为97. 87%。全国拥有城市公共汽电车70. 44 万辆，每万人拥有公共交通车辆为12. 88 标台，城市公共交通全年运送乘客395. 1 亿人次，城市出租车辆为111. 3 万辆，为方便市民工作、购物、娱乐、交流提供了物质条件。

### （二）我国城市基础设施建设水平

近年来，中国城市基础设施的现代化程度显著提高，新技术、新手段得到大量应用，基础设施功能日益增加，承载能力、系统性和效率都有了显著的进步，推动了城市经济的发展和居民生活条件的改善。随着生活水平的提高，中国城市基础设施除了交通、能源、饮水、通信等的供给外，已经扩展到环境保护、生命支持、信息网络等新的领域。

（1）城市信息网络设施建设日益受到重视。数字化建设成为城市建设新宠，信息网络构成城市发展的基础性条件。以移动通信和互联网为代表，城市移动通信和网络基础设施建设异军突起。

（2）防灾减灾、处置突发事件的能力建设受到重视。城市紧急避险平台、消防和人防设施、紧急医疗救护设施等成为城市基础设施建设新的重点。城市基础设施不仅要保持良好的运行状态，还要保证在特殊情况下不中断。提高城市基础设施安全保障系数，建设供电双回路及多回路、备用水源、备用气源、备用热源、备用通道等得到加强。

（3）基础设施构成明显变化。除增加信息网络、城市应急设施和备用设施外，环境保护设施和电力、天然气等洁净能源建设份额明显加大。原有设施的改造、升级和换代成为重要的建设内容。

（4）基础设施的技术条件进步显著。新技术、新材料不断得到应用，技术和装备水平普遍提升，例如为了提高饮用水的水质标准，自来水厂进行净水工艺技术改造，除常规处理工艺外，实施预处理工艺，同时对供水管网、供水检测、供水计量、再生水生产等普遍进行技术更新和升级。

## 四、我国城市基础设施现代化建设所面临的挑战

我国的城市基础设施建设将在现代化进程中发挥重要作用，然而也隐含着亟待解决的矛盾，带来的各种挑战需要各级政府认真面对。

### （一）人口城市化的挑战

我国城市人口将随着城市化进程大量增加，同时居民生活水平和生活质量要求将明显提高，生活日趋现代化，对城市基础设施的要求越来越高。如果每增加一个城市人口，基础设施至少增加 1 万元投资的话，那么在 21 世纪上半叶，城市人口将增加 3.5 亿～5 亿人，基础设施投资就要达到 3.5 万亿～5 万亿元，这种巨大的资金和建设压力，摆在了国家政府面前，也摆在了各城市政府机构和市民的面前。

### （二）经济市场化的挑战

市场经济是企业和个人相互之间紧密联系的经济，因此，它需要大量交通工具、通信设施和其他便民服务与之相适应。一座城市只有为企业和居民的经济活动和日常生活提供了良好的经济、社会、生态环境，才能吸引投资者、吸引技术人才和居民进入，城市才能兴旺发达，城市经济才能发展。21 世纪，国与国之间、企业与企业之间、城市与城市之间的竞争将更趋激烈，因而良好的、优越的基础设施将是城市吸引技术、资金和人才的最重要手段。从这一意义上说，城市之间的竞争是基础设施的竞争；城市面临的挑战，是如何利用市场机制打造城市基础设施优势的挑战。

### （三）城市现代化和国际化的挑战

城市现代化的重要内容是基础设施现代化，包括交通通信现代化、能源供应和电气现代化、居住和办公设备现代化等，是其他现代化的基础。

走向现代化的城市，也意味着要走向国际化，成为我国经济与世界经济接轨的桥头堡。这些都需要城市建设先进的基础设施和公用事业，特别是先进的通信事业，从而对城市基础设施建设提出了挑战。随着科学技术的进步，城市基础设施的技术、手段和材料日新月异，将为基础设施的现代化和国际化提供越来越好的发展条件。

#### （四）科技进步与知识经济的挑战

科学技术的发展一方面为基础设施建设提供了基础和先进的手段；但另一方面，科学技术本身的发展又需要良好的城市基础设施为其提供最有利的条件。因此，随着日益强烈的科学技术进步要求和居民丰富文化生活设施的需求，不断提高基础设施品质和质量的挑战将越来越大，城市政府要认真面对。

#### （五）生态环境的挑战

随着经济社会发展和人民生活质量的提高，对环境的要求也迅速提高，从而提出城市环境保护和生态建设的要求。由于城市基础设施的固定性和人工环境性特点，在建设时必然对环境生态有战略性的思考，而为了适应环境生态的要求，城市基础设施的环境生态投入将迅速增加。同时，由于我国在20世纪的经济建设中，环境遭到破坏，生态建设有很多欠账，因而21世纪的城市环境保护任务非常艰巨，对城市基础设施建设的挑战也十分巨大。

面对上述挑战，城市政府应广开资源渠道，鼓励城市各种主体参与城市基础设施建设，以切实提升我国城市的基础设施水平。

---

【专栏】

粤港澳大湾区（以下简称“大湾区”）是我国五大重点战略区域之一，对于支持“一带一路”建设，推动港澳参与国家发展战略，保持国家长期繁荣稳定具有重要意义。经历了人口、经济、资源土地等关键人地系统要素的重新组织、配置和融合发展，大湾区已实现了从农业地区向世界级湾区的蜕变。但由于长期缺乏科学合理的国土体系地域空间规划和对国土空间开发的严格管理，大规模的土地征用、无序开发、空间失控、规划建设布局不合理等问题，使得大湾区也成为我国人居矛盾较为突出的地区。

大湾区生态环境问题主要表现在由于城市急速扩张和工业化所导致的土地破碎化、环境污染、城市内涝以及生态系统服务能力下降等问题，具体表现为：(1) 生态系统破碎化。大湾区生态环境普遍存在由于城市扩张所导致的生态系统破碎化。大湾区生态系统格局表现出剧烈的变化，建筑用地的急速扩张直接导致了生态系统的破碎化，主要集中在广州、深圳等经济快速增长的地区。(2) 大湾区空气质量存在差异，大气污染呈现区域性、复合性特征，其中珠江口北岸和西岸、中山北部、广州西南部、肇庆东南部和江门东部细颗粒污染物浓度明显高于其他区域。(3) 大湾区河流黑臭现象普遍且严重。城市生活污水和工业废水长期直排和偷排是导致河流水质下降的根本原因。(4) 土地利用结构丰富度下降，生态系统服务能力减弱。建成区以建筑用地为主，高度硬化的地面极大地降低了地表的下渗能力和水源涵养能力，直接导致城市内涝问题的产生，植被覆盖率的降低也加剧了城市热岛效应，降低了城市生态系统中的空气自净能力。

大湾区生态基础设施以林地为主，农田和湿地次之，灌丛、草地较少，其中林地主要分布在肇庆市、惠州市东北部和江门市西部，是大湾区外围的天然绿色屏障。城市建筑用地扩张极大地挤压了其他生态系统空间，主要表现在林地、水域（包括湿地）和耕地面积的减少，区域内生态破碎化程度的加深。经核算大面积自然、半自然生态系统面积的丧失，直接导致了大湾区生态系统服务能力的整体下降。

生态基础设施是维持、改善和增加生态系统服务的基础设施，生态基础设施建设是提升城市生态系统服务能力，改善城市环境，提高居民健康生活水平，实现城市生态系统稳定、安全、可持续发展的有效途径之一，现已被广泛地被运用于提升城市生态系统服务能力。作为维持、改善和增加生态系统服务能力的手段，生态基础设施通过自然和半自然生态基础设施的修复和建设，构建多尺度下连接生态核心区的生态廊道，可实现大湾区生态网络搭建，解决生态破碎化问题，提高大湾区生态系统连通性和整体性。通过与传统市政基础设施的结合，可实现大湾区生态环境的治理，提升生态环境自净能力。因此构建大湾区生态基础设施体系，不但有助于助力大湾区“宜居宜业宜游”建设，推进大湾区生态文明构建，实现大湾区人口、资源、环境的可持续发展，也有助于为大湾区城市未来发展提供系统、有效的科学依据。

资料来源：刘玲玉，杨萌，石龙宇．粤港澳大湾区生态基础设施建设可行性分析与政策建议［J］．生态经济，2022，38（4）：223－229.

【专栏】

## 万丈高楼始于基　深圳市质量基础设施建设成果成为高质量发展重要基石

从敢闯敢试到先行示范，从产业崛起到集群发展，从经济发展到社会治理，再到面对疫情等全球不确定因素的种种挑战仍交出亮丽的“成绩单”，深圳正在高质量发展的道路上谱写着新时代的“深圳传奇”。高质量发展离不开坚实的质量基础。而在近年的发展中，深圳市质量基础设施建设也取得了系列亮点成果。

2017年深圳市出台的《深圳经济特区质量条例》为深圳市质量基础设施建设指明了方向，其中明确提出要加强质量基础设施建设，支持质量技术服务行业发展，构建支撑深圳质量建设的技术服务体系。目前，除了立法保障质量基础设施建设外，深圳市也在全国率先将质量基础设施纳入城市基础设施建设范围，创新构建全社会共建共享的工作机制，全面提升支持战略性新兴产业、未来产业和传统优势产业发展的能力，基本形成了政府投资和社会投资相互配合、协调发展的全社会质量基础设施共建机制。

同时，深圳市质量基础设施重大项目建设高标准推进。以国家级服务平台为龙头，狠抓质量基础设施重点项目建设；优化布局，大力推动公共服务平台建设；加大服务力度，助力粤港澳大湾区实现碳达峰、碳中和目标。其中，在国家级服务平台建设上，深圳市市场监管局推动了国家环保产品检测中心建成并投入营运；推动了国家电动汽车池及充电系统产业计量测试中心、国家医疗器械等产业计量测试中心加快建设；推动了国家车联网产品质量监督检验中心落户深圳；与中国计量院共建“中国计量院技术创新研究院”，打造国际量子计量技术战略高地。

深圳市质量技术基础服务体系日益完善。主要体现在3个方面：现代计量体系初步建立，基础保障和支撑能力凸显；标准基础不断夯实，标准体系日益健全；检验检测认证服务体系日趋完善，多元化发展格局逐渐形成。其中，深圳市目前共有检验检测机构800余家，国家级产品质量监督检验中心7个，省级产品质量监督检验站13个；共有认证机构及分支机构121家，拥有产品、管理体系及服务认证有效证书近13万张，认证证书总数居全国城市前列；国际知名认证机构SGS、BSI、ITS等均在深圳设有分支机构。目前，深圳市批准筹备的国家级产业计量测试中心达4个，建有国家级计量站两个。质量基础设施“一站式”服务试点成效初显，深圳市已完成多个国家NQI服务模式试点课题，打造了NQI集成应用综合服务平台，质量服务“一站式”整体解决方案不断完善。

目前，深圳市质量基础设施建设水平位居全国前列，持续推动着深圳成为我国质量基础设施建设应用典范城市。深圳市市场监管局下一步将继续加快建立前瞻布局、融合发展、效能领先、智慧赋能的新型质量基础设施，全面推行质量基础设施“一站式”综合服务，加快出台质量基础设施“一站式”服务平台认定管理办法，强化质量技术体系和能力建设，打造质量基础设施建设的新典范。

资料来源：傅江平．万丈高楼始于基　深圳市质量基础设施建设成果成为高质量发展重要基石［N］．中国质量报，2021－12－16（7）.

## 五、城市基础设施投、融资模式

为了吸引更多的资金进入城市基础设施建设，近几年中国各城市实施了公有公营、私有私营、公有私营、用户和社区自助模式等基础设施建设与运营模式。

### （一）BOT模式

BOT（Build－Operate－Transfer），即建设—运营—移交，联合国工业

发展组织、世界银行、亚洲开发银行、国家发展改革委对 BOT 的定义略有差别。本书选取比较通行的定义：政府（中央或地方政府/部门）通过特许权协议，授权项目发起人（民营企业、外资企业、法人国企）联合其他公司或股东为某个项目（主要是自然资源开发和基础设施项目）成立专门的项目公司，负责该项目的融资、设计、建造、运营和维护，在规定的特许期内向该项目（产品/服务）的使用者收取适当的费用，由此回收项目的投资（还本付息）、经营和维护等成本，并获得合理的回报；特许期满后，项目公司将项目（一般免费）移交给政府。在国际融资领域，BOT 不仅包含了建设、运营和移交的过程，更主要的是项目融资的一种方式，具有有限追索的特性。

BOT 项目融资的优点：一是有利于分散和转移项目风险，降低项目所在地政府的债务风险；二是有利于加快基础设施建设，减少政府财政负担；三是可以借鉴外来先进的技术和项目管理经验；四是有利于提高基础设施项目的建设和使用效率。BOT 项目具有系统外风险和系统风险。系统外风险主要包括不可抗力风险、国有化风险、政府越权干预风险、违约风险、公共政策及法律变化风险、金融风险等。系统风险又称可控风险，主要包括信用风险、市场风险、竞争性风险、建设工程风险（完工风险）、运营维护风险和环境风险。

### （二）TOT 模式

TOT（Transfer - Operate - Transfer），即转让 - 经营 - 转让，是指通过转让出售现有投产项目在一定期限内的现金流量从而获得资金建设新项目的一种融资方式。具体来说，是指把已经投产运行的项目在一定期限内移交给受让方经营，以项目在该期限内的现金流为标的，一次性地从受让方融得资金，用于建设新的项目；受让方经营期满后，再把项目移交回来。中国山东的烟台至威海高速公路，上海南浦大桥、杨浦大桥及过江隧道均成功实施了 TOT 融资方式。

TOT 模式的优势：一是融资方式只涉及已建基础设施项目经营权的转让，不存在产权股权的让渡，避免不必要的争执和纠纷，回避了国有资产流失问题，保证了政府对公共基础设施的控制权，使得问题尽量简单化；

二是减少政府财政压力，促进投资体制的转变；三是有利于盘活国有资产存量，实现国有资产保值增值，为新建基础设施筹集资金，提高基础设施运营管理效率，提高项目产品质量；四是风险小，项目引资成功率高；五是项目成本和项目产品价格相对较低；六是受体制因素制约较少，方便外资和国内民营资本参与基础设施和国企投资。

### （三）PPP 模式

PPP（Public – Private – Partnerships），是公共部门与民营企业合作模式，是指政府、营利性企业和非营利性企业基于公用事业项目而形成的合作关系，其形式与 BOT 模式极为相似。

在该模式中，政府并不把项目的责任全部转移给私人企业，而是合作各方共同承担责任和融资风险，使得公共部门的成本和风险大为降低。

PPP 模式在城市基础设施建设中应用的显著特点在于：通过引入私人企业，将市场中的竞争机制引入城市基础设施建设中，更有效地提供公共服务。它与 BOT 的主要区别在于：PPP 模式中私人投资者从项目论证阶段就开始参与项目，而 BOT 模式中私人投资者在项目招标阶段才开始参与项目。因此，BOT 可以作为 PPP 模式的一种操作方式。

PPP 方案尤其适用于道路建设。由于道路项目在早期计划阶段就确定了技术设计方案从而使技术创新受限。如果采用 PPP 方案，可以使有意向参与项目建设的私人企业与项目所在国政府或有关机构在项目论证阶段共同商讨项目建设过程中所采用的技术方案，从而有可能采用较新的研究成果。PPP 模式下，城市公共基础设施建设有 8 种典型方式，根据它们的适用类型和公有化程度从高到低排列，如表 6 – 1 所示。

**表 6 – 1　不同城市公共基础设施建设的适用化类型和公有化程度**

| 设施类型 | 已有设施 | 已有设施扩建 | 新设施 |
|---|---|---|---|
| 适用方式 | 服务协议 | 租赁 – 建设 – 经营（LBO） | 建设 – 经营 – 移交（BTO） |
| | 运营和维护协议 | 租赁 – 移交 – 经营（BTO） | 购买 – 建设 – 经营（BBO） |
| | 运营和维护协议 | 扩建后经营整体工程并转移 | 建设 – 拥有 – 经营（BBO） |

城市基础设施投融资体制改革为中国城市基础设施建设提供了广阔的资金平台，投融资主体实现多元化，为加快城市基础设施建设奠定了基础。

## 第二节　城市产业经济

### 一、城市产业分类

#### （一）按生产部门划分

按传统的经济理念，将国民经济划分为五大产业部门：农业、工业、建筑业、运输邮电业、商业饮食业。由于它只考虑了物质生产和流通领域，没有考虑科学文化等精神文明领域，而后者对于整个经济和社会发展的作用正在日趋增大，因此这种分类方法带有一定的局限性。

#### （二）按产品使用划分

按产品的用途，将全部物质产业部门分成两大类：把生产初级产品和中间产品的产业划作上游产业，而把生产最终产品的产业划作下游产业。二者之间并无严格区分，只是针对不同的经济活动而言。一般来说，上游产业的“前向联系度”较高，而下游产业的“后向联系度”较高。

“联系”是美国经济学家赫尔希曼（Albert Hirschman）所提出的经济概念，他认为在各产业部门之间由于原料的供给和产品的使用而存在着一种天然的协作关系。他把某一部门与吸收其产出的部门之间的联系称为前向联系；把某一部门与向它提供投入的部门的联系称为后向联系。例如，石油采掘业是前向联系度很高的上游产业，它的建立会推动炼油、化工、医药等下游产业的发展；而汽车制造业是后向联系度很高的下游产业，它的建立则将带动机械、冶金、化工等上游产业的发展。

### （三）按经济功能划分

按经济功能和市场的不同，把城市产业部门分成两大类：主要满足城市外部市场需要的产业为输出产业（或基础产业）；主要满足城市内部市场需要的产业为地方产业（或非基础产业）。对于城市的经济发展来说，输出产业是起主导作用的，处于支配地位，因为它是城市从其外部获取资源的主要手段；地方产业则是支撑前者存在与发展的条件，处于从属地位。

每个城市发展什么样的输出产业，取决于许多条件和因素，最重要的是该产业是否具备了比较优势，即和其他地区相比、和其他产业相比，该产业是否在资源、技术、地理、市场等相关方面拥有竞争力。各个城市扬长避短，确定自己的主要输出产业，从而形成各具特色的专业化分工。这对于国家和地区的生产力的合理布局、资源的有效利用、经济效益的综合提高，都具有十分积极的意义。同样，地方产业一方面为输出产业提供产品和劳务，另一方面为当地市民提供衣、食、住、行等诸种便利，在城市经济发展中绝非无足轻重，而是必不可少的支持系统。

### （四）按三次产业划分

三次产业这一概念最早可以追溯到古典经济学家威廉·配第（William Petty）在其《政治算术》中有关经济发展与产业结构变化的论述。最先明确提出并使用这一概念的是新西兰的经济学家弗雷希尔（A. Frisher），在其著作《进步与完全的冲突》（1935）中提出人类经济活动的三大历史阶段：以种植业和畜牧业为主的第一阶段（初级阶段）；以工业生产为主的经济活动的第二阶段；以各种服务性行业构成经济活动主要内容的第三阶段。弗雷希尔将经济产业划分为第一产业、第二产业和第三产业三个层次，分别与三个阶段的主要经济活动内容相对应。英国经济学家克拉克（Colin. G. Clark）在1940年出版的《经济进步的各种条件》中将农业和制造业分别归入第一产业和第二产业，其余经济活动则全部归入第三产业，并引证和发展了配第有关经济发展中劳动力由低层次产业向高层次产业转移的产业结构变化论述，被称为“配第－克拉克定律”（Petty－Clark's Law）。

自此，西方国家普遍采用三次产业的分类方法，并逐步被社会主义国家所接受，而成为国际上广泛流行的划分方式。

## 二、城市产业结构

### （一）城市经济结构

城市经济结构的基本含义是指构成城市经济系统的各种经济要素之间的关联组合状态及其数量比例关系。城市经济结构决定着城市经济活动的物质交流、能量交流、信息交流特征，不同经济结构的城市，其基础设施、城市空间布局、产业政策和经济发展战略均存在不同的要求。城市产业结构是按照城市各项经济活动的劳动对象、要素需求强度、产品连续关系等行业特征而划分的城市经济结构类型，它不仅反映城市经济系统内各行业部门之间的结合方式和数量比例关系，而且也通过这一比例关系体现城市各产业的主次地位和对城市经济发展的功能作用，因此城市产业结构的分析和优化是城市经济结构研究的重点内容。

### （二）城市产业结构特征与经济发展阶段的关系

经济发展与产业结构之间存在着十分密切的相互关联和相互制约的关系。不同的经济发展阶段，第一、二、三产业的结构比例关系及主次序位呈现出不同的特征（见图6－1）。发达国家经济发展的历史经验及相关的研究理论表明，经济增长的不同阶段具有不同的产业和人口经济联系方式，城市的经济结构可以通过三次产业的产值比重序位的变化，以及相应的人口就业比重的变化反映出来。美国经济学家库兹涅茨（S. Kuznets）、钱纳里（H. Chenery）等根据三次产业在国民生产总值构成中的比例关系，结合人均国民生产总值的高低，将经济增长阶段划分为农业时期、工业化时期和后工业化时期三个时期，其中工业化时期又具有初期、中期和晚期三个阶段。联合国工业发展组织以工业净产值在国民收入中的比重为指标，将经济发展阶段划分为农业经济阶段、工业初始阶段和工业加速阶段。

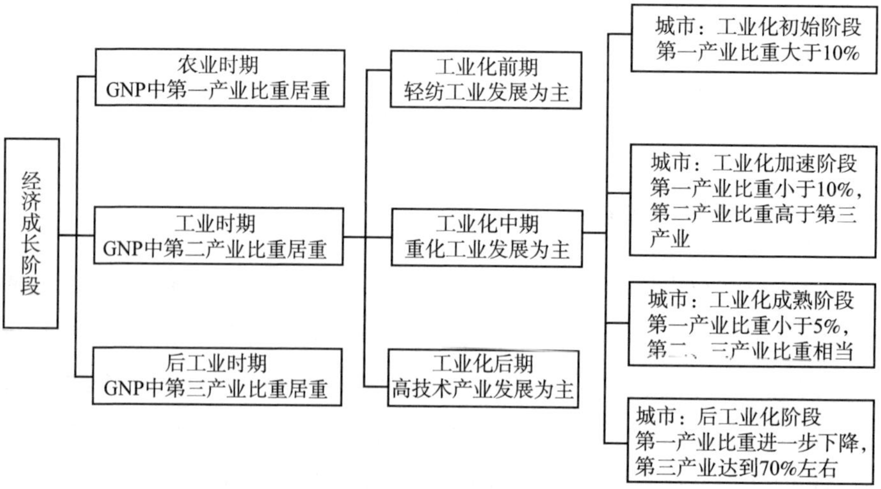


**图6－1　经济发展理论对经济成长阶段的划分**

### （三）城市产业结构演变的动因与城市主导产业的选择和确定

城市产业结构的演变受到很多因素的影响，主要包括需求结构、技术进步、产业政策和资源禀赋等因素。需求结构变化是产业结构演变的直接诱因之一。在经济发展过程中，各产业产品的需求弹性和收入弹性会不断地发生变化，从而通过消费需求结构的变动对产业结构产生影响。另外，需求结构有多种，除了个人消费需求结构外，中间需求和最终需求的比例、消费需求和投资需求的比例、投资需求结构都会推动产业结构的变化。从长期看，城市产业结构是由技术进步和技术结构特征所决定的。

城市主导产业的选择确定，是城市经济发展战略和产业结构优化所研究的重点。选择和确定城市主导产业，主要有两方面因素需要考虑：产业的经济带动作用和产业的区位比较优势。这两个因素常常是相互关联、互为转化的。

**1. 利用产业带动作用确定城市的主导产业**

现代产业内部各产业部门之间存在着一种投入产出联系。由于这种产业联系的存在在一些部门的个别投资会通过这种联系传导到其他部门，诱发其他部门的投资，从而带动整个经济的发展，这就是产业的带动作用。

著名发展经济学家赫希曼（A. O. Hirschman）在其著作《经济发展战略》中将产业间的联系称为“连锁效应”（linkage effect），并把连锁效应具体划分为前向连锁（forward linkage）和后向连锁（backward linkage）。前向连锁是指一个部门和吸收它的产出的部门之间的联系（如种植业部门对食品工业部门具有前向连锁效应）；后向连锁则是指一个部门与向它提供投入的部门之间的联系（如日用化工部门对基本化工、炼油、原油开采等具有一系列的后向连锁效应）。根据产业的连锁效应特征，全部产业可分为四类，如表6－2所示。

**表6－2　　不同产业部门的连锁效应特征**

| 类别 | 产业部门 | 连锁效应特征 |
|---|---|---|
| 第一类 | 中间投入型初级产品 | 前向连锁效应大，后向连锁效应小 |
| 第二类 | 中间投入型制造业产品 | 前向连锁效应大，后向连锁效应大 |
| 第三类 | 最终需求型制造业产品 | 前向连锁效应小，后向连锁效应大 |
| 第四类 | 最终需求型初级产品 | 前向连锁效应小，后向连锁效应大 |

对于发展中国家的城市而言，从产业带动作用入手确定城市的主导产业结构，就是要选择能发生最大连锁效应的产业部门——带头部门，把有限的投资优先集中于该部门，从而最大限度地发挥连锁效应，推动城市经济的整体发展。后向连锁一般比前向连锁的带动作用更强，因此，城市主导产业的选择应主要从后向连锁效应大的部门考虑。许多学者对产业的连锁效应进行过具体的定量测算，表6－3列出的是美国经济学家钱纳里等利用投入产出表计算的不同产业部门的连锁效应值。这些计算方法和结论为进行城市主导产业的选择确定提供了具体的定量参考标准。

**表 6-3　　　产品部门连锁效应的定量计算**

| | 最终需求 | | | 中间投入 | | |
|---|---|---|---|---|---|---|
| | Ⅲ. 最终需求型制造业产品 | 前向 | 后向 | Ⅱ. 中间投入型制造业产品 | 前向 | 后向 |
| 制造业 | 服装和日用品 | 0.12 | 0.69 | 钢铁 | 0.78 | 0.66 |
| | 造船 | 0.14 | 0.58 | 纸及纸制品 | 0.78 | 0.57 |
| | 皮革及皮革制品 | 0.37 | 0.66 | 石油产品 | 0.68 | 0.65 |
| | 食品加工 | 0.15 | 0.61 | 有色金属冶炼 | 0.81 | 0.61 |
| | 粮食加工 | 0.42 | 0.89 | 化学工业 | 0.69 | 0.60 |
| | 运输设备 | 0.20 | 0.60 | 煤炭加工 | 0.67 | 0.63 |
| | 机械 | 0.28 | 0.51 | 橡胶制品 | 0.48 | 0.51 |
| | 木材及木材制品 | 0.38 | 0.61 | 纺织 | 0.57 | 0.69 |
| | 非金属矿物制品 | 0.30 | 0.47 | 印刷及出版 | 0.46 | 0.49 |
| | 其他制造品 | 0.20 | 0.43 | | | |
| 基础产业 | Ⅳ. 最终需求型初级产品 | | | Ⅰ. 中间投入型初级产品 | | |
| | A. 物品 | | | 农业、林业 | 0.72 | 0.31 |
| | 渔业 | 0.36 | 0.24 | 煤炭采掘 | 0.82 | 0.23 |
| | B. 劳务 | | | 金属采矿 | 0.93 | 0.21 |
| | 运输业 | 0.26 | 0.31 | 石油及天然气 | 0.97 | 0.15 |
| | 商业 | 0.17 | 0.16 | 非金属采矿 | 0.52 | 0.17 |
| | 服务业 | 0.34 | 0.19 | 电力 | 0.59 | 0.27 |

资料来源：钱纳里．工业化和经济增长的比较研究［M］．上海：上海三联书店，1989：118-119.

**【专栏】**

产业新城模式，是在“以人为本”的新型城镇化模式指引下，以“建设智慧生态、宜居宜业的幸福城市”为理念，积极创新升级“政府主导、企业运作、合作共赢”的市场化运作模式，探索并实现产业新城的经济发展、城市发展和民生保障。随着“一带一路”“互联网+”等战略的稳步实施与加快推进，中国产业结构不断优化和调整，产业新城作为创新驱动发展战略的载体和中国经济转型升级的引擎，在推动中国经济发展中发挥着日益重要的作用。

青岛汽车产业新城位于即墨主城区北部，烟青一级路两侧，总规划面积93平方公里，是即墨市委、市政府加快实施现代产业体系建设战略，整合优势资源打造的现代制造产业新城，是青岛市确定发展汽车及零部件产业的唯一专业功能区，重点发展汽车整车及零部件的研发、制造和销售。

新城以“一心、三轴、六区”为结构来进行规划，一心即新城核心，集商务办公、居住、商业及城市公共服务为一体的城市服务中心。三轴即沿204国道的产业发展轴，将六大片区有机联系；沿龙泉河的生态发展轴，将多个组团的生活配套区域串联；从青龙高速门户至新城核心的汽车文化轴，以汽车文化休闲、体验为主要特色。六区即城市功能区、汽车制造西区、汽车制造东区、高新技术产业区、综合配套区、创智产业区。在发展定位上，确定为全国重要汽车产业基地、环渤海汽车产业核心基地、综合性的生态科技新城。

青岛汽车产业新城成立以来，基础设施配套工程建设稳步推进，建立好完善的工业配套基础设施，更加畅通了交通网络。为了满足市民的居住需求，建设了住宅项目，并引进各类商超、酒店、医院，形成多位一体的城市化发展格局。

集群化产业配套、多维度生活配套、国际化金融服务以及高水平的教育、医疗、人力资源等功能配套，带动青岛汽车产业新城实现快速发展。

资料来源：中商产业研究院．五个案例带你了解“产业新城”[EB/OL].(2019-04-10). http://www.sohu.com/a/307049613_350221.

---

**2. 从产业的比较区位优势确定城市的主导产业**

城市是一定区域范围内的经济活动中心。从产业的比较区位优势确定城市的主导产业，就是具体分析城市的每个产业部门在整个区域的同类经济部门中所处的地位和相对重要程度，从中选择出比较区位优势最强或发展潜力最大的产业部门，强化和扩大这一优势或潜力，以促进城市经济的发展。集中系数和区位熵是用来定量计算和衡量产业的比较区位优势的两个主要指标。集中系数（coefficient of concentration）是用来反映某项产业经济活动在一个特定区域（一个城市或一个经济区）中的集中程度。对城市而言，集中系数是指城市的某一产业部门，按人口平均的产量、产值（a/m）与全国或全地区同一产业的相应指标（A/M）的比值，即集中系

数 $C=(a/m)/(A/M)$。C 值越大，说明该产业部门的专业化程度越高，比较区位优势就越强。对比同一地区内两个不同城市某一产业部门的集中系数，可以判定两个城市在全区该产业部门的区际地位的高低。区位熵（quotient of location）又称专业化率，指城市某产业部门在全国或全地区同一产业部门中的比重（a/A）与城市全部产业活动在全国或全地区全部产业活动中的比重（b/B）之比，即区位熵 $Q=(a/A)/(b/B)$。通过计算区位熵，可以找出该城市在全国或全地区具有一定地位的专业化产业部门，并根据 Q 值大小衡量其专业化率。

### （四）城市产业结构的优化

城市产业结构优化是指促使城市各产业之间协调发展、技术进步和经济效益提高的过程。它与现有产业结构水平高低无关，但从动态看，产业结构优化应当是一个提高的过程，这个过程是在城市经济效益最优的目标下，根据影响产业结构的因素，通过对产业结构的调整，使得产业结构向着协调发展、技术进步和效益提高的方向演化。产业结构优化是个相对的概念，即各个时期优化的内容是不同的，但一般而论应主要包括产业结构的合理化与产业结构的高级化两个方面。

#### 1. 产业结构的合理化

产业结构合理化是指在现有资源和技术条件下，生产要素能得到合理配置，产业间能协调发展、产生良好经济效益的过程。产业结构合理化的标志是：（1）产业结构与社会需要相适应；（2）能使现有资源得到合理利用；（3）能使产业间协调发展；（4）有利于科技成果转化；（5）能充分利用国际分工与协作；（6）能保证经济效益不断提高。

因此，评价一个城市产业结构是否合理，一是要看其产业结构满足社会需要情况。满足需要情况可用需求结构和各种需求满足程度等指标进行评价，需求结构和需求满足程度往往通过产销率等指标来反映。二是要看资源利用状况。资源利用状况包括自然资源和生产要素的利用效率，具体可用耕地面积、水力资源利用率、产值耗能率等指标反映。三是要看劳动力结构。劳动力结构包括劳动力的产业构成、劳动力的文化素质构成、劳动力的性别与年龄构成。劳动力结构能反映一个城市的经济发展水平。另外，还要看结构效益指标。产业结构是否合理，可以从结构效益中反映出来。结构效益通常可采取劳动生产率变化情况或年投入产出比率的变化情况来大致反映。

**2. 产业结构的高级化**

产业结构高级化是指产业结构向着产业的技术结构和产业内部的综合生产率提高的方向演化的过程。产业结构高级化是在产业结构合理化基础上的进一步发展。产业结构合理化的核心是在现有的资源和技术条件下，各产业间的协调发展；产业结构高级化的核心是向符合现代化水平要求的产业结构演化。产业结构高级化具体表现为四个方面：（1）高加工度化，即工业加工程度的不断深化。（2）高附加价值化，即产业结构向附加价值高的部门发展的趋势。（3）技术知识集约化，即各产业将越来越倾向采用高级技术和先进工艺，生产的产品和工作的技术知识含量很大。（4）产业结构的“软化”，它包括两方面内容：一是指产业结构发展过程中，第三次产业比重不断增大，出现“经济服务化”趋势；二是指“通过创造性的知识集约化的发展来促进产业结构的进一步高度化”，经济发展对高技术人才的依赖性大大增强。

## 三、城市产业集群

### （一）产业集群的内涵与特征

**1. 产业集群的定义**

截至目前，没有大家广泛认同的产业集群的定义，国内外学者对产业集群有代表性的定义主要有以下几种。

马歇尔在其经典著作《经济学原理》中，把专业化产业集聚的特定地区称作“产业区”（industry district）。迈克尔·波特（1998）指出，产业集群在某特定领域中，是一群在地理上邻近、有交互关联性的企业和相关法人机构，并以彼此的共通性和互补性相联结。产业集群的规模，可以从单一城市、整个州、一个国家，甚至到一些邻国联系成的网络。产业集群具有许多不同的形式，要视其纵深程度和复杂性而定。不过，绝大部分产业集群包含最终产品或服务厂商，专业元件、零部件、机器设备以及服务供应商、金融机构，及其相关产业的厂商。产业集群也包含下游产业的成员（如销售渠道、顾客），互补性产品制造商，专业化基础设施的供应商，政府与其他提供专业化训练、教育、信息、研究和技术支援的机构（如大学、思想库、职业训练机构），以及制定标准的机构。对产业集群有重大影响力的政府机关，也可视为它的一部分。最后，产业集群还包括同业公会和其他支持产业集群的民间团体。

北京大学学者王缉慈认为，集群揭示了一些地区的相关企业集结成群，从而获得竞争优势的现象和机制，之所以认作“产业群”，有其特定的产业内涵；之所以认作“企业群”，有其企业“扎堆”的特征。实际上，无论是企业集群还是产业集群，其实都是指具有专业化特征的企业和有关机构在地理空间集结成群的现象。

我国大陆学者比较推崇迈克尔·波特的定义，基于以上学者的定义，我们认为产业集群（industry cluster）是在某特定领域中，一群在地理上邻近、有交互关联性的企业和相关法人机构所组成的区域内的一种创新协作网络。

**2. 产业集群的特点**

（1）空间特征。产业集群的最重要特点之一，就是它的地理集中性，即大量的相关产业相互集中在特定的地域范围内。由于地理位置接近，产业集群内部的竞争强化机制将在集群内形成“优胜劣汰”的自然选择机制，刺激企业创新和企业衍生。在产业集群内，大量企业相互集中在一起，既展开激烈的市场竞争，又进行多种形式的合作，如联合开发新产品，开拓新市场，建立生产供应链，由此形成一种既有竞争又有合作的合作竞争机制。这种合作机制的根本特征是互动互助、集体行动。在产业集群内部，许多单个的与大企业相比毫无竞争力的小企业一旦用发达的区域网络联系起来，其表现出的竞争能力就不再是单个企业的竞争力，而是一种比所有单个企业竞争力简单叠加起来更加具有优势的全新的集群竞争力。

（2）产业特征。适合产业集群化发展的产业的首要特征是技术可分性，即产业的产品和服务应在生产技术上具有垂直分离的特征，并能形成较长的价值链，产业内企业间的专业化分工能够高度深化，能形成大量的工序型企业和中间产品的交易市场。其次，产业是垄断竞争型市场结构，产品差异化的潜力大。产品的差异化包括水平方向和垂直方向的差异化。水平方向差异化是指同种产品在品种、规格、款式、造型、色彩、所用原料、等级、品牌等方面的不同；垂直方向的差异化是指同种产品的内在质量不同，Intel 和 AMD 所生产的电脑芯片便属于这种差异。只有这样，集群内企业才不会陷入价格竞争的恶性循环。最后，产业竞争环境的动态多变性和速度经济性。企业所处的产业竞争环境，对时间和空间的控制特征将决定产业组织和生产组织的形式（Schoenberger，1990）。如果竞争环境是相对稳定的，企业可以通过控制开发和生产组织的时间来换取在空间上扩张的灵活性。只有在动态多变、对速度经济性要求很高的产业环境下，出于协调、沟通和信息跟踪反馈的需要，企业才必须在空间上形成集聚以获得竞争优势。

---

**【专栏】**

翻开地图，你也许找不到浙江诸暨叫作大唐的小镇。17 年前，它还是一个仅有两个村、千余人、人均收入不足 800 元的小村庄，然而，2020 年，大唐镇袜子产值达 750 亿元，占全国产量的 70%，世界产量的 35%，袜业规模以上产值近 200 亿元。如今的大唐镇已成为西施故里一颗耀眼的明珠。

20 世纪 70 年代开始，受上海等地国营袜厂的辐射，大唐人白手起家拿起了手摇袜机，做起了袜子生意。经过十几年的发展，目前已形成了以大唐镇为中心，辐射周边 12 个镇乡，吸纳从业人员 20 余万人的一大产业集群。大唐镇现拥有近万家袜业企业，并呈现宝塔型的网状结构，其中产值在 10 亿元以上的企业有 2 家，产值 1 亿元以上的企业 12 家，产值 500 万元以上的企业有 400 多家，其他则是以千家万户为主体的家庭工业。大唐袜业集群的横向分工与垂直分工极为明确，产业链极为完整，从袜业机械制造到各种原料生产，再到袜子的生产、销售、物流形成一条龙。可以说，在大唐，任何一款先进的袜机和配件都可以买到，任何一款袜子都可以生产，任何一种主要原料都可以生产和配置。

从原料到生产，就像从前门到后门，那些附加费用，如运输、包装等，在这里全部可以省略。这种由集群经济形成的特殊产业链，使生产要素配置成本大大降低，竞争力大大增强。大唐的产业集群和产业链优势可以使成本降低1/4至1/3，这是大唐的优势、潜力和希望，也是大唐最值得骄傲的地方。小产品孕育大市场，小袜子织出大天地。袜业不仅成为大唐名副其实的支柱产业，也是一大富民产业，目前工业产值的70%，农村收入的70%，农村就业的70%都来自这一产业。

大唐历届政府都十分重视培育产业、提升产业层次，始终把袜业作为主导产业来扶持，从而确保了袜业的龙头地位。同时，大唐镇政府十分注重构建产业发展平台，经省政府批准，大唐镇于2000年规划建设了大唐袜业特色工业区，总占地近3平方公里，100家企业入驻园区。园区使要素得以集聚，企业潜能得到极大扩张，明显地提升了产业层次。占地400亩、投资2亿元的浙江大唐经纺城的建设，成为全国乃至全球最大的袜业专业商贸区，从而有力地拉动了产业发展平台。大唐镇政府还努力树立大唐形象，第六届国际袜业博览会，吸引了40多个国家和地区的1000多位外商前来参加袜博会。

大唐的袜博会真正成为全球袜业盛会，为大唐走向世界提供了一个极好的平台，同时也提升了大唐袜业这一整体品牌形象。此外，镇政府还积极加强人才引进与教育培训，加强对新生代企业家的培养，开展农民素质培训工程，为产业发展提供人才劳动力支持。千里之行始于足下。凭借一双袜子走天下的大唐人，正抓住新的机遇，努力向国际袜都迈进。

资料来源：创业经验．探寻袜业之乡［EB/OL］.（2022－10－19）. https：//wenku. baidu. com/view/be9e3f5f2179168884868762caaedd3383c4b5df.

（3）组织特征。首先，产业集群是生产系统。产业集群从整体上来说是一个有地域界限的产业生产系统，这个系统处在由集群企业构成的网络治理之下，企业网络节点间的联结主要发生在有上下游生产联系的供应商和客户间。其次，产业集群是社会系统。从实质上看，这种基于生产联系的企业网络的特征是生产关系必须适应生产力发展这一规律的必然结果，是在信息量巨大、市场变化迅速、产品生命周期大大缩短的知识经济时代，生产社会化不断扩大的产物。因此，结构完整的产业集群包括供应商、专业化基础设施的提供者、销售渠道和客户，并从侧面扩展到辅助性产品的制造商、提供专业化培训、教育、信息研究和技术支持的政府和其他机构，如大学、标准的制定机构、智囊团、职业培训提供者和贸易联盟等。最后，集群组织最根本的联系纽带是竞合联系。竞合联系是产业集群得以保持活力的源泉，互补性的合作关系使得相关企业形成一个体系（生产链、价值链生产体系、生产综合体等），从而强化生产者在空间集聚的倾向。

（4）经济特征。企业及其支撑机构在空间上集聚，从而形成集聚经济。集聚经济源于各种相关的经济活动的集中而带来的效益。集聚经济主要表现为产业集群内的企业所独享的规模经济、范围经济和外部经济。规模经济是指产业集群规模扩大，产量增加，使集群内个别企业降低平均生产成本而获得的经济好处；范围经济是指区域内企业的多种产品多样化的经营，以及若干企业横向、纵向联合生产给企业带来的成本节约，它的重要前提是区域内多元化经营的企业实现资源共享；外部经济表现为三个方面：促进专业化投入和服务的发展、为有专业化技能的工人提供共享的市场、使公司从技术溢出中获益。

（5）发展特征。累积因果性和路径依赖性是产业集群的发展特征。当某些成功的发展因素（企业家才能、资本供应、劳动力供应、土地供应和当地生产的中间产品等）在区域中不同行为主体间存在较紧密的联系时，一种产业的扩张会增加其他公司的利益，依赖于成功因素所产生的“极化效应”将促进进一步的扩张和强化累积因果作用。然而，曾经成功的发展因素，随时间推移会作为制约因素限制集群专业化的进一步发展，从而阻碍集群进入新的发展阶段，出现“集群锁定现象”，从而导致集群的衰退。因而，在“分歧点”（Scott，1995）打破历史遗传的禁闭，通过替代或补偿过时的资源、技术、基础设施和思维方式可以促进产业集群的进一步发展。

（6）环境特征。产业集群环境特征一方面表现为“灵敏的经济基础”，但更为重要的另一方面是集群的创新环境。在产业集群中由于地理接近、企业间的密切合作、经常的面对面交流有利于各种新思想、新观点、新技术和新知识的传播，由此形成的知识溢出效应将增强企业的研究和创新能力。两类知识对集群内的企业至关重要：一是当地供给方面的知识溢出，主要来自供应商、合作者、委托者、同业竞争者、教育和研究机构；二是需求方面的国家和国际知识转移，主要来自客户、消费者，以及国际分销商等。

### （二）产业集聚的竞争优势

（1）产业集聚节约了搜集信息的成本，有助于集聚区内企业获得更多的有价值的技术和市场信息，以保持生产和经营处于信息优势的状态。在产业集聚区，各种市场信息比较充分，如价格行情、供需变化、产品流行样式等，都是容易获得的信息。相对于集聚区外的企业而言，集聚区内的企业可以以较低的成本获得有用的信息，从而有利于增强竞争优势。

（2）产业集聚的地方一般存在明显的经济外部性，使得企业可以共享行业内的公共用品，而且容易接近客户。对于集聚区内的企业而言，经常有客户找上门来的机会，这就是产业集聚带来的外部性的好处。产业集聚的结果实际上为集聚区内所有的企业增加了一笔无形资产，更加有利于它们接近客户。

---

**【专栏】**

香河产业新城位于北京东南方向，距北京 CBD 仅 40 公里，处于京津冀核心发展区域、京津“一小时经济圈”黄金节点。四横四纵交通路网畅连八方，京哈高速在此设立“河北第一出口”，具有“半小时进京入卫，一小时上天下海”的区位优势。

香河产业新城努力建设机器人、电商物流、高端制造三大产业集群，打造香河经济发展新引擎。依托京津冀，引进龙头产业，发展上下游配套项目，拉长产业链条，创新发展，提升竞争力。目前，香河产业新城建有机器人产业港和电商综合产业园。机器人产业港通过搭建孵化加速、金融服务、技术服务、基础服务、展示交易五大产业促进平台，占领国内机器人产业制高点，打造成为机器人国家火炬特色产业园区、京津冀机器人产业标杆、国内重要的机器人研发生产示范区。电商综合产业园以电商产业链条为指引，通过整合云仓储、云配送、产业园服务和供应链金融，以及大数据实现智慧物流解决方案，全面打造服务京津冀，辐射全国的电商供需产业链。

此外，香河产业新城以五大中心打造城市全新“名片”。秉承“以城带产”的发展理念，以现代化城市建设吸引产业集聚，重点建设城市规划展览中心、便民服务中心、文化艺术中心、会展中心、体育中心，五大中心构建全新城市公共服务核心，提升城市形象，激发城市活力。

资料来源：中商产业研究院．五个案例带你了解“产业新城”［EB/OL］.（2019－04－10）. http：//www. sohu. com/a/307049613_350221.

（3）创新促进集聚区内的企业更具有生产效率，始终追踪先进的技术。一般情况下，集聚区内企业经过近距离的竞争和兼并，只有那些采取先进生产技术和企业制度的企业才能生存下来。同时，集聚区的企业又极具模仿性，这种趋向于先进和效率的模仿性能够促进好的技术和产品及好的制度得到尽快地传播与扩散。在产业集聚的地方，创新成了产业发展乃至区域内的一个内生变量，致使产业始终能保持一个较强的竞争力。

（4）产业集聚有利于内部的专业化分工，提升区内的产业竞争力。当产业集聚发展到一定规模，企业内的某道生产工序就会逐步分离出去，并逐渐发展成为一个独立的生产行业，参与集聚的网络之中。专业化分工是保证规模收益递增的重要条件，也是创新的前提。产业集聚力的来源更多地体现在内部有比集聚区外企业更加精细的专业化分工。

概括而言，产业集聚本身就具有一种集聚的优势，这种集聚的优势能够转化成区域的产业竞争力。因此，凡是产业高度集聚的地区，一般具有较强的竞争力，国际国内皆是如此。

## 四、区域创新体系与产业集群

### （一）区域创新体系的构架

区域创新体系（Reginal Innovation System，RIS）是在特定的经济区域和特定的社会经济文化背景下，各种与创新相关联的主体要素（实施创新的机构和组织)、非主体要素(创新所需要的物质条件)以及协调各要素之间关系的制度和政策所构成的网络。该体系通常是由创新主体、创新环境和行为主体之间的联系与运行机制三个部分构成，其目的是推动区域内新技术或新知识的产生、流动、更新和转化。区域创新体系包括的基本要素有：(1)主体要素，是指创新活动的行为主体，包括企业、大学、科研机构、各类中介组织和地方政府。其中，企业是技术创新的主体，也是创新投入、产出以及收益的主体，是创新体系的核心。(2)功能要素，是指行为主体之间的联系与运行机制，包括制度创新、技术创新、管理创新的机制和能力。(3)环境要素，是指创新环境，包括体制、基础设施、社会文化心理和保障条件等。市场环境是企业创新活动的基本背景，创新环境是维系和促进创新的保障因素，如图 6-2 所示。

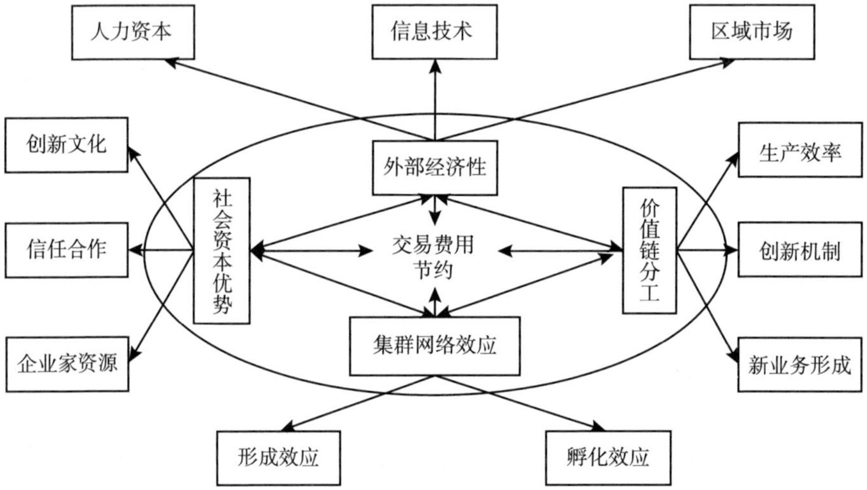


**图 6-2　区域创新网络架构**

区域创新体系是开放系统，是国家创新体系中的子系统，其重点是培育技术开发、转移、应用、扩散能力和相应的区域社会支撑体系。区域创新体系的高效运转需要面向市场经济的科技资源、不断衍生和壮大的经营机制、灵活的新型企业、新的经济政策与政府管理办法。区域创新体系作为一个网络系统，其直接目的是提高区域科技创新能力，最终增强区域竞争力，加快区域经济的发展。第一，区域创新体系可以优化、整合区域内的创新资源，提高区域的创新能力，形成区域的创新合力，从而保证区域内的市场创新，保证区域内经济增长的质量；第二，区域创新体系的建设必然促进区域内高科技企业和高新科技园区的发展，而高科技企业和园区的发展则导致区域内新兴产业和新经济增长点的形成；第三，区域创新体系不仅可以提高企业自身对先进技术的消化、吸收能力，还有利于逐步提高企业自主创新能力，其结果是区域内的新产品和高新技术含量的产品不断增加，还可以为区域内的大量中小企业提供新技术和各种技术服务，进行技术扩散，形成更大规模的经济增长效应。

### （二）产业集群区域创新体系的关联性

区域创新强调一个区域的制度和文化环境如何与影响创新过程的公司活动相互作用。它强调创新过程的相互作用、社会性和学习性，强调区域的制度性结构。一般地讲，集群对创新的影响主要集中在三个方面：(1) 集群能够为企业提供一种良好的创新氛围。集群是培育企业学习与创新能力的温床。企业彼此接近，会受到竞争的隐形压力，迫使企业不断进行技术创新和组织管理创新。在产业集群中，由于地理接近，企业间密切合作，可以面对面打交道，这样将有利于思想、新观念、新技术和新知识的传播，由此产生溢出效应，获取“学习经济”（learning economies），增强企业的研究和创新能力。(2) 集群有利于促进知识和技术的转移扩散。产业集群与知识和技术扩散之间存在着相互促进的增强关系。集群内由于空间接近性和共同的产业文化背景，不仅可以加强显性知识的传播与扩散，而且更重要的是可以加强隐性知识的传播与扩散。(3) 集群可以降低企业创新的创新成本。由于地理位置接近，相互之间进行频繁的交流就成为可能，为企业进行创新提供了较多的学习机会，尤其是隐性知识的交流，更能激发新思维、新方法的产生。由于存在着“学习曲线”（learning curve），使集群内专业化小企业学习新技术变得容易。同时，建立在相互信任基础上的竞争合作机制，也有助于加强企业间进行创新的合作，从而降低新产品开发和技术创新的成本。

根据已有的研究成果和实证资料可以看出，产业集群的一个最主要的优势便是其创新效应，产业集群实际上就是一个特殊的创新系统。由于产业集群内的企业和其他机构聚集在某一特定区域内，而且存在创新的条件和环境，如果各行为主体间的创新活动能够以网络或系统的联系方式出现，产业集群的区域创新体系就构成必然的联系。产业集群实际上是把产业发展与区域经济通过分工专业化与交易的便利性有效地结合起来，从而形成一种有效的生产组织方式。纵观国际上的经验，产业集群对国家和区域发展具有多方面积极影响，已经得到社会各个层面的广泛认同。因此，产业集群是区域创新体系的重要载体，从某种意义上又构成次一级的区域创新体系，成为规模变小的区域创新体系。产业集群已成为区域创新体系建设的基础和活力所在，区域创新体系如果没有本地化的产业体系为依托，就失去了根本的发展动力。区域创新体系的理论说明，产业与区域创新环境的整合度越高，越利于产业的区域发展。因此，建设区域创新体系的关键是促成产业集群形成和发展的制度条件。

## 五、基于全球价值链的地方产业集群的升级

在经济全球化的进程中，新的世界经济被看作地方产业集群之间的竞争或全球价值链之间的竞争。地方行为主体只有两个选择：要么主动利用现有资源积极地应对全球经济提出的新需求，从而建立特有的竞争优势，促进区域经济的繁荣；要么采取消极态度面对经济全球化无动于衷，从而在全球化进程中被边缘化，最终失去利用自身潜力和获取竞争优势的机会。这些问题都需要从全球价值链的视角进行探讨。

全球化背景下形成和发展起来的地方产业集群，是联系区域经济和全球经济的载体，而由集群带动的地方经济也不同程度潜入全球产业网络。集群升级表现为区域内的产业集群利用各自区域特有的内生优势，发展和完善地方产业网络，并积极回应全球产业网络的变化，嵌入全球价值链某个或某几个“战略性环节”，利用一种价值活动与另一种价值活动之间的关系以创造、保持和捕捉价值。同时，它们通过改变自身在价值链中的嵌入位置和组织方式，改变价值活动之间的关系，从而提升产品、改变效率，或嵌入新的价值链，进而提升产业集群的等级，增强区域经济的竞争优势。

全球价值链有着不同的动力来源，而处于不同驱动力的价值链中某个

价值环节的地方产业集群，只有遵循该驱动模式下的市场竞争规则，才能获得正面竞争效应。这就说明了全球价值链下的产业升级既然是建立在不同的产业链之上的，占据不同价值环节的地方产业集群的升级也就应该遵循各自所在链条的驱动规则。

**1. 购买者驱动型价值链中集群升级轨迹**

购买者驱动型全球价值链下地方产业集群的升级轨迹或升级方式演化，一般会依据“工艺流程－产品－功能－链条转换”的升级轨迹。在以上升级序列变化过程中，升级难度会越来越大。一般来说，工艺流程和产品升级过程会相对顺利，耗费的时间也不会太长，升级呈现出不断加速的特征。不过，从产品升级到功能升级的转换就变得十分困难了，大多数地方产业集群的升级之路会受阻于此，升级呈现出渐次减速的特征。地方产业集群只有完成该类升级转换，才能最终在该产业链条中形成核心竞争能力。换句话说，发展中国家能否成为发达国家，从该链条下地方产业集群升级路径来看，就在于能否跨过这一升级鸿沟，即最终能否完成产业的功能升级。

由于链条转换情况比较复杂，而且从目前研究来看，还不好划分其具体是进入了流通领域还是生产领域，所以途中并没有确切地标出其升级后所在领域。

**2. 生产者驱动型价值链中集群升级轨迹**

生产者驱动型全球价值链下地方产业集群的升级轨迹一般会依据“功能－产品－工艺流程－链条转换”的升级轨迹。在以上升级序列中，升级难度会不断上升。一般来说，功能升级过程会比较顺利，耗费的时间也不会太长，升级过程呈现出不断加速的发展特征。不过，该驱动模式下产品升级和工艺流程的升级难度绝不亚于购买者驱动型中的功能升级，大多数地方产业集群的升级之路也会在此不断徘徊，该段升级呈现出不断减速的发展特征。同样，发展中国家能否成为发达国家，从该链条下地方产业集群升级路径来看，就在于能否跨过这一升级鸿沟，即最终能否完成产业的产品和工艺流程升级。

至于链条升级，与购买者驱动型一样，也不好确切地标出其升级后所在领域。

**3. 中间型价值链中集群升级轨迹**

中间型价值链下地方产业集群的升级轨迹一般来说，首先要区分出地方产业集群所在链条动力是生产者还是购买者；其次根据其所属的具体的驱动模式来确定升级轨迹；最后由于该模式下升级一般会比较复杂，因此需要根据具体情况对其升级轨迹做具体修正。

## 第三节　城市物流经济

### 一、物流与城市物流

物流是物品从供应地向接收地的实体流动过程。根据实际需要将运输、储存、装卸、搬运、包装、流通、加工、配送、信息处理等基本功能有机结合，是解决市场商品供求空间间隔而形成的经济现象。

物流是发生在城市内的物流，又是以城市为依托的一定区域内的物流。由于城市是一个区域的经济、政治、文化与生活的中心，又是社会生产、流通、消费的聚集地，也是商品、人员、信息等的高度密集区域，因而城市也是实现社会关系而需要的生产资料、消费品等有形商品运输和保管的一个区域内的物流中心。实践证明，物流的集中度越高，城市在区域中的经济与社会发展作用越大。城市物流是在市场经济的框架下综合交通环境、能源消耗等因素，由个体企业全面优化城市区域物流和交通行为的过程，是城市功能得以发挥的有力支柱，是城市资源合理配置和有效利用的基础。现代物流的分类如表 6－4 所示。

**表 6－4　　现代物流的分类**

| 分类标准 | 物流种类 | 其他名称 |
|---|---|---|
| 空间范围 | 国际物流、国内物流、区域物流、城市物流、企业物流 | |
| 物流主体 | 生产企业物流、流通企业物流、专业化物流、消费者物流 | 制造商物流、批发商物流、零售商物流、第三方物流、第四方物流 |

续表

| 分类标准 | 物流种类 | 其他名称 |
|---|---|---|
| 物流业种 | 铁路物流、公路物流、航运物流、航空物流、邮政物流 | 行业物流 |
| 物流阶段 | 供应物流、销售物流、生产物流、退货物流、回收物流、废弃物流 | 采购物流、厂内物流 |
| 物流客体 | 生产资料物流、消费品物流、散货物流、包装货物物流 | |
| 其他 | 宏观物流、中观物流、微观物流 | |

物流的组成要素包括物质要素和运营要素两方面：（1）物质要素由道路、物流设施与网点、物流设备与工具以及各种物流信息系统构成；（2）运营要素首先是指构成城市物流系统的要素，主要由节点物流与路线物流构成。另外，从企业与消费者的角度，城市物流包括企业物流与消费者物流两个子系统。

从城市物流的功能来看，城市物流包括生产功能、生活功能与社会功能。

（1）生产功能是城市物流对企业生产经营活动做出的贡献。无论是制造业还是流通企业、服务企业，都离不开城市物流的支撑，城市物流不仅是实现企业价值、降低成本的重要手段，也是企业提高顾客服务水平、创造价值的竞争战略。

（2）生活功能是城市物流对消费者购物、生活效用的贡献，高效率的城市物流可以为消费者低价、及时地购物与消费提供条件，可以为消费者提供各种生活上的便利，如搬家物流、消费者之间的“快递”物流、生活废弃物的回收物流等。

（3）社会功能是指城市物流对全社会的贡献或影响，主要体现在对城市交通、环境能源消耗等方面的贡献与影响。因此，城市物流系统的组织运行越好，对缓解城市交通拥挤、减少交通事故、减少环境污染、节约能源消耗的贡献就越大；反之，则会加剧交通与环境的恶化，降低整个城市的福利水平。

## 二、城市物流对城市经济的影响

随着城市物流系统的广泛建立，城市内的不同行业、再生产的不同环节、不同的销售渠道、不同的小区域的物流供求，都可进行共同信息处理、调度、运输、配送、组织和共同管理，以实现城市物流的整体最优。这对城市的宏观、微观经济都会产生巨大影响。一般来说，现代物流对城市经济发展有以下几个方面的影响。

（1）城市作为工业集中地，需要大量的原燃料（中间产品）的输入和产品（包括中间产品和最终产品）的销售输出，城市基础产业正是依托强大的物流而成为城市经济发展的重要支撑。目前，物流的运费已经成为工业产品中的重要组成部分，物流业若形成集聚规模，以较低的成本提供生产运输的服务，就可以大大降低工业生产成本，从而提高城市工业产品的竞争力。

（2）城市作为人口的积聚社区，需要大量的生活用品。除了城市自身生产的以外，还需要各种各样的外地产品进入。城市物流业发达，市民将会以较低的支出享受到多种外地消费品的功能效用与使用价值。因此，城市物流水平的高低对市民生活具有重大影响。

（3）城市物流环境的优劣是引进内外资、净出口贸易能否正常进行和能否进入全球采购系统的重要条件。随着经济全球化的发展趋势，生产性采购不是简单地根据物资距离的长短进行决策，而是根据经济距离的长短进行决策。经济距离是指物流实际费用。有些物流虽然物资距离较长，但是由于物流渠道畅通，总的运费较低；而有些物流尽管物资距离较短，但由于物流渠道不畅通，总的运输费用较高。可见，一个城市有没有物流优势，不是完全取决于自然地理位置的优势，而是决定于物流技术条件和组织能力。如果城市形成了强大的物流系统，不同行业、生产的不同环节、不同的销售渠道、不同的小区域的物流的供给，都可通过共同的信息处理、调度、运输、配送、组织、共同管理，使城市物流整体最优，形成对其他城市的物流优势，就会形成现代化的城市物流中心。这不仅会吸引国内的物流，还会吸引国际的物流，从而会对城市的国际化发展产生巨大的推动作用。

（4）城市物流的发展，可以起到对周边城市的辐射作用和对农产品物流的带动作用。物流业作为一个新兴的服务业，将会全面地代替过去的运输产业。它是全面适应市场经济需要，根据运输物数量、种类、容积等实际情况的不同提供全方位、多元化服务的复合型产业。它不是单纯的物资流动，还要有仓储、包装、简单加工等方面的系统配套。因此，物流业的发展，可以带动城市的产业结构调整，增加就业，吸引农业剩余劳动力的进入，提高城市化率。这些方面在对城市产生经济影响的同时，还会产生重要的社会影响。

## 三、城市物流系统和物流网络

### （一）城市物流系统及其功能

城市物流系统一般包括物流园区、物流中心和两者之间的配送中心。

**1. 物流园区**

物流园区是由分布相对集中的多个物流组织设施和不同的专业化物流企业构成的具有产业组织、经济运行等物流组织功能的规模化、功能化物流组织区域功能。它除具有一般的仓储、运输、加工（工业加工和流通加工）等功能外，还具有与之匹配的信息、咨询维修、综合服务等服务项目。它与布置在其中的不同功能的物流企业之间的关系可以是租赁、资产入股、合作开发和经营等关系。

从主要功能上讲，物流园区大致可分为四种类型：（1）国际型物流园区，主要是指紧靠港口和陆路口岸，与海关监管通道结合的大型转运枢纽；（2）全国枢纽型物流园区，是指多种运输方式骨干线网交会的中转枢纽；（3）区域转运型物流园区，是指跨区长途运输和城市派送体系的转换枢纽；（4）城市配送型物流园区，是指保障商贸与城市生产的物流园区。

**2. 物流中心**

我国国家《物流术语》标准给物流中心下的定义是：从事物流活动的场所或组织，其应符合下列要求：（1）主要面向社会服务；（2）物流功能健全；（3）完善的信息网络；（4）辐射范围大；（5）少品种、大批量；

（6）存储、吞吐能力强；（7）物流业务统一经营、管理。

凡从事大规模、多功能物流活动的场所即可称为物流中心。物流中心的主要功能是大规模集结、吞吐货物，因此，物流中心必须具备运输、储存、保管、分拣、装卸、搬运、配载、包装、加工、单证处理、信息传递、结算等具体功能，同时还应具有贸易、展示、货运代理、保管检验、物流方案设计等一系列延伸功能。

**3. 配送中心**

配送中心是从事货物配备（集货、加工、分货、拣选、配货）和组织对用户的送货，以高水平实现销售或供应的现代流通设施。配送中心是社会经济发展和社会化分工的产物，随着社会经济发展需要的变化而变化。

根据配送中心的作用，配送中心的分类可以有许多种，如专业配送中心、柔性配送中心、供应配送中心、销售配送中心、城市配送中心、区域配送中心以及存储型配送中心、流通型配送中心、加工配送中心等。总的来看，国外和我国的配送中心都在向以销售配送中心为主的方向发展。

### （二）城市工业物流网络的形成与变迁

城市物流网络是由城市物流系统纵横交织形成的网状社会组织机构，其形成主要源于工业物流和商业物流的需求，并随着城市中工业设施和商业设施的空间变迁而发生变迁。

城市工业物流网络形成于城市发展早期，是城市工业企业在城市聚集所形成的物流网络，相对简单而固定。其基本特点是：地理跨度不大（地理上接近）；运行具有规律性（供货企业及商品、数量、时间相对固定）；公路运输是主要运输手段（短途运输）。但随着企业生产条件的不断变化，城市工业物流网络也在不断地发生变迁。

**1. 企业郊区化的影响**

在传统单一的中心城市中，大量经济活动集中在中心商务地区，但从20世纪初开始，随着城市中心地带的环境要求和交通系统的发展，工业企业开始向城市郊区扩散，城市物流网络也相应发生了变化：（1）物流网络的规模扩大。随着企业郊区化的趋势，大量仓库建立在城市边缘，且多建在靠近交通网的地区，通常周围有多种运输方式可以利用。这些仓库不仅承担周边地区的货物运输，而且还承担城市其他地区甚至区域的货物运输，促使物流网络复杂化。（2）货物运输方式多样化。在向郊区分散化的过程中，作为城市政府规划的产物，物流园区开始在一些大城市的边缘产生。由于物流园区可以把企业大量散乱分布的物流设施集中起来，从而使物流网络变得易于控制。

**2. 企业生产柔性化的影响**

随着卖方市场向买方市场的转变，消费个性化、多样化趋势日益明显。以准时制、精益生产等为代表的新型生产方式相继产生，企业开始由大批量生产转向以多品种、小批量为主的柔性化生产。这种柔性化生产方式相应改变了原来专职从事大量运输、大量储存的物流活动，给城市物流网络带来了新的变化：（1）物流网络节点大量增加。货物运输从起点到终点要经过许多在途节点以满足规模运输的需要。（2）物流网络复杂性大大增强，迫使需要加强网络的协调运行。对于多品种、小批量物品的运输，物流网络的规模、节点数目都大大增强，此时，单个企业难以保证经济而又及时地把货物送到客户手中，因此迫切需要将物流服务社会化，把多个企业的物流服务进行集中、整合。

**3. 生产制造社会化影响**

随着品牌营销时代的到来，企业要将非核心业务外包给专业、高效的供应商，形成所谓“贴牌”生产的社会化体系，货物运输极其复杂，给城市物流网络又带来以下变化：（1）物流网络密度增加。生产趋于社会化后，企业间的联系加强，货物运输的量和频率大大提高，相应地，物流网络的密度也大大增加。（2）专业企业参与物流网络的运行和维护工作。许多企业纷纷将其物流业务交由专业物流企业（即第三方物流企业）运作，新的生产方式让生产企业在高效运行的物流业中逐渐感到力不从心，需要借助专业物流企业为其构筑有效的物流网络。

### （三）城市商业物流的形成与变迁

商业是现代城市最重要的功能之一，随着社会经济的进步和人们消费行为、观念的变化，城市商业形态日趋复杂化、高级化。不同业态的商业企业具有不同的市场定位和地理定位，它们互为补充而共存于城市之中，而物流活动贯穿其业务活动的全过程，决定并影响着城市物流网络。

**1. 百货商店业态下的物流网络体系**

百货商店是传统商业业态的代表，其经营特征表现为经营规模大、商品品种多、商品相对高档等；空间特征表现为集中于城市中心地带。与其配套的物流网络体系一般有如下特征：(1) 物流网络节点相对较少，货物运输从起点（物流中心或大型仓库）一般直接到达终点（百货商店的配套仓库），中间经过的物流网络节点很少或几乎没有，实现规模运输相对容易。(2) 物流网络结构呈中心发散型，由于百货商店通常位于城市中心地带，所以物流明显向城市中心集中，而且越往中心地带网络密度越高，容易给交通造成压力。(3) 百货商店所处的城市中心也是人流集中的地带，为避开人流高峰，百货商店的货物运输往往集中在白天人流的非高峰时段或夜晚。

**2. 连锁超市业态下的物流网络体系**

超市采用顾客自我服务方式，即顾客自己挑选商品，挑选后一次性集中结算，经营商品以大众化食品和日用品为主，空间上位于居民区附近；在规模上一般小于百货商店，价格较为便宜。连锁超市成功的核心在于采用中央配送制，而采用中央配送制的优势在于能使零售商增强对供货商的议价能力，同时也容易实现运输规模化。另外，中央储货还可以大大减少零售仓储点。在这种商业业态下，城市物流网络的主要特征是：(1) 连锁超市企业一般自建配送中心，货物从供应商处先运至配送中心，再由配送中心向各连锁分店送货。(2) 物流网络规模较大。由于连锁超市主要分布在居民聚集区，空间分布比较分散，故物流配送网络覆盖面较大。(3) 物流网络运行密度较高。由于连锁超市经营生鲜食品、时令菜蔬的比重越来越大，要求每日送货或每隔几小时送货，从而对货物配送频率的要求大大提高。此外，为保证商品新鲜度，配送要求采用冷藏等特殊手段。

**3. 便利店业态下的物流网络体系**

便利店在空间上遍布城市的各个角落，以经营速成食品、小百货为主，一年 365 天、一天 24 小时都营业，主要满足顾客的即时消费、应急消费等便利性需要；基本上是通过配送，而不是仓储来补充商品，需要进行高频度、小单位、高效率的商品配送。在这种商业业态下，城市物流网络的主要特征有：（1）网络覆盖面广。空间上遍布城市的各个角落，且网络节点众多。（2）共同配送。支持24小时便利店物流网络运行的基础在于实行共同配送。通过集中多家便利店的小量订货来一次性共同配送以实现规模经济，因此，网络运行中的协调性要求较高。（3）网络运转密度高。一方面，便利店采用即时订货制补充货物：另一方面，其经营的生鲜食品对时间要求苛刻，从而造成配送频率高。从目前零售业物流系统的发展看，最具代表性的零售企业是24小时便利店，其物流系统的设计、管理已成为零售业物流发展的标志。

**4. 购物中心业态下的物流网络体系**

随着城市化进程的加快，以住宅郊区化为先导，引发了城市市区各职能部门郊区化的连锁反应。再加上更多消费者将购物、娱乐、康体休闲等结合在一起的购物行为，产生了集商业与服务业功能为一体的新型购物中心业态。它占地面积广，提供的商品服务种类多；一般位于城郊，以巨型市场或仓储式卖场为核心，一些专卖店、休闲中心等聚集在周围而形成郊区商业中心。在这种商业业态下，城市物流网络体系呈现如下特征：（1）郊区购物中心地价便宜，一般配有面积较大的仓库，特别是仓储式商场集仓储与销售功能为一体，不需要专门配备配送中心配送货物。（2）郊区购物中心地处郊区，并且多在交通要道口，交通方便，因此，物流网络运行相对简单，网络运行质量较高。（3）除了一些生鲜食品对货物运送频率要求较高外，郊区购物中心总体对货物运送频率不高，货物可以大批量采购和运输。

**5. 电子商务业态下的物流网络体系**

电子商务是以计算机网络为基础，通过电子网络方式进行商品交换的商业模式。电子商务业态与传统商业经营相比，在购物方式、货币支付方式和货物运输方式上存在着很大差别。在配送对象上，传统商业业态为各商店，而电子商务业态则是分布在城区的零散客户。这种对象差别决定了它们的配送模式明显不同，如表6－5所示。

表 6-5　　传统店面配送与电子商务配送的区别

| 项目 | 传统店面配送 | 电子商务中的家庭配送 |
|---|---|---|
| 配送数量 | 批量大 | 批量小 |
| 配送频率 | 基本稳定 | 不稳定 |
| 配送批次 | 较少 | 多 |
| 配送点 | 较集中、固定、点小 | 分散、不固定、点多 |
| 包装单位 | 大 | 小（一般用包裹） |
| 货物聚类 | 大量同类货物 | 货物同类型低 |

电子商务作为一种全新的商业业态，对城市物流提出了诸多挑战。在这种商业业态下，城市物流网络主要有以下新的特征：（1）物流网络不稳定，处于不断变化中，物流网络结构、空间范围也处于不断变化中。（2）网络运行呈现不规则的频度变化：零散客户的需求千变万化，使货物配送时间无法统一、固定，配送频率无规则。（3）货物配送直接面对成千上万的零散客户，其形成的物流网络在空间上覆盖城市的所有工作、居住角落，物流广度、节点数目都远非传统商业物流可比。因此，城市物流网络错综复杂，网络运行的难度非常高。

### （四）城市物流平台的结构

物流系统需要的基础条件为物流平台。它是把物流作为一种新兴的业态、一种先进的组织方式和管理技术，使之在城市经济运行中充分发挥其效用的基础环境和基础条件。它涉及铁道、水运、公路、仓库、场站、管理体制、信息水平等相关因素，构成城市物流系统结构的主框架。

城市物流系统的基础结构主要包括：（1）商品从供应商流向消费者的市场流通渠道；（2）城市物流系统运转必需的公路、铁路、车站、机场和港口等基础设施；（3）政府为规范和调控城市物流系统而确立的产业政策和规章制度；（4）城市物流发展战略的制定；（5）与实物流通同步进行的虚拟供应链渠道和多媒体等物流信息系统的运转。

作为城市物流系统结构主框架的城市物流平台，包括以下三个层面。

**1. 物流概念平台**

物流概念平台主要包括物流概念体系的设计、确立、发展、完善与普及。这一平台将随着城市经济的发展、企业竞争力的增强、信息技术水平的提高以及市场环境的逐步完善而发展。

**2. 物流硬件平台**

物流硬件平台包括物流基础设施平台、物流技术研发平台和物流信息平台，三者构成城市物流系统有效运转的硬件支撑体系，主要作用是为城市物流系统发展创造一个良好的硬件环境。

（1）物流基础设施平台，是由各类物流节点（如物流园区、配送中心等）和线路（如公路、铁路、海运航线等）有机结合配置而形成的物流网络。构建物流基础设施平台的过程，是一个在现有运输、仓储等基础设施的基础上进一步调整完善的过程，既要解决现有资源对物流系统的适应性问题，又要挖掘和发挥现有资源整合后的潜力，增强各种基础设施之间的兼容性和协同性，追求系统最优。

---

**【专栏】**

从20世纪90年代开始，沃尔玛就通过集中管理配送中心向各商店提供货源。全球范围内，沃尔玛独资建立超过200个物流配送中心，其中有30个是在美国本土的，公路运输卡车多达2000余辆，拖车数量多达1.1万辆。每个物流配送中心的员工数量在800名左右，他们通过24小时不间断地交叉工作为4294家连锁超市进行物流配送。

沃尔玛由于其物流配送中心选址都在其服务店面的500公里以内，且通过公路的高速通讯网络传递订单信息，加之供应商的管理合理，其所需订单商品上架的时间仅为48小时。沃尔玛其物流配送中心不仅在配送时间、商品数量上远远超过竞争对手，同样的在进货成本方面，其成本低于总成本的3%，远远低于竞争对手的4.5%～5%。沃尔玛的企业文化中坚持把最好的东西用最低的价格卖给消费者，即“天天平价”理念，而最低的价格是通过不断改善和提升效率的物流配送体系中降低成本体现的，这正是沃尔玛成功的原因。

沃尔玛取胜的法宝在于将连锁经营的规模经济发挥至最高，具备最低成本最高速的库存周转率和最大的销售量，而这一切归功于其灵活高效的物流配送体系。沃尔玛物流配送中心选址准确，会在100多家连锁门店的中间位置建设一个物流配送中心，这样可以减少配送时间，降低物流成本。沃尔玛还第一个创立了交叉作业的配送方式，同时进行进货和出货，减少了入库、分拣、储存的中间环节，优化了物流配送流程，从而提高了配送效率。沃尔玛因这样灵活高效的物流配送而在零售业中一直独占鳌头。

同时，沃尔玛具备灵活高效的物流配送中心，长期在世界五百强与零售业中独领风骚与其强大先进的物流信息技术密不可分。其高效的物流配送业务流程之所以得以可操作化，很大程度上要感谢其现代化的信息技术系统。它利用信息技术，如 EDI（电子数据交换系统）、EOS（电子订货系统）、POS 等技术提高物流配送效率，增强其经营决策能力。沃尔玛正是在这些信息技术的支撑下，做到了商店的销售与配送中心，配送中心与供应商的同步。

沃尔玛在 20 世纪 60 年代便开始投资建设自己庞大的物流系统，作为现代化物流配送的先驱，沃尔玛确实有不少值得我们学习的地方，其现代化的配送中心及管理，其无与伦比的信息管理技术，对于国内大型连锁超市是一种很好的借鉴。

资料来源：李秀丽．沃尔玛物流配送对我国连锁超市发展的启示［J］．物流技术，2012，31（15）：114－116.

---

（2）物流技术研发平台，其主要作用在于为各类物流主体的运作、物流各层面的运作提供技术支持，包括各项物流软、硬件的开发、试用和推广工作以及完备的物流技术认证体系的确立和升级工作等。

（3）物流信息平台，是要解决各种物流信息系统之间的信息共享、系统集成以及各类信息通道之间的互联互通问题，包括进一步提高生产企业、流通企业，尤其是各种类型物流企业的信息化水平，建立物流信息输入、加工与输出的公共服务平台等。物流信息平台最终是为实现城市物流系统数字化而服务的。同物流基础设施建设一样，城市物流系统数字化建设也需要大量的投资，尤其是在信息技术、控制技术和智能技术本身还在不断发展的情况下，仅依靠独立的商业个体，是无法承担巨大的开发和升级费用的，使用和维护成本也会相当高。因此，在数字化的初期，有必要通过系统规划，构筑区域物流信息平台为最终实现城市数字化创造良好的运行条件。

**3. 物流发展政策平台**

物流发展政策平台的作用是为城市物流系统发展提供理想的软环境，确立城市物流产业持续健康发展的政策保障体系包括理想的投资环境和产业运营环境以及针对运营主体的市场准入政策、融资政策和具体的市场管理政策。

## 四、城市物流政策

物流政策对于推动和保护城市物流业健康发展具有很大的作用，特别是城市物流的发展前期，政府的推动与支持作为初始推动力，有利于城市物流在较高的发展起点起步，使之在较短时间内形成良好的城市物流运行轨迹。城市物流政策体系包括适当的产业政策、合理的管理体制、协调的政府管理机制、公平有序的市场环境、创新整合的企业发展战略和科学的物流人才战略等内容。

### （一）支持城市物流业发展的产业政策

我国城市物流业仍然属于发展初期的阶段，物流产业政策的重心在于物流产业组织和市场结构政策，主要包括开拓城市物流市场、构筑物流产业圈、吸引大型物流企业等方面的政策。

**1. 培育和拓展物流市场的产业政策**

现阶段我国城市物流的服务内容还比较单一，存在着巨大的市场潜力，城市政府有必要通过制定相关政策措施，提出明确计划，造就新的物流市场空间，引导企业通过技术和管理竞争进入这一新的市场领域。物流市场建设的起步初期，政策制定可以关注如下两个方面。

（1）重点扶持，实现物流资源的优化组合。政府培育物流业的重要策略之一是集中精力重点扶持培育几个现代化龙头物流企业，通过其示范性作用带动大批后续发展企业，推动物流业资源优化。

（2）建立和培育区域时效性的运输服务体系。区域时效性运输服务体系，是由城市间的时效运输网络延伸到城市内部的物流配送中心所组成的。建立这一时效运输体系，能够增强城市物流服务对城市及其周边地区的辐射能力。

**2. 构筑物流服务圈的产业政策**

物流服务圈是以物流服务提供者为中心，物流服务所能覆盖、辐射的区域范围。城市物流可以通过高等级公路和干线铁路向全省以及邻近的省和地区辐射。这种辐射能力的定位需要通过制定相关产业政策来支撑。

（1）完善交通运输系统，增强城市物流服务圈的辐射能力。交通运输业实际上是物流业的有机组成部分，运输费用低、运输时间短、运输频率快、运输能力大、运输安全，具有运输时间可靠性、运输可获得性、网络及运输方式的衔接便利性和信息的及时与准确性等特点，是保证物流业快速发展的先决条件。因此，建设城市物流服务体系，必须加强运输枢纽各项设施和综合运输网络服务内容的建设，以提高枢纽的集、疏、运能力。

（2）以物流园区为支撑，大力发展区域物流。城市应建设和形成以区域物流服务为定位的物流园区，这是城市物流业发展的基础。有了城市物流园区，才能进一步形成区域物流。

（3）积极引导和扶持专业运输企业，组建专业化程度较高的运输体系。城市物流业的发展，是以高度专业化的物流服务为支柱的，这需要城市政府对物流企业进行合理规划和引导，使城市物流服务水平不断提高，市场不断得到开拓和扩大。

**3. 引进大型物流企业的产业政策**

吸引国内外大型物流企业进入，应是城市物流产业政策的重要内容。其主要做法包括以下几个方面。

（1）积极完善本地物流企业经营网络和服务内容，鼓励本地物流企业与国内外企业结盟。例如，可以以货运代理业，特别是国际货代为突破口，通过企业联盟或兼并等形式，实现与其他物流企业的资源整合。

（2）加强对大型国际物流企业的吸引力，为国际物流企业落户本城市创造有利条件，在规划物流园区时，应考虑完善物流园区的国际物流功能，如设立海关监管、保税功能。建立国际物流信息交易系统等，并以此提高整个物流业的国际吸引力。

（3）大力推进物流标准化工作。我国物流行业现在普遍存在物流设施和装备标准化程度低的问题，主要表现为：各种运输方式的装备标准不统一；物流器具标准不配套；物流包装标准与物流设施标准之间缺乏有效的衔接；企业独立开发的物流信息系统因开发方法、组织管理功能、系统结构等存在较大差异，信息的共享和传递客观上存在障碍等。城市物流业要与国际接轨，必须一方面在物流用语、计量标准等方面做好基础工作；另一方面，要加强标准化工作的协调和组织，使各种相关的技术标准协调一致，提高物流产业中货物和相关信息流转的效率。

### （二）城市物流市场和行业规范化管理的政策

城市物流的发展需要公平、开放、竞争有序的市场环境，这要求政府通过市场管理机制的建设和政策实施来保证一个完善的市场体系和市场机制的正常运行，以达到促进物流资源的有效配置、维持物流市场的公平竞争环境、防止垄断和恶性竞争、增强企业运营动力的目的，保证物流业健康发展。

**1. 物流市场管理政策**

城市政府管理市场，从把城市物流作为一个新兴的产业理念出发，首先要坚持：（1）以市场为资源配置的基本手段，鼓励物流业充分竞争的原则；（2）管理政策的制定要符合世界贸易组织规则和国际惯例的原则；（3）防止垄断和过度竞争原则；（4）有利于市场稳定原则。其次，政府对物流市场管理的内容，主要是通过制定市场制度来进行。市场制度是市场经济运行的内在机制及与之相联系的一系列组织形式、运行规则和管理制度的总称。市场制度主要包括充分发挥作用的市场机制、严密完整的市场法规体系和严格的市场管理制度。

**2. 行业规范化管理政策**

行业规范化管理政策是对物流技术规范和服务标准的要求。促进物流系统的标准化，提高各个物流环节之间的兼容性，是使物流系统作业合理化、规范化，物流活动高效、顺畅，提高物流企业竞争能力的必要条件。物流服务的标准包括：服务质量标准；物流企业对客户的反应速度和配送速度标准；物流企业为客户提供的货物跟踪与查询服务；对例外运输、紧急运输等非常规运输实施标准化；在运输中交通事故、货损、丢失与发送错误和在保管中变质、丢失、破损等赔偿标准等。物流技术标准包括硬件标准和软件标准。物流硬件标准是指物流运作过程中的相关机具、工具的标准及配套标准；从一个作业程序转向另一个作业程序的衔接标准，如仓库、堆场、货架的规格标准；信息系统的硬件配置标准等。物流软件标准是指物流信息系统的代码、文件格式、接口等标准，以及物流操作程序与规范等。

### （三）城市物流管理的协调机制政策

与物流业直接相关或者对物流业有较大影响的政策管理部门有交通、规划、内外经济与贸易（商务）、物价、航务、工商、工业园区、市政等，存在着分头管理、各自为政的弊端。然而，随着物流深入到生产、流通、消费等社会生活的各个方面，由一个部门管理是不可能的，因此有必要对政府各部门进行协调，形成对物流业管理的协调一致的机制，包括政府管理机制和行业协会机制。

政府管理机制可分成物流管理的两种类型的部门：（1）由某部门负责牵头的涉及物流行业全部相关部门协调机制的管理机构。如汕头市组织市政府直属的物流办公室，管理协调的相关单位涵盖了公路、水路、铁路、港口、民航、邮电通信和口岸相关部门（如海关、检验检疫部门），形成大交通的综合协调管理运行机制。（2）政府直接指定某一个部门负责全部物流相关的管理工作。如上海市发展改革委负责对全市现代物流业发展中的相关问题进行牵头协调，相关委办和区（县）政府根据规划要求，指定实施细则，组织实施规划。

物流行业协会，是根据发达国家的经验和我国市场经济发展、政府职能转变的实际，特别是物流产业复合性强、关联性大的特点而出现的社会中介机构。物流行业协会机制将会在如下几个方面发挥激励和制约作用：物流的标准化体系建设、现代物流基础研究和技术推广、物流人才的教育培训与知识普及、行业企业的自律和协调等。政府部门应充分调动行业社团组织的积极性去做这些工作。行业协会组织也要积极转变观念，打破门户之见，加强联合与合作；改进工作作风和方法，牢固树立为企业服务、为行业服务、为政府服务的观念，以出色的工作成果增强凝聚力和权威性，起到政府与企业之间的桥梁和纽带作用，成为推动城市物流产业发展的重要力量。

【本章小结】

1. 城市基础设施包含设施、产品（服务）和产业三种形态。设施是指借助于城市基础设施而开展的经济活动所产生的和提供的产品或服务；产业是把基础设施实体或产品（服务）作为经营对象的产业和行业。

2. 城市基础设施的特性有：服务的公共性与效益的间接性、产业的综合性与协调性、开发的统一性与建设的超前性。

3. 近年来，我国城市基础设施的现代化程度显著提高，基础设施领域得到拓展，城市基础设施科学规划更加合理，加强节水设施建设，并推进节能设施建设。

4. 我国城市基础设施建设所面临的各种挑战需要各级城市政府认真面对，包括人口城市化的挑战、经济市场化的挑战、城市现代化和国际化的挑战、科技进步与知识经济的挑战、生态环境的挑战。

5. 城市产业结构的演变受到很多因素的影响，主要包括需求结构、技术进步、产业政策和资源禀赋等因素。

6. 城市主导产业的选择确定，是城市经济发展战略和产业结构优化所研究的重点。选择和确定城市主导产业，主要有两方面因素需要考虑：产业的经济带动作用和产业的区位比较优势。

7. 城市产业结构优化是指促使城市各产业之间协调发展、技术进步和经济效益提高的过程。它与现有产业结构水平高低无关，但从动态看，产业结构优化应当是一个提高的过程。产业结构优化是一个相对的概念，即各个时期优化的内容是不同的，但一般而论应要包括产业结构的合理化与产业结构的高级化两个方面。

8. 产业集群（industry district）是在某特定领域中，一群在地理上邻近、有交互关联的企业和相关法人机构所组成的区域内的一种创新协作网络。

9. 产业集群具有如下特征：空间特征、产业特征、组织特征、经济特征、发展特征、环境特征等。

【关键术语】

城市基础设施　城市产业经济　产业结构　产业集群　城市物流经济　物流网络

【思考题】

1. 结合你所在城市的实际情况，举例说明城市基础设施的公共属性。
2. 根据经济学原理，城市的产业结构是如何影响城市经济发展的?
3. 举例说明我国产业结构优化的方向和举措。
4. 我国当前物流经济存在哪些问题? 背后的经济学原因是什么?

# 第七章

# 城市财政与金融

通过本章的学习，了解作为城市财政管理者的城市政府的类型与层级，明确在城市发展过程中城市政府应具有的经济职能；掌握城市公共产品的相关概念与特征及有关理论；了解城市财政的相关概念及其具体职能，明确其与中央财政职能的异同点；掌握城市财政收支的形式与内容，建立有效的财政收入体系的策略以及城市财政支出应遵循的原则；掌握城市金融市场的组成和运作，以及现阶段我国城市融资所具有的模式和出现的一些新的变化，了解城市金融和谐发展的对策。

**【重点问题】**

◎ 城市政府的经济职能

◎ 城市政府财政收入与支出

◎ 城市公共产品的供给

## 第一节　城市政府与城市公共产品

### 一、城市政府的类型与层级

城市政府随着城市的发展而发展，是对自己所处环境变化的政治反应的产物。社会结构的变化、人口的变动或财政的危机，都是环境变化的例子，反过来又引起城市政府的变化。以美国为例，从空间和人口分布来看，如果说美国的19世纪是一个城市化的世纪，那么20世纪则是一个市郊化的世纪。特别是第二次世界大战之后，美国的城市人口大量流出市中心而分散到周围的地区，随之在大都市的周围地带建立了许多新的政府，从而改变了从旧的市中心到新的市郊区的各级地方政府的结构。今天，在原来的市中心和后来的市郊，不仅有城市、城镇和乡村，还有无数的各种类型的特区。根据美国统计署的统计，到2020年，美国各类地方政府总数达87525个。其中，一般地方政府数量为38967个，包括3034个县政府、19429个市政府和16504个镇政府；学区政府13560个，专区政府35052个。

从中国的数据来看，2021年末我国的城市数量达655个，比1978年增加462个，其中，地级及以上城市由1978年的111个增加到287个。中国的城市是行政实体，由政府以行政地位的职能、经济发展水平、开放程度以及城市总人口为条件来设立和划分。城市依据其行政地位被划分为三个等级：县级市、地级市和直辖市。不同行政地位的城市，被赋予不同级别的权利，如投资决策权和对外项目的审批权。

## 二、城市政府的经济职能

### （一）城市政府职能的概述

在市场经济条件下，城市政府职能是指城市政府在市场机制规定的责任范围内，在城市社会经济运行过程中所具有的作用与功能。具体来说，是指城市政府在城市这一特定区域内依照宪法和中央政府赋予的权利，为满足城市社会的共同需要，在实现城市公共品配置的过程中，独立地指导、管理、服务、协调、监督城市经济运行，以保证城市社会、经济和环境持续有效发展的作用和功能。

世界银行的《世界发展报告》中对政府职能进行了分析，提出政府职能可以分为三种类型：一是小职能，提供国防、法律和秩序等纯粹的公共物品，制订反贫困计划，消除疾病；二是中型职能，除了提供公共品，还要解决外部性问题，规范垄断企业，提供社会保险；三是积极职能，在上述职能的基础上，采取促进市场发展的各种措施，协调私人活动，实现资产再分配。

### （二）主要内容

城市政府经济职能主要包括以下几个方面。

**1. 提供经济发展的制度结构**

城市政府要在中央政府为市场经济运行所提供的基本制度、规则以及管理框架的基础上，根据本地区经济特点和经济发展的需要，制定相应的制度和规则，包括各种地方性法规和制度。市场经济的实质是法治经济，因此政府的首要职能就是制定符合市场经济运作规律的法律和制度框架，其中最重要的是提供有效的产权保护，破除地方保护和地方壁垒，维护市场竞争，建立公正、安全、平等的市场制度环境。

**2. 组织公共产品和服务的供给**

如前所述，公共产品和服务的存在是政府干预经济的前提，当然，提供公共产品和服务就成为城市政府的重要职能之一。无论在任何城市，公共产品和服务的数量和质量一直以来都是考核该城市政府职能实现程度的主要指标。因此，世界银行曾把“热衷于提供公共产品和服务作为好政府的标准之一”。

**3. 公共资源和自然资源的保护**

公共资源和公共产品一样具有非排他性，但是，由于公共资源的有限性，决定了当一个人使用公共资源时，就会减少其他人对这种资源的使用。因此，公共资源具有使用上的竞争性。这两种特性的共同存在导致了一个不可避免的现象——对公共资源的过度使用，其结果是导致资源的枯竭。如何避免悲剧的产生呢？显然只有借助政府的力量。政府可以通过产权分割将公共资源私有化，以解决过度竞争的问题；也可以通过征税的办法控制每个人对公共资源的使用数量，维护市场竞争。城市作为交易的中心也是市场竞争最为激烈和集中的场所，城市政府身临竞争的中心，能随时感悟到市场的变化。对欺行霸市、假冒侵权、垄断经营现象的出现，城市政府应及时实施管制，以确保城市经济的顺利运行。

**4. 配合中央政府的分配职能，调节本地区的收入分配**

市场初次分配的结果是不公平的，而政府是解决这一问题的得力高手。尽管社会保障性的转移支付支出是中央政府的主要职责，但是，教育、卫生、累进所得税等实现再分配的手段，城市政府都承担了主要责任。在一些发展中国家，由于社会保障的覆盖面仅限于城市，城市政府义不容辞地担当此任，成为调整收入分配、实现社会发展的重要角色。

**5. 协调社会矛盾，实现社会安定**

城市社会不仅是一国经济的中心，同时也是社会矛盾和社会问题最为集中的场所，各种社会冲突都会在城市这个大舞台上演。面对这些矛盾和问题，城市政府必须妥善解决。

---

**【专栏】**

把书香送到每一位市民身边，让书香浸润城市的每一个角落。2015 年以来，北京持续开展对实体书店的扶持引导，全市已拥有 2076 家实体书店，在全国位列第一。实体书店突出高质量发展，北京更是交出了一份漂亮答卷。

以北京东城区为例，2021 年 8 月，北京市东城区出台了《东城区关于加快“书香之城”建设引导支持实体书店“四进”的实施意见》，在全面引导支持东城区实体书店行业高质量发展背景下，鼓励推动实体书店进商场、进社区、进园区、进楼宇。政府不断加码，为书店发展提供源源不断的活力，从此前的“输血”转而为书店“造血”。

北京不仅要扶持书店，更要支持书店以书为主。2021 年，北京首次将实体书店扶持政策进行了明确和细化，提出扶持的书店需以经营出版物为主营业务。同时对书店的经营面积和出版物数量提出要求。这一门槛的限制促使书店优化经营模式，提升精细化管理水平。

2021 年，共有 272 家实体书店获得项目资金扶持，其中，对 148 家书店给予房租补贴，对 99 家书店给予示范书店奖励，对 10 家书店给予转型升级奖励，鼓励 14 家书店“进高校、进商场、进园区”，对 142 家书店组织开展的 2151 场阅读及相关文化活动给予补贴。

2021 年底，北京拥有实体书店 2076 家，同比增加 777 家、增幅 59.8%，完成万人拥有 0.8 个实体书店建设任务，“一区一书城”成为各区标配，超过 1000 平方米的综合书城达到 47 家，其中 5000 平方米以上的特大型综合书城7家。

这是人们亲眼可见的变化：北京已初步建立布局合理、层次分明、多业融合的实体书店发展新格局。前门大栅栏地区“书香世业”实体书店一条街等项目，发展以读者为核心的立体式、多维度文化消费。全民畅读、春风习习等主题书店着力向市民文化休闲中心转变，人文考古书店、中信书店等专业书店逐步向知识分享中心迈进，春明簃、新华书店城市书房等新型书店，日益成为智慧书城和数字化体验馆。

资料来源：路艳霞：北京扶持引导实体书店 主题特色书店等形式多元发展浸润人心［EB/OL］.（2022－04－29）. https：//www. 3news. cn/yaowen/2022/0429/709839. html；数读｜去年我国人均读书4. 76本，哪个城市“书香味”最浓？［EB/OL］.（2022－04－23）. https：//www. sohu. com/a/540518109_114988.

## 三、城市公共产品的理论和应用

公共产品理论是研究公共财政理论的基础，对城市财政的研究同样要以城市公共产品的界定和特性为出发点。

### （一）城市公共产品的内涵

城市公共产品是指在城市范围内主要以城市为供给主体，被全体市民享用（但非独享）并具有一般公共产品特征的、城市生存和发展不可或缺的产品，包括狭义的公共产品和广义的公共产品、纯公共产品与准公共产品。狭义的公共产品是通常意义上看得见、摸得着的公共产品，如城市道路、公安消防、城市公建等；广义的公共产品除了泛指上述有形公共品外，还包括政策、法规、制度等。纯公共产品是指这样一种产品，每个人消费这种产品不会导致他人对该产品消费的减少，即该公共品具有非排他性和非竞争性，如国防、外交、治安、消防等。除了纯公共产品外，大量的公共品不完全具有非排他性和非竞争性，而只具有其中一种特征，我们把这样的公共品称之为准公共品，如公共资源，具有非排他性，但在消费上具有竞争性；再如广播电视，具有非竞争性，但通过收费或限制等形式可以使其具有排他性。

城市公共产品与全国性公共品一样具有消费上的非排他性和非竞争性，市场机制同样是失灵的，所不同的是城市公共品的作用范围主要限于城市区域内，而全国性公共品是不受空间限制的。对此，大部分城市公共品同区域内人口规模和密度之间具有密切的关系，但城市区域内人口过度增加，便会出现公共品使用上的过度拥挤，使每个人在公共产品消费中的效用减少。一般情况下，城市公共品供给规模的扩大应同城市人口规模的上升同步进行，如图 7－1 所示。

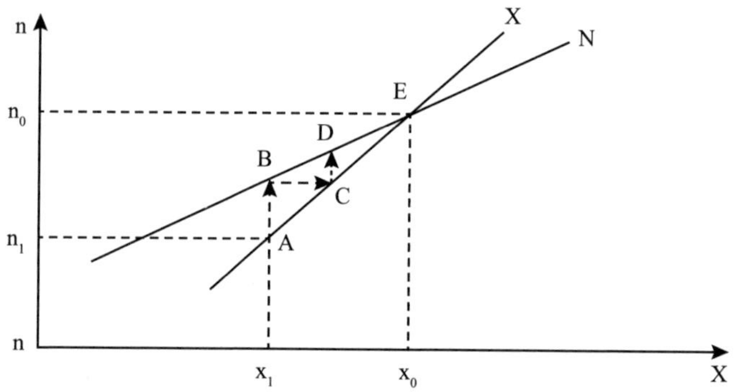


**图 7－1　人口规模与公共产品供给**

图 7－1 中，X 曲线表示与任何一个人口规模相适应的最优物品规模；N 曲线表示与任何一个产品规模相对应的人口规模。因此，X 曲线与 N 曲线的交点 E 代表了城市公共品与城市人口的同时最优，这意味着整个城市的均衡；X 与 $n_0$ 分别为最优的公共产品量与人口量。如果二者不在 E 点上，就没有实现均衡，城市人口的自由流动与城市政府对公共产品的供给会促使 E 点的重新恢复。例如，在 A 点相对于 N 的人口而言 X 是最优的，但反过来，相对于 X 的公共品规模 N 的人口显然太少。城市公共品的充分供给会吸引更多的人口流入并增至 B 点，但此时 X 的公共品又显得过少，新流入人口的赋税会使公共产品增加至 C 点。如此循环往复，最终达到 E 点。

城市公共产品供给规模同城市人口规模之间的联系决定了城市公共产品供给是一个动态的过程，城市政府在提供公共品时，应首先考虑人口因素对城市公共品效应的影响。同全国性公共品及其他地区公共品相比，城市公共品有如下特征。

（1）受益范围的有效性。在城市公共品中，无论是纯公共品还是准公共品，其受益范围基本上被限定在城市范围之内，并且这种收益在本区域内散布得相当均匀。

（2）空间上的高度密集性。人口和经济活动在城市的高度聚集所产生的大量外在需求使公共品在城市的聚集成为一种必然，反之，公共品在城市空间聚集所产生的大量外在效益又为人口和经济活动的集聚创造了物质基础。

（3）使用上的高效性。人口和经济活动的高度集中，使得城市公共品的使用频率远远高于其他区域公共品。例如，繁忙的城市道路交通、高效运转的城市通信以及供水供电系统。

（4）收益上的空间溢流性。城市公共产品作为一种地方公共品，理应由城市政府供给并主要以城市域内居民的税收作为补偿。按照市场交换原则，域外经济主体不能无偿使用城市公共产品，或从城市公共品中获益。但事实上，公共品的外部性形成了形形色色的“免费搭便车”现象，而城市可开放性又使得他们从域内扩张到域外，“免费搭便车”的行为使城市公共品的效用不再限于域内，而是随着“免费搭便车”的活动半径在空间上产生溢流。

### （二）城市公共产品的规模

城市公共产品的范围和构成，一方面反映了城市生活与公共产品之间密不可分的关系；另一方面，城市公共产品的逐渐多样化也反映了城市微观经济主体对公共产品不断上升的需求，这种不断上升的需求导致由城市政府支配的社会资源规模呈不断上升的趋势，其结果是政府活动和规模随着对公共产品需求的上升而扩大。

阿道尔·瓦格纳在分析国家活动的范围时曾提出：随着经济发展过程，政府财政支出必定比产出以更快的比率增长。这种关系可以用 PG 曲线来表示，如图 7－2 中，横轴表示 GNP 的增长过程，即时间的推移过程，纵轴表示财政支出占 GNP 的比重，a、b 是 PG 曲线上任意两点。该曲线的一个显著特征是 $G_b/Y_b \leq G_a/Y_a$，它所反映的经济含义是：随着一国工业化经济的发展，人均 GNP 的增加必然导致财政支出比 GNP 更快地增长。

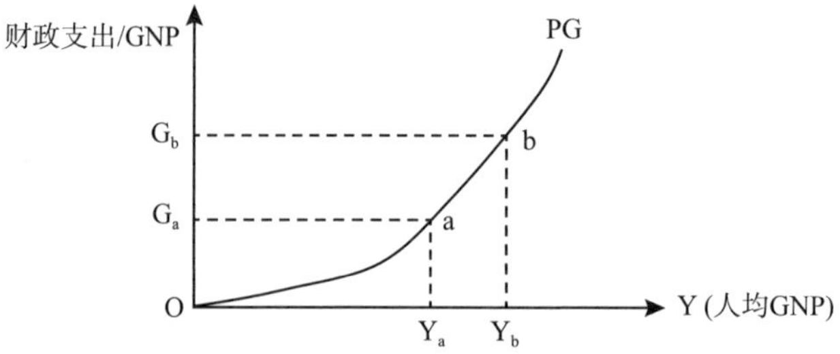


**图7－2　财政支出不断扩大的趋势**

为了进一步说明这点，可以把这一不等式变形，得到：

$$\frac{(G_b - G_a)/G_a}{Y_b - Y_a} > 1 \qquad (7-1)$$

其含义是：随着一国经济的发展和人均GNP的增加，社会对财政支出需求的收入弹性大于1。

瓦格纳将政府规模扩大的原因归结为，随着工业化发展和社会进步，人们对公共产品的需求在不断扩大，其内容包括：（1）对政府保护和管理服务等方面的公共产品需求的扩大；（2）对政府干预经济以及从事生产经营活动需求的扩大，主要是对那些具有极大外部性效益的行业，由于规模和技术要求等方面的原因，要求政府直接经营；（3）对政府提供文化、教育、卫生与福利服务方面需求的扩大，包括通过转移支付进行收入再分配需求的扩大。

马斯格雷夫在对经济发展不同阶段公共品支出状况进行大量的比较研究之后认为，在经济发展的不同阶段对政府提供的公共品需求规模有所不同。这种变化取决于私人对公共消费品需求的收入弹性，以及随着总资本积累的增加，资本在私人投资和公共投资中的分配比例。

马斯认为，在经济发展的早期阶段，由于交通、通信等基础设施落后，直接影响私人部门生产性投资的效益，从而间接影响整个经济的发展，而对这类基础设施的投资往往投资大、周期长、收益小，私人部门不愿或没有能力投资。同时，这些设施又具有较大的外部性效应，因此，需要政府提供，为经济发展创造一个良好的投资环境，克服可能出现的基础设施"瓶颈"效应。一旦经济进入发展的中期，私人资本存量不断扩展，那些需由政府提供的具有较大外部性的基础设施已基本建成，对其增加的需求开始变缓，公共支出的增长率开始下降。当经济进入成熟期，公共净投资的份额又会上升，这是因为随着人均收入的进一步增加，人们对生活质量提出了更高的要求，私人消费形式将发生变化。这一阶段，对人力资源的投资和对私人消费品的补偿性公共投资将处于显著位置，从而使公共支出又出现较高的增长比例。

瓦格纳和马斯格雷夫的理论描述虽然都是以一国公共品支出规模为背景，但其理论模型同样适用于城市公共品规模的变化。正处于工业化发展中的我国城市对公共品的需求呈上升趋势，必然要求城市政府转换职能，将更多的财力、物力用于公共品供给，以满足市场化经济发展的需要。

在市场经济条件下，确定城市公共品支出的适当规模应遵循以下原则。

（1）满足城市社会共同需要的原则。伴随着政府职能的转变，城市财政已成为满足城市共同需要的重要角色，公共支出的内容就是要在最大程度上反映这种需求。城市公共需求的范围非常广泛，大致可归为四个层次：一是政府履行职能的需要，包括行政、司法、公共管理等；二是构成城市社会资本性公共品的需求，包括城市基础设施、基础科学研究、公共卫生、环境保护等；三是城市文化消费密切相关的公共品需求，包括博物馆、展览馆、图书馆、影剧院、公园、医院、成人教育和高等教育以及各种大型娱乐健身中心等；四是与社会稳定和公平相关的公共品需求，包括基础教育、社会保障、对农产品的价格补贴等。

（2）有利于资源配置的原则。由于外部性的存在所导致的资源配置的失效，我们通常称之为“市场失灵”。解决市场失灵的办法就是利用政府“有形的手”通过有形的和无形的公共品的供给，实现资源在私人产品与劳务之间的有效配置，达到弥补市场缺陷的目的。城市政府对资源配置的影响主要有两方面：一是通过各项政策、法规、制度的确立为微观经济主体制定“游戏规则”，以确保经济的有效运行；二是通过对正的外在效应密集型的公共品的供给和负的外在效应密集型的公共品的约束实现社会资源的有效配置。

## 第二节 城市财政

### 一、城市财政概述

财政是指以国家为主体，为了实现国家职能的需要，参与社会产品的分配和再分配以及由此而形成的国家与各有关方面之间的分配关系。财政包括财政收入和财政支出两个部分。

城市财政属于地方财政，是国家财政的重要组成部分，是在城市范围内利用价值形式对社会产品和国民收入进行分配与再分配的工具。城市财政有两种解释：狭义地看，是指城市政府的财政预算；广义地看，则是指一切利用货币表现的对城市人民所创造的剩余产品进行分配与再分配的过程，包括城市财政预算收支活动、城市中各工商企业的财务活动、城市中各银行的信贷收支活动，以及城市居民的货币收支活动。本书中讨论的是狭义的城市财政，即城市政府为了满足社会公共需要，所进行的公共分配问题。

### 二、城市财政职能及其范围的界定

城市财政职能是指财政部门为实现城市政府职能，在财政分配过程中所承担的职责和功能，其内涵包括以下几点。

（1）城市财政是为实现城市政府职能服务的，其职能范围随城市政府职能的转变而转变。

（2）城市财政作为国家公共财产的一部分，不仅要满足城市政府的职能需要，同时也要以国家公共财产职能的实现为目标。

（3）城市财政职能是通过财政分配过程实现的，因此，财政分配过程质量直接影响城市财政职能的实现，进而影响城市政府职能的实现。

财政职能与政府职能之间的这种内在联系，决定了由于政府间事权的划分，不同层级的政府所执行的特定职能或侧重点不同，因此财政职能的内容也有所不同。从财政职能一般的角度看，由全国性的公共品和公共投资构成的涉及宏观领域的职能一般主要由中央政府担任，如国防、外交、跨省区的大型公共工程的建设；涉及全国的宏观经济政策以及地区间的转移支付等，随之相应的事权与财政收支也应划归中央政府及其财政；由于各级政府都具有在不同的受益范围内提供公共品的责任，因此中央政府和地方政府都具有配置职能。但通常公共品大多具有相对有限的区域性，配置职能因而也具有较强的地域性。为了更好地体现因地、因时制宜，地方政府是域内公共品的主要供给者。城市财政职能主要包括资源配置职能、收入分配职能、稳定职能与监督职能。其中，监督职能是各级财政都应具有的职能，因此城市财政职能主要介绍以下三项。

**1. 资源配置职能**

城市财政资源配置职能是指城市政府通过筹集资金、提供资金的财力分配方式，引导城市域内资源流向，促进城市域内资源在公共领域和私人领域的合理配置，通过公共品和服务的适度有效供给，使城市社会福利最大化。

在城市系统中，城市财政的配置职能是城市经济顺利运行的基础。

（1）城市的存在是以公共品和服务为前提的，城市和乡村的最主要区别就在于城市具有规模适度、种类繁多的公共品和服务。早在 19 世纪瓦格纳分析财政支出不断增长的规律时，就曾将城市化发展、人口聚集所导致的对公共品需求的大量增长作为财政支出不断增长的重要因素。

（2）城市的发展也有赖于公共品和服务的规模和质量。21 世纪是一个城市化加速发展的世纪，到 2050 年，世界人口的 2/3 将生活在城市。城市经济发展以及城市竞争力的提高将成为国家经济发展的重要标志，而在全球化的浪潮下，要想争得外部投资，创造富有竞争力的城市经济，城市公共品和服务的规模和质量就必须达到一定的国际化标准。

（3）城市人口的增长和财富客观上也要求城市政府提供更加完备的公共品和服务。随着城市人口的增加，原有规律的公共品会出现“拥挤”现象，要维持原有的公共品供给效率水平，只有增加公共品供给的数量。

**2. 收入分配职能**

城市财政的分配职能是城市财政部门通过财产税、收益税、个人所得税、奢侈行为税等带有累进性质的税收，调节域内居民的收入水平，通过教育、公共福利等支出手段保障城市低收入阶层的生活水平，最终实现调节城市居民收入分配水平，缩小收入差别的作用和功能。对处于转型期的中国城市政府而言，由于政府中收入分配的差距日渐明显，失业、贫困等城市问题日益突出，财政的收入分配职能已成为一个重要的职能。

**3. 稳定职能**

城市财政的稳定职能是从属于中央财政的，但这并不意味着城市财政收入的无所作为。事实上，广泛的地方财政和城市财政在资源配置和收入分配方面能力的加强，使城市政府在推动经济稳定发展中具有越来越大的作用。

经济的周期发展是经济运行的一个常态。在经济的周期运行中，由于财政收支的内容所致，使其自动地具有反周期的作用。当经济繁荣时投资活跃，产出提高，国民收入水平提高；当经济衰退时，投资匮乏，生产萎缩，失业率上升，国民收入水平下降。在繁荣时期，随着国民收入水平的提高，税收收入自动增加，社会保障性支出自动减少，由此，应抑制社会可支配需求的过度膨胀，以减轻通货膨胀的压力。在经济衰退时期，随着人均国民收入水平的下降，税收收入自动减少，以失业救济、最低生活保障为主的社会保障支出自动增加，抑制社会需求的急速下滑。

显然，反周期性是财政的天然属性，而补偿性则是在自动调节的基础上，通过人为手段增加调节的力度，以补偿总供给与总需求之间的缺口，或增加支出，减少税收，以扩大总需求；或增加税收，减少支出，以抑制总需求。

## 三、城市财政的收入

城市财政是指城市政府为实现其职能需要而进行的资金筹集与使用所形成的财政分配关系。城市财政收入的形式，主要有税收（预算收入）和收费（预算外收入）两种。1994 年分税制改革以前，我国城市政府财政收入类型与中央财政基本一致，只是收入结构受城市地区经济结构影响而与中央财政有所区别；实行分税制后，城市财政收入来源发生了很大变化，其独立性也日益增强。

**1. 城市税收的一般分析**

税收是凭借政治权力无偿地参与社会产品分配以取得财政收入的一种形式，它具有无偿性、强制性和固定性三个特征。在城市财政收入中，税收收入是最主要的一种形式，因为相对于其他形式的财政收入而言，税收收入更具有普遍性和稳定性——凡是在城市管辖区域内的单位与个人，都必须以法律规定的范围和额度纳税。

（1）税种的划分。我国现行税收法律体系是在原有税制的基础上，经过 1994 年工商税制改革逐渐完成的。按课税对象，目前我国的税种可分为流转税、所得税、财产税、资源税和行为目的税五类。按其性质和作用分为七大类，如表 7－1 所示。

**表 7－1　　我国现行的主要税种**

| 税类 | 税种 |
|---|---|
| 流转税类 | 包括增值税、消费税和关税等 |
| 所得税类 | 包括企业所得税、个人所得税 |
| 财产税类 | 包括房产税、城市房地产税、车船使用税、契税 |
| 资源税类 | 包括资源税、城镇土地使用税 |
| 行为目的税类 | 包括城市维护建设税、土地增值税、车辆购置税、耕地占用税 |

（2）税率的确定。关于税率水平的确定，美国供应学派的经济学家拉弗（Laffer）提出了一个原理。他认为，在一定限度以内，税收收入将随税率的提高而增加，因为税源不会因税收的增加而等比例的减少；当税率超过了这个限度，继续提高税率，则税收收入不但不能增加，反而会下降，如图 7－3 所示。

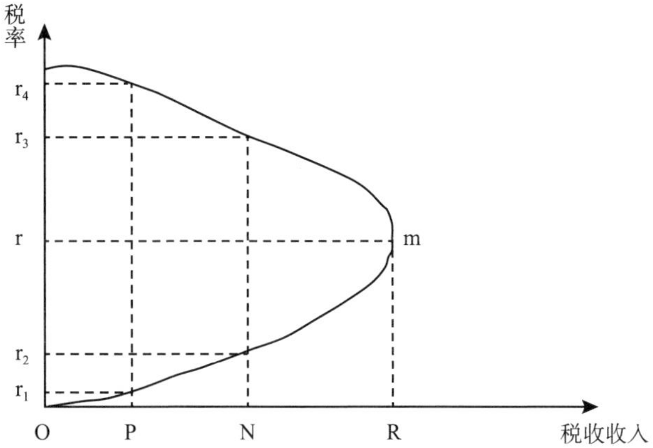


**图 7－3　“拉弗曲线”原理**

在图7－3中，税率由 $r_1$ 提高到 $r_2$，税收收入将由OP增加到ON，但税率提高超过一定限度，就会影响人们工作、储蓄和投资的积极性，从而导致税收减少的幅度大于税率提高的幅度，税收收入反而减少；当税率由 $r_2$ 提高到 $r_4$，税收收入会由ON减少到OP。从图7－3上看，rm线就是税率的临界点，在这个税率水平上，税收收入最多，为OR；超过了这个界限，就是税收的禁区。因此，税率水平应以r为限。

确定税率形式时面临的选择主要有两种：比例税率和累进税率。比较而言，比例税率更有利于经济效率的实现，而累进税率更有助于收入的公平分配。所以比例税率和累进税率的选择本质上是效率和公平的选择。一般来说，商品税比较适合采用比例税率，而所得税宜采用累进税率。就税率的总体布局而言，应视客观经济形势的需要来选择侧重点。

**2. 城市政府的其他管理收入**

（1）城市收费收入。我国目前纳入预算管理的城市收费主要是行政性收费，海域场地、矿区使用费及专项收入（即基金收入）。

从总体上看，当前我国地方政府的收费收入规模庞大，几乎与税收收入平起平坐，在不少地方甚至超过了税收收入。现行地方的收费主体有地方的财政、交通、自然资源、市场监督、卫生监督、公安、司法、监察、城建、环保、教育、市政设施等管理部门。

（2）城市补助收入。目前我国中央政府对地方政府的补助主要包括税收返还、体制补助、专项补助、年终结算补助、一般性转移支付五种类型。

（3）城市财产收入（含土地收入）。财产收入是城市政府财政收入的另一来源，包括因拥有或处置政府财产而获得的收入。一般来说，在现代政府财政收入结构中，财产收入所占比重并不高。但近年来，我国地方政府的财政收入特别是土地收入增长很快，需要严加管理。

土地是一种重要的国有资产。按照我国对国有资产分级管理的做法，地方土地资产是由地方政府管理的。城镇土地权的有偿转让收入在20世纪90年代中期以前是由中央和地方分成的，但地方政府并没有上缴，现为地方政府所独有，计入预算外收入，已成为地方政府预算外收入的主要来源，甚至被称为地方政府的“第二财政”。

从2007年1月1日起，城镇土地出让金收支全额纳入地方基金管理，实行“收支两条线”。在地方国库中设立专账，专门核算土地出让的收入和支出情况。土地出让收入的使用要重点向新农村建设倾斜，逐步提高用于农业土地开发和农村基础设施建设的比重。同时，从土地出让收入中划出一定比例的资金，建立国有土地收益基金，用于土地收购储备，实行专户管理。

（4）发行城市公债。《中华人民共和国预算法》第三十五条规定：“地方各级预算按照量入为出、收支平衡的原则编制，除本法另有规定外，不列赤字。”这就从预算编制上制止了各级财政发生赤字，杜绝了为弥补地方财政赤字而发行地方债券的可能性。

但事实上，随着我国城市化进程的加速，以及资本市场走向成熟，发展和培育城市公债市场的必要性日益增强。发行城市公债，将有利于缓解中央财政压力，为地方财政履行其职能提供财力保障；有利于提高政府投资效率，增加财政透明度；有利于丰富和活跃我国债券市场，满足居民投资需求。

---

**【专栏】**

2020年，一则《亲眼看看独山县怎么烧掉400亿》的视频，让贵州省黔南州独山县成为舆论焦点。该视频长达20多分钟，视频中的主持人实地走访了位于独山县的标志性“景点”，包括号称拥有顶级硬件设施的独山县古风博物院、预估造价3000万元的独山钟楼以及造价花费2亿元的“天下第一水司楼”等。独山县各种夸张、烂尾的建筑令人“叹为观止”，短短几年花掉400亿元的消息也成为热议的话题。

独山县再次成为舆论关注的焦点，很多人似乎认为这是一个新事。但实际上独山县巨额债务之前就有过报道，独山县的不少官员也都接连被查。例如2019年3月，独山县原县委书记潘志立接受审查调查；2018年1月，曾任独山县县长的梁嘉庚落马；2019年1月至5月，独山县原宣传部部长胡昆、政法委书记刘盛高、副县长杨绍忠等人接连被查。

该事件之所以引发关注并非这些景点造得有多好，而是这些投资巨大的形象工程不少因为资金问题而烂尾或处于闲置状态，因此欠下的债务每年仅利息就超过了 40 亿元，形成反差的是，该县每年财政总收入仅只有 10 亿元左右。此事引起舆论关注后不久，独山县及黔南州政府分别做了回应，通报了整改思路和进展等，但舆论方面就此问题展开的讨论依然在继续。

公开资料显示，独山县地处贵州南部，与广西南丹县接壤，是贵州省乃至大西南进入两广出海口的必经之地，素有“贵州南大门”“西南门户”之称。虽有地理上的优势，但因基础设施落后、工业底子薄弱等原因，独山县 2020 年才“脱贫摘帽”。

早在该事件之前，位于独山县净心谷景区内、举债近 2 亿元打造的“水司府堂”就广受关注。“水司府堂”于 2016 年 9 月开工兴建，总建筑面积 6 万平方米，楼高 99.9 米，进深 240 米，被称为“天下第一水司楼”。该项目对外宣称，建成后有望申报 3 项吉尼斯世界纪录：世界最高琉璃陶建筑；世界最高水族、布依族、苗族民族元素建筑；世界最大牌楼（跨度 41 米、高 28 米）。视频中，虽然也有少量游客在“水司府堂”外拍照，但因项目烂尾，该景点并未正式运营。此前有附近居民表示，因为发不起工钱，大约 2018 年 6 月就停工了。

此外，独山县还有一个大型项目同样引起关注——盘古庄。该项目位于独山经济开发区。项目建于 2013 年，占地面积 1 平方公里，建设形成建筑面积 110 万平方米的大型商旅综合体。视频中提到，该项目预计造价 56.5 亿元，目前处于荒废状态。除了景区，独山 · 香港科技城、独山经济开发区大数据中心等产业园区，也都是“空空荡荡”。据独山县政府官网介绍，大数据中心项目于 2017 年 8 月正式开工，主要由三栋五层厂房及研发中心楼组成，总投资 2.6 亿元，总建筑面积约 17.5 万平方米。

资料来源：贵州独山县：一个贫困县到处是烂尾工程，400 亿负债花哪里了？[EB/OL].(2020-07-14).https://baijiahao.baidu.com/s?id=1672149554805953587&wfr=spider&for=pc；贵州独山县形象工程致 400 亿元债务引关注［EB/OL].(2020-07-27).http://www.chinajsb.cn/html/202007/27/12094.html.

## 四、城市财政的支出

### （一）城市财政支出的内容

城市财政支出是对城市财政收入有计划地进行分配的过程，可以大致分为以下三类。

**1. 城市财政消费性支出**

（1）行政管理和公共安全支出。其中，行政管理支出是指公共部门维持正常运转所必需的支出，主要用于国家各级权力机关、行政管理机关和外事机构行使其职能所需的费用支出；公共安全支出则是指为了维护社会秩序和公共安全而发生的费用，这方面的公共机构主要包括公安、法院、检察院等。

（2）科研和教育支出。由于城市是高等院校、科研机构的聚集地，城市的聚集经济作用也体现在科研开发、成果转化和技术辐射方面的优势，所以科研支出是城市财政支出的一个重要项目。科学技术是第一生产力，教育则是科学技术发展的基础。通过教育，人们将已有的科学文化知识进行传承，并对新的科技成果进行推广；通过教育，劳动者获得相应的管理及技术技能，进而提高社会劳动生产率。教育对城市的经济社会发展具有重要作用，因此教育的支出也就成为城市政府财政支出的重要内容之一。

（3）公共保健和文化教育支出。当代社会对劳动力的身体素质和心理素质提出了较高的要求，社会必须提供相应的医疗卫生设施与保健服务，因此公共保健支出是城市财政的必要支出项目。同时，城市向来是文化和体育活动的中心，文体活动对于社会稳定与和谐发展有着深远影响，所以城市财政支出的常规项目也包含了对文化体育方面的必要投入。

**2. 城市财政投资性支出**

（1）基础设施建设支出。基础设施是为整个社会生产、消费提供的“共同生产条件”和“共同流通条件”。城市基础设施部门效率的提高，可以降低整个城市的生产成本和消费成本，促进城市经济的健康发展，所以在城市财政的投资性支出中，基础设施建设的支出占了较大比重。根据《中国统计年鉴 2022》，2021 年我国广义基建投资达到 18. 9 万亿元，占全社会固定资产投资额的24%，具体分为三大类行业，一是交通运输、仓储和邮政业，占2021年基建投资的36%，主要有道路运输业（包括城市轨交，不含市政道路）、铁路运输业、仓储业等；二是水利、环境和公共设施管理业，占2021年基建投资的46%，主要有公共设施管理业（包括城市道路、排水、桥梁、广场、公园等市政工程和城市公共设施）、水利管理业、生态保护和环境治理业等；三是电力、热力、燃气及水的生产和供应业，占2021年基建投资的18%。狭义的基建投资，即国家统计局发布的"基础设施投资（不含电力）"，与广义基建投资相比，剔除了电力、热力、燃气及水的生产和供应业，增加了信息传输业（电信、电视、互联网等），2021年规模约13.9万亿元。

（2）公共住宅建设支出。在经济迅速增长的进程中，部分社会成员不能获得充分的住宅和适当的居住环境，表明存在显著的收入分配不公，必须采取措施尽量改善低收入阶层的居住状态。因此，公共住宅计划就成为城市财政投资性支出的一个重要项目。

**3. 城市社会保障支出**

（1）社会保险。社会保险是现代社会保障的核心内容，即国家根据立法采取强制手段，一般由保险受保人及其工作单位、国家财政共同出资投保，在受保人遭遇疾病、生育、年老、残疾、死亡、失业、工伤等变故时给予其基本生活保障的一种保险制度。与商业保险相比，社会保险具有强制性、社会补偿性、受保人权利义务非严格对等性的性质。

我国的城市社会保险包括养老保险、失业保险、医疗保险、工伤保险和生育保险，其中以前三项为主：①养老保险。我国的基本养老保险采取的是社会统筹和个人账户相结合的部分积累养老保险制度，即现收现付制与基金制的结合。基本养老保险费由企业和个人共同缴纳。企业缴纳基本养老保险费的比例，一般不超过企业工资总额的20%，个人缴费比例不超过本人工资的8%。②失业保险。国务院颁布的《失业保险条例》确定了我国失业保险制度的基本原则和主要政策。我国的失业保险通过国家立法强制实施，由用人单位和职工个人共同缴纳保险费，单位缴纳比例为本单位职工工资总额的2%，职工个人缴费为本人工资收入的1%，失业人员领取失业保险金的期限，根据失业前所在单位和本人累计缴纳时间长短计算，最长期限为两年。③医疗保险。在国务院发布的《关于建立城镇职工基本医疗保险制度的决定》中，确定了医疗保险制度改革的目标任务、基本原则和政策框架，奠定了我国多层次医疗保障体系的基础。我国基本医疗保险制度引入医疗费用由单位和个人共同承担的分担机制和个人账户的约束机制，实行社会统筹和个人账户相结合的模式。医疗保险费由单位和个人共同缴纳，社会统筹部分由用人单位缴纳，单位缴纳的比例一般为职工工资总额的6%左右，个人缴费比例一般为本人工资收入的2%左右。用人单位缴费的30%左右划入个人账户，其余部分建立统筹基金。个人账户用于支付门诊等小额费用，统筹基金用于支付住院等大额医疗费用。

（2）社会救济。社会救济是指国家运用财政支出，向生活有困难的社会成员提供自主的社会保险计划。社会救济与社会保险相比，二者的主要区别在于：社会保险具有一定的普遍性，而社会救济具有特殊性；社会救济的资金不可能来自受援对象，而只能由国家财政提供，故社会救济具有较强的转移支付性质。

（3）社会福利。广义的社会福利是指政府为全体社会成员创建的有助于提高生活质量的物质和文化环境，提供各种社会性津贴、公共基础设施和社会服务，以不断增进国民整体福利水平。狭义的社会福利是指政府和社会向老人、儿童、残疾人等社会中特别需要关怀的人群，提供必要的社会援助，以提高他们的生活水准和自理能力，主要包括老人福利、妇女福利、儿童福利、青少年福利及残疾人福利等。

（4）社会优抚。社会优抚出于保护社会上受尊重的群体的目的，对符合规定的社会成员提供经济保障。接受社会优抚的对象一般有现役军人及其家属、烈属、退伍军人等。社会优抚的资金来源基本上是政府财政支出，它的转移支付作用在于向为社会做出特殊贡献的人提供收入帮助，弘扬社会良好的风气。

### （二）城市财政支出原则

城市财政支出在贯彻执行中央财政政策的基础上执行，其性质是城市政府如何向市民提供公共产品和服务的政策选择问题。进行这种选择，一般要坚持如下原则。

（1）统筹兼顾、全面安全原则。这一原则要求做到重点与一般相结合、当前与长远相结合、城市经济与城市社会环境发展相结合，以便合理地使用城市财政资金。

（2）量入为出与量出为入相结合的原则。量入为出是以收定支，根据收入的多少来安排支出；量出为入是以支定收，按支出的多少来安排资金筹集的规模。从财政角度看，量入为出的主动权在自己，而量出为入则受事权上的局限（但也并非毫无余地，如通过财政手段筹集某些资金等）。有人认为量入为出是计划经济时代的财政观，这一财政观念正被以支定收的财政观所取代。但是，对于财政支出而言，一般情况下，还是应坚持收支平衡、减少赤字，当然也不能单纯追求和满足静态平衡，要能够适应和有利于城市经济发展，充分反映城市政府提供公共产品的优势。因此，应把两方面的支出思想结合起来。

（3）讲究效益原则。城市财政支出应尽量按预算进行，既要讲究经济效益，也要讲究环境效益和社会效益，力求节约，避免盲目投资和重复建设。对于一些大的建设项目，要进行深入细致的可行性研究、财务分析和方案估计。对支出效益的评价可用“成本－效益”分析法和“最低费用选择法”。前者详列各种方案的全部预期成本和预期收益，通过分析比较，选择最优投资项目；后者是对于不能用货币单位计量社会效益的项目，只计算每项备选项目的有形成本，并以成本最优为标准选择。

（4）取之于民、用之于民的原则。这是指城市财政资金来源于城市，除了上缴国家以外，其余都要用于城市建设与发展。这里要紧紧围绕提高城市人民生活水平和提高市民素质来使用财政资金，以加快城市现代化的步伐。

## 第三节　城市金融

### 一、城市金融市场的组成和运作

所谓金融市场，是指以金融资产为交易对象而形成的供求关系及运行机制的总和。它是金融资产进行交易的一个有形或无形的市场，反映了金融资产的供应者和需求者之间所形成的供求关系，包含了金融资产交易过程中所产生的运作机制（主要是价格机制）。

金融市场通过适当的金融活动，可以实现各部门之间资金的调剂以及资源的配置；实现市场价格的发现和确定；实现风险的分散和转移；降低交易的搜索成本和信息成本。金融市场是一个多样化的市场体系，主要包括以下几个市场。

**1. 货币市场**

货币市场是指专门融通短期资金的市场，故又称为短期金融市场，一般期限在一年以内。其特点是融资期限短和被融通的资金主要是作为在生产过程中所需要的流动资金。货币市场的业务类型包括以下几种。

（1）同业拆借，即金融机构（除中央银行外）同业之间为弥补资金不足、票据清算的差额以及解决临时性的资金不足而进行的短期资金借贷。同业拆借分为头寸拆借和同业借贷。其主要参与者是各商业银行、非银行金融机构以及市场中介人。

（2）商业票据，即出票人以贴现方式发行的承诺在指定日期按票面金额向持票人付现的一种无抵押担保的票据。其主要参与者是发行商业票据的规模巨大和信誉良好的公司、政府及私人商业票据投资者。

（3）承兑汇票，即在商品交易活动中，销货方为了向购货方索取货款而签发汇票，经付款人在票面上承诺到期付款的“承兑”字样并签章的汇票。其主要参与者为创造承兑汇票的承兑银行、市场交易商和投资者。

（4）国库券，即政府部门以债务人身份承担到期偿付本息责任的、期限一般在五年以内的债务凭证。在我国，习惯将政府财政部门发行的政府债券称为国库券。其主要参与者为国家财政部门以及自由市场投资者。

（5）大额可转让定期存单，即一种银行定期存款凭证，由银行以大面值金额发行，存单在满期前可由持有者在二级市场上自由转让出去，转让价格受利率、期限和本金影响，一般转让时的市场利率与存单原定利率相比越高，转让价格就越低。其主要投资者为大型企业以及金融机构。

（6）回购协议，即证券出售者在货币市场上出售证券以融通资金时，与对方签订协议，约定在未来某一时间按协议的价格购回原证券。其主要参与者是大型银行机构以及政府证券交易商。

**2. 资本市场**

资本市场是指提供长期（一年以上）运营资本的市场，亦称长期金融市场，其融通的资金主要作为扩大再生产所需投入的资本使用。资本市场的业务类型包括以下两种。

（1）银行中长期贷款市场，即银行为个人或企事业单位提供的用于固定资产购置、新建、扩建或改建的中、长期资金信贷市场。

（2）证券市场，即有价证券发行与流通的场所，在该市场上流通的长期信用工具是有价证券，包括债券与股票两大类：①债券，是债务人开给债权人的债务证书，持有人可凭此证书，在债券期满时向发行人收回本金和获得利息。②股票，是股份公司为筹集资金而发行的一种权益证明书，它是投资人的投资凭据，表明他拥有公司的股份所有权而成为股东，并进而享有股息收入及其他相应的权利与义务。股票可以转让但不能抽回股金。证券市场根据功能又分为初级市场和二级市场。前者是发行新证券的市场，亦称发行市场；后者是各种证券买卖的市场，亦称流通市场。证券交易所是高度组织化的二级市场，目前我国仅有上海、深圳、北京三个城市开办了证券交易所。

**3. 外汇市场**

外汇市场是指由各国中央银行、外汇银行、外汇经纪人和客户组成的买卖外汇的交易系统。按交易方式的不同，可分为固定的有形市场与开放的无形市场。有形市场是指外汇买卖双方在专门设立的外汇交易所中进行的面对面交易；无形市场是指没有固定的交易场所，外汇买卖双方通过电话、电传等电信工具进行的交易。当今世界上最大的三个外汇交易市场以及不同金融中心之间的外汇交易，都是在电子网络系统中进行的，所以现行的国际外汇市场更接近于无形的市场。外汇市场的中心是汇价。汇价既是各种交易活动的结果，又是外汇交易的指示信号。它表现了各种货币“价格”的变化趋势，决定着交易各方的利害得失，支配着市场交易活动的方向。

**4. 黄金市场**

黄金市场是指集中进行黄金买卖和金币兑换的交易场所。国际黄金市场的参与者，可分为国际金商、银行、对冲基金等金融机构，各个法人机构、私人投资者以及在黄金期货交易中有很大作用的经纪公司。目前世界主要的黄金市场在伦敦、苏黎世、纽约、芝加哥、中国香港等地。2002 年 10 月 30 日，坐落于上海外滩的上海黄金交易所正式开业，结束了中国黄金不能自由买卖的历史。目前中国黄金市场主要由如下几大市场构成：上海黄金交易所、上海期货交易所、银行纸黄金、金商投资性金条、各种纪念性金条、不成型的国内做市商、海外黄金市场在中国的场外延伸。其中，不成型的国内做市商与海外黄金市场在中国的场外延伸，目前基本被定义为不受法律监管与保护的灰色市场。总体来看，我国黄金市场类型基本上还算全面，但各大市场却存在一些不太完善的地方，还有待于我们从完善的角度加以思考，而灰色黄金交易领域则有待于规范和发展新的市场予以补充。

**5. 金融衍生工具市场**

（1）远期。远期合约是交易双方约定在未来某个确定的时间，按照某个事先商定的价格卖出一定数量的某种资产的协议。

（2）期货。期货合约是交易双方约定在将来某一特定时间，按照约定的条件，买入或卖出一定数量的某种资产的标准化协议。

（3）期权。期权是指赋予其持有人在未来某一特定时间、以某一特定价格买卖规定数量的基础资产的权利的合约。

（4）互换。互换合约是交易双方签订的在未来某一时期内交换他们认为具有相等经济价值的现金流的合约。

城市金融市场的良好运作离不开政府的监管。由于现实的市场并不是完全竞争的，会存在市场失灵的现象，所以政府的监管是必不可少的。金融的监管因各国政治、经济、历史、文化等因素而不同，但是管制目标大致相同，主要以信息披露、防止市场失败为目的。金融监管的目标具体包括以下几个方面：防止金融资产的发行者隐藏信息欺骗投资者、促进金融市场的竞争和保证金融资产交易的公平性、维持金融和市场的稳定。为达到上述目标，通常采取的监督形式包括：信息披露的管制、金融交易行为的管制、金融机构的管制、银行货币的管制。

## 二、城市多元化融资的建立

进入 21 世纪以来，我国城市投融资模式随着改革的深化，正处于一系列重要的转化过程中，呈现出新旧模式交替、效果和问题并存的复杂局面。

在市场经济条件下，融资模式一般可分为如下几类：（1）直接融资与间接融资；（2）企业融资与项目融资；（3）政府融资与民间融资；（4）公共产品融资与私人产品融资；（5）长期融资与短期融资；（6）吸引内资与利用外资等。

由于市场机制的推动，我国城市投融资模式随着城市化进程的加速，已经在如下几个方面不断地推进改革，形成一种多元化的投融资模式。

### （一）正在逐步形成的城市公共财政的投融资模式

我国的财政体制正在向公共财政体制转化，对整个投融资体制将带来巨大影响，因为公共财政的本质要求是政府投资和管理职能明晰、职责到位，允许多元投资主体和融资方式多元化，要求具有完善的间接宏观调控体系。这就要求：（1）政府职能要彻底改变，从集权组织者、全民生产资料所有者、生产经营指挥者三位一体向市场体制下的社会管理体制转变，政府在公共产品的投融资过程中不必大包大揽，财政资金要发挥带动效应，撬动社会投资；（2）公共财政为社会提供了新机遇，政府从竞争性和营利性退出，为社会投资主体介入这些领域腾出空间；（3）公共财政体制允许民间投资主体介入准公共物品的投资领域，这样社会投融资主体的投资范围更加扩大，投资活动的选择空间更加广泛。

### （二）国有商业银行和城市商业银行交融发展的城市银行投融资模式

改革开放以来，许多城市为了灵活地利用社会资金，成立了城市商业银行，对地方生产建设发挥了重要作用，但是由于这些银行机构没有脱离国家机构的运行模式，在向市场经济转化的过程当中，存在着许多问题：银行资金富裕，却难以对接高技术创新时代的资金需求；银行资金转化为高技术创新的通道存在着机制创新的不足，结果银行被动地跟在其他融资方式的后面，不适应高技术创新已成为核心竞争的国际形势。因此，银行贷款有必要建立新的融资机制体系，如连接、锁定、参与、投资高技术投资组织和风险投资基金或者成立风险投资基金并委托给开展风险投资比较好的银行或者风险投资公司，或者提供占总贷款额度1% ~5%的用于风险投资项目的特别贷款，或者购买该比例的信用保险等。

高技术贷款的中介专业化和相应的政策支持，以微小比例的银行资金设立为高技术创新提供风险贷款的特别基金，能充分降低风险且有合理补偿，此外还可充分利用信用体系、风险投资网络体系，进行银行业务的创新和机构创新，促进高技术企业融资。

### （三）企业上市融资模式

企业上市是直接融资模式，可以减少金融风险。目前，我国的股票市场包括主板市场和二板市场。主板市场是我国为了适应国有企业深化改革，解决企业运行矛盾对社会资金的大量需要而设立的资金市场。2009年10月，我国根据一些高技术企业发展融资的需要和一些风险投资家对资金交易的需要，设立了创业板市场，即二板市场，其市场主体是高新技术企业、民营企业和中小企业。它不是对现有市场的补充，而是与现有市场并行发展的服务于不同领域的新市场。与主板市场比较起来，二板市场具有上市门槛低、监管体系严格、股本全额流通的特点。从金融领域的改革和资金需求的发展趋势看，中国城市还需发展一些地方性的小交易所，以进一步形成投资市场多元化的格局，人们把这种股票市场称为三板市场。

### （四）BOT类融资方式

BOT类方式是特许经营的典型模式，它是指以政府和私人机构之间达成协议为前提，政府向私人机构颁布特许证，允许其在一定时期内筹集资金建设某一基础设施并管理和经营该设施及其相应产品与服务的融资模式。政府对该机构提供的公共产品或服务的数量和价格会有所限制，但保证私人资本获取利润的机会；风险由政府和私人机构共同分担；当特许期限结束时，私人机构按约定将该设施移交给政府。这是城市公共产品充分利用社会资金的有效方式。在BOT融资方式中，政府是BOT项目的控制主体，业主是项目的执行主体，所有关系到BOT项目的筹资、分包、建设、验收、经营管理体制以及还债和偿付利息都由业主负责。大型基础设施项目通常专门设立项目公司作为业主，同设计公司、建设公司、制造厂商以及经营公司打交道。BOT 项目实施过程包括立项、招标、投标、谈判和履约五个阶段。一般而言，法规健全、政策透明度高、市场竞争有效，将为 BOT 的发育提供良好的土壤。

---

【专栏】

PPP 模式通常被称为“公共私营合作制”，是“Public - Private - Partnership”的字母缩写，是指政府（公共部门或国有企业）与社会投资人基于某个项目形成的一种相互合作的“双赢”或“多赢”的现代融资模式，是近年来国际上最为流行的城市轨道交通建设融资模式。城市轨道交通具有较强的公共产品的公益性（非竞争性）属性，同时兼有私人产品的效用可分性和赢利性属性，因此属于准公共产品。其建设和运营既可以由政府来提供，也可以通过政府建立某种补偿机制，通过市场来运作。过去，中国缺少对公共产品和准公共产品提供方式的充分认识，要么全部由政府大包大揽，要么试图走到另一个极端，将本属于政府的公共责任推向市场，搞绝对市场化。

PPP 融资模式正好在这两者之间找到了一个恰当的结合点，将两者有机结合起来。正是由于 PPP 模式具有诸多优势，2004 年北京市开始尝试采用这种城市轨道交通的投融资模式，并成功开通运营了地铁 4 号线，开启了中国轨道交通投融资的一种全新探索。

第一个引入 PPP 模式的是北京地铁 4 号线，时间为 2004 年。北京地铁 4 号线总投资 153 亿元，分为 A、B 两部分，其中 A 部分为 107 亿元土建投资，由北京市政府投资，B 部分 47 亿元的机电投资，由港铁、京投、首创合资成立的项目特许经营公司负责投资建设，即 PPP 模式。

据了解，在 B 部分中，港铁股份为 49%，首创股份占比为 49%，京投占比为 2%。京港地铁公司的特许经营时间为 30 年，在此期间需要负责运营期内线路、设备设施的所有维修维护和更新改造工作。

自 2009 年开通以来，北京地铁 4 号线一直运行平稳，据京港地铁公司首席执行官易珉介绍，PPP 公司的主要收入来源是票务、广告资源经营权、电信资源经营权等收入，4 号线 B 部分项目全部投资内部收益率和资本金内部收益率等指标达到并略超出特许经营谈判阶段投资方的预期。

从2004年北京城市轨道交通建设尝试PPP模式以来，杭州、深圳等地也成功开展了PPP模式的尝试。

资料来源：郭兴宁.PPP——城市轨道交通融资新途径［EB/OL］.(2015-01-07).http：//rail.ally.net.cn/special/2015/0107/4726.html.

### （五）证券类融资模式

证券类融资模式是指以发行证券向社会融资。除了企业上市发行股票外，各种金融机构、企业或政府部门获得国家有关部门批准，都可以发行专门的证券融资，用于国家批准的专门建设项目。随着体制改革的深化，在地方政府有可能具有独立融资权时，可以考虑发行地方政府证券用于城市基础设施建设。某些城市特殊企业在国家批准下，也可以发行企业债券用于特殊的建设活动。这里值得一提的是ABS（Asset Backed Securitization）融资方式，即以资产为支持的证券化。它是指以项目所属的资产为基础，以该项目资产所能带来的预期收益为保证，通过资本市场发行证券来募集资金的一种项目融资方式。其交易结构由原始权益人（政府）、特设信托机构和投资者构成。原始权益人（政府）将自己拥有的财产（如大桥）以“真实出售”方式过户给特设信托机构，特设信托机构获得该资产，发行以资产的预期收入流量为基础的资产支持证券，并凭借对资产的所有权确保未来的现金收入流量首先用于证券投资者的还本付息。

### （六）社会基金和基金会类融资方式

社会基金是国家政府、社会团体或企业为了支持某种社会公益类活动而建立的专用基金，由专门的社会基金组织负责其保值增值和资助使用活动。我国自实行市场经济体制以来，原有的社会福利由于公共管理体制取向的改革而发生了极大变化，许多公益事业和准公共物品的生产要靠社会资金。在这一背景下，鼓励富人捐资建立各种社会基金，资助公益性事业或慈善事业是实现社会收入转移支付的有效途径。这种基金一旦建立便成为一种社会所有财产，有专门的基金管理委员会管理，按照基金章程规定的用途运作，可用于资助科学研究、文化、教育、医疗、卫生等事业，或用于扶贫帮困、助学、救难等慈善事业，因而是我国城市发展社会文化等公益事业的良好途径。

而基金会类的社会融资组织，是以营利为目的专门营运社会资金的金融类组织。这类组织的资金来源于社会存款，其资金使用十分灵活，可以作为城市建设和企业融资的一种形式，但是它的资金成本往往很高。

### （七）信托类融资模式

现代信托已日益演变为一种营业化的特殊金融形式，是由委托人将其合法拥有的财产转移给受托人，受托人以信托财产的名义持有和运营资金，信托财产不受任何信托关系当事人的绝对控制，具有超然独立的法律特征类融资模式。信托机构不仅接受土地、房屋等有形财产的委托而进行财产管理，而且接受现金、有价证券的委托，从事投资和融资活动。信托业已经与银行业、证券业、保险业一起构成了现代金融业的四大支柱。

信托方式可以避免社会集资的高交易成本和非专业股东干预的投资风险。土地使用者将待开发土地的使用权以信托方式交付给信托投资公司，在整个土地上进行开发建设，最后按照信托文件规定，向土地原使用者交付房产或出售房产的资金。信托不但可以满足不同土地使用者的各种合理要求，而且能够吸纳小投资者参与房地产开发，从而获得充分的地产和资金，有效地进行城市改造。

此外，租赁融资方式也可以是城市经济主体融资的必要方式，通过产品租赁、土地租赁以及劳务租赁，满足经济主体供给和需求的各种意愿。

## 三、城市金融和谐发展的对策

### （一）促进城市金融体系健全发展

构建和谐金融体系是一项艰巨复杂的战略任务和系统工程，它的健全不可能一蹴而就，只能是一个全方位思考、逐步推进的过程，并随着经济社会条件的变化而不断丰富其内容。

**1. 加大金融体制改革力度**

创新改革思路，重振改革动力。一是积极配合国家金融改革，加快国有股份制改造，建立产权清晰、权责明确、治理结构完善的现代商业银行制度，提升其竞争能力；二是加快金融业对外开放步伐，努力推进工、农、中、建、交向国际市场进军，努力在主要中心城市开设分支机构；三是加快金融业对内提升力度，按照国民待遇一视同仁原则，在鼓励吸引外资的同时，应放松内资、民资进入金融业的限制力量，争取更多的民资、内资，投资设立金融机构和参与金融机构民营化改造，发展和建立更多的中小金融机构。

**2. 改造金融宏观调控，提升杠杆作用**

积极响应和贯彻金融改革方针政策，加快利率市场化改革步伐，进一步提高利率内生性成分，为宏观调控提供基础性操作工具；加快金融市场建设，打通货币市场、资本市场和保险市场相互之间的连接，提高三大金融市场的市场化程度，鼓励金融风险管理工具创新；扩大差别存款准备金范围，扩宽基础货币投放新渠道，改进窗口指导的方法，探索区域金融调节机制的可行途径，为金融调控提供更有效的操作方式。

**3. 加快建立多层次资本市场体系**

一是重振证券市场。对证券公司进行治理整顿，规范其行为，切实提高上市公司质量重塑证券市场形象。二是发展区域性产权交易市场。通过多种方式满足企业，尤其是中小企业融资的需要，包括股本融资的要求和股权流动性要求。三是大力发展信托市场。要不断扩大信托辐射能力，正确界定信托定位，还信托“受人之托，代人理财”的定位，梳理金融与实业混业经营情况。四是积极培育证券市场。针对目前城市政府普遍存在的政府性融资规模过大的情况，推进市场化改革，可考虑进行市政债券发行工作，由地方政府或授权代理机构提供政府信用，从社会上吸收资金，用于提供公共产品的支出和长期债权性融资。

**4. 鼓励金融创新，提高服务水平**

一是更新服务理念。通过建立统一的金融创新招标市场，借助网络工具为金融创新的需求方与供给方提供金融创新供需信息，将金融创新的需求方与供给方有效地组织起来，围绕客户为中心创新金融组织结构，为客户“量身定做”提供产品。二是拓宽服务范围。金融机构应加大中间业务的供给，增加中间业务收益的占比。三是提升服务能力。一方面，金融管理部门要支持和引导金融机构进行服务创新，促进金融服务的“软件”升级；另一方面，金融机构要加强服务设备和服务的科技含量等“硬件”设施建设，加快电子化和网络化建设的步伐，促进自动服务手段的应用与推广，提高业务能力和运作效率。

**5. 加快实施金融机构“走出去”战略**

在金融全球化的背景下，构建和谐金融必须包含金融机构、金融产品、金融市场和金融体制的国际接轨和国际化内容。一方面，加强城市金融体系对实体经济部门的支持力度，由此形成全方位的“走出去”态势；另一方面，中资金融机构也应积极实施“走出去”战略，认真研讨具体方略和措施，开发那些既具有国际金融市场效应又符合中资金融机构特点的金融产品、运作机制、风险防范技术和金融交易方式，努力降低“走出去”成本，提高“走出去”效率。

**6. 建立高素质的金融人才队伍，提高金融竞争力**

重视人才资源规划工作，根据行业特点，建立符合现代企业经营管理需要的人员级别体系。有针对性地提出防止各种专业管理人才流失的方案，为充分发挥人才的使用效能和让优秀的人才脱颖而出创造良好的环境。健全专业人才管理机制，对专业人员开展全方位、多角度、多学科的知识培训，并通过引入优胜劣汰的机制，强制充电，限期提高，培养各业务领域的专业技术人才或业务专家，实现“智力投入”向生产力的转化。

### （二）促进城市金融生态化发展

和谐金融是金融内生机制和社会经济生态系统自生和共生机制的完美结合。良好的金融生态环境是金融运行的基础条件。金融生态好，就会有更多的资金向这个地区流动，形成资金聚集的“洼地效应”；反之，则会引发资金外流，削弱一个地区经济的竞争力。

**1. 尽快塑造服务型城市政府，为金融业的和谐发展提供良好的市场环境和制度环境**

（1）维护金融经营自主权，加强市场监督，提供良好的市场环境。首先，城市政府不再制定项目让银行发放贷款，而是向银行提供信贷信息服务，或者是搭建一种良好的舞台。其次，政府要监督管理市场的正常运作，维护市场秩序。要协调有关部门严肃查处金融违法犯罪和违规违纪案件，打击违法行为，保护市场的完整与统一，保护市场规则，保护正常竞争，保护银行的合法经营。最后，政府应作为保护者，尊重银行债权并自觉维护银行债权，遏制并打击一切逃废金融债务的不法行为，使银行免除债权不被尊重，甚至被恶意逃废的后顾之忧，更积极、大胆地筹集资金，发放贷款，支持企业和地方发展。

（2）加快相关的制度建设，推进金融的和谐发展。一是加快利率市场化进程，建立金融产品价格市场的形成机制。二是制定合理的民营银行进入和退出机制。本着“规范标准、放开准入、强化监督、鼓励竞争”的原则，尽快建立和完善民营银行的市场准入和退出标准、风险管理制度、竞争规则以及监督办法。三是建立存款保险制度。按照强制性原则、保护存款人原则以及设立最高限额赔付的原则，科学合理地设定存款保险的额度和范围，严格依据各银行的实际存款额来设定，额度超过实际存款额太高，不利于约束银行从事高风险业务，额度太低又难以防范社会风险。

**2. 推进立法，改善执法和司法，大力营造和谐金融生态的法治环境**

（1）推进立法工作，为营造良好的区域金融生态法治环境提供法律依据。必须推进相关法律法规和制度的建设，以体现金融生态法制的规范性、稳定性和执行中的可操作性。对国家专属立法权以外的事项，在国家没有制定法律、行政法规的情况下，地方立法可以先行先试。国家已经制定的有关金融生态方面的法律、行政法规，地方可以制定相关的实施细则、实施办法，使之具有可操作性。

（2）改进行政执法和司法工作，维护公平、公正的法治环境。其一，要强化违约责任追究；其二，城市政府要妥善处理好企业改制与保全金融债权的关系，严格执行国家有关规定和法律程序，支持银行依法参与企业改制的全过程，制定和纠正企业改制中的违法违规行为；其三，强化司法公正，加大执行力度，克服地方保护、人情关系干扰案件审理等问题，使法律真正成为维护信用关系的有力武器；其四，要加强工商、税务、海关、质监、法院、金融机构等部门的合作，联合制裁各种不良信用行为。

**3. 加快信用体系建设，努力构建和谐金融生态的诚信社会环境**

（1）建立社会诚信体系，为金融机构经营提供良好的信用环境。一是要发挥政府在治理诚信缺失中的主导作用，包括两方面的任务：首先是政府自身的诚信建设，要建立法治政府、廉政政府、高效政府和诚信政府；其次是通过政府的主要作用治理企业和个人失信行为，提高社会信用度，使诚实守信成为社会风气和行为规范。二是建立多种形式的信用征信和评价体系，重点是加强企业和个人的征信系统建设。三是加强对各类信息资源的横向联网，建立起一个能够对企业完税状况、守法状况、财务管理状况、产品质量状况和盈亏状况等各方面进行完整记录并提供查询服务的企业信用数据库，逐步形成一个包括企业信用记录、信用征集、信用评价在内的社会信用评价体系。

（2）培育信用中介服务机构，为建立信用社会提供良好的配套服务。一是要对信用中介服务机构实行特许经营，严格监管建立市场准入、退出机制；二是制定有关工作引导和管理规则，规范信用中介机构从业行为，建立信用中介机构执业标准；三是积极推动信用中介机构完善法人治理结构，拓宽信息来源，丰富服务产品，提高服务质量；四是牵头成立地方行业协会，加强行业自律。

### （三）促进城市金融可持续发展

城市金融可持续发展就是各种金融资源，包括货币资源、资本资源、金融制度资源和金融商品资源等的开发利用和协调发展。

#### 1. 认清所处的社会经济环境

要加快各地金融资源的融合实现金融资源的优化配置，必须根据本地实情，构建符合本地特色的体制，只有这样，才能从根本上提高区域金融资源的效率。

#### 2. 正确区分区域金融资源的效应功能

所谓区域金融的效应功能，是指以金融要素协调运行的手段，以推动社会、经济协调发展为目的的区域金融资源开发、配置所产生的效应功能。任何金融资源的配置，必须首先进行正负效应功能的划定，其判断的主要依据是宏观效率环境和微观效率环境的动态变化。效率环境相对稳定则金融效率配置状态处于正效应功能；效率环境发生波动则金融资源配置状态处于负效应功能。

**3. 遴选效应功能，区分主次，把握关键**

针对本地区的具体情况，对区域金融可持续发展不同功能效应进行排序，选出适合区域环境的主导功能，将效应功能相对较大的资源配置于有利位置。注重整体效果，当不同功能效应有冲突时，可以适当牺牲其中个别资源的最大功能，以获得其他资源配置功能的提升和各个要素综合协调功能最优。

### （四）促进城市金融安全运行、防范区域金融风险

**1. 尽快建立城市金融的风险防范体系**

有效防范和化解风险，是构建和谐金融的必要条件，也是和谐金融的内在机制。完善的城市金融防范体系包括三个方面：（1）建立科学的信息决策体系，城市金融机构应从自身做起，加强内控机制，积极防范和减少信息泄露与丢失是发挥金融监管职能的纽带，科学的信息决策体系是金融监管的有力保障。（2）建立金融风险预警和转移体系，建立危机预警体系经可设立由金融专家组成的危机评估机构，与监管责任部门配合监测区域内外各种风险，进行追踪分析、预测、建立报警发布机制。金融风险转移体制的作用就是及时转移和化解个别金融机构出现的风险，防止危机的蔓延。（3）建立有效的危机处理系统，其最直接的作用就是在金融体系的某一部分出现严重问题时，对其实施“外科手术”，避免危机的蔓延。

**2. 城市金融机构应从自身做起，加强内控机制，积极防范和减少金融风险**

首先，大力促进金融体制改革，建立现代企业制度。加强国有金融机构股份制改造进程，以完善金融产权制度为中心，通过建立以股东为核心的有效的法人治理结构，努力构建金融机构内部的制衡与协调机制，改进服务方式，加快创新步伐，推动业务发展。其次，各金融机构必须加强同业自律，坚持依法合规经营、有序竞争，强化相互监督和自我约束机制，共同维护金融秩序，着眼长远发展，克服短期行为，结合自身优势，合理进行市场定位，不搞盲目追风，重视风险防范。

**【本章小结】**

1. 中国的城市是行政实体，由政府以行政地位的职能、经济发展水

平、开放程度以及城市总人口为条件来设立和划分。城市依据其行政地位被划分为三个等级：县级市、地级市和直辖市。

2. 城市政府职能是指城市政府在城市这一特定区域内依照宪法和中央政府赋予的权利，为满足城市社会的共同需要，在实现城市公共品配置的过程中，独立地指导、管理、服务、协调、监督城市经济运行，以保证城市社会、经济和环境持续有效发展的作用和功能。城市政府职能主要包括以下几个方面：提供经济发展的制度结构；组织公共品和服务的供给；公共资源和自然资源的保护；配合中央政府的分配职能，调节本地区的收入分配。

3. 城市公共品是指在城市范围内主要以城市为供给主体，被全体市民享用（但非独享）并具有一般公共产品特征的、城市生存和发展不可或缺的产品，包括狭义的公共品和广义的公共品、纯公共品与准公共品。

4. 城市财政属于地方财政，是国家财政的重要组成部分，它是在城市范围内利用价值形式对社会产品和国民收入进行分配与再分配的工具。城市财政有两种解释：狭义地看，是指城市政府的财政预算；广义地看，则是指一切利用货币表现的对城市人民所创造的剩余产品进行分配与再分配的过程，包括城市财政预算收支活动、城市中各工商企业的财务活动、城市中各银行的信贷收支活动，以及城市居民的货币收支活动。

5. 城市财政收入的形式，主要有税收（预算收入）和收费（预算外收入）两种。相对于其他形式的财政收入而言，税收收入更具有普遍性和稳定性。凡是在城市管辖区域内的单位与个人，都必须以法律规定的范围和额度纳税。美国供应学派的经济学家拉弗认为，在一定限度以内，税收收入将随税率的提高而增加。

6. 城市财政支出是对城市财政收入有计划地进行分配的过程，大致可以分为以下三类：一是城市财政消费性支出；二是城市财政投资性支出；三是城市社会保障支出。

7. 城市财政支出在贯彻执行中央财政政策的基础上，其性质是城市政府如何向市民提供公共产品和服务的政策选择问题。进行这种选择，要坚持如下原则：统筹兼顾、全面安全原则，量入为出与量出为入相结合的原则，讲究效益原则，取之于民、用之于民的原则。

8. 金融市场，是指以金融资产为交易对象而形成的供求关系及运行机制的总和。它是一个多样化的市场体系，主要包括以下几个市场：货币市场、资本市场、外汇市场、黄金市场、金融衍生工具市场。城市金融市场的良好运作离不开政府的监管。由于现实的市场并不是完全竞争的，会存在市场失灵的现象，所以政府的监管是必不可少的。金融的监管具体包括以下几个方面：防止金融资产的发行者隐藏信息欺骗投资者、促进金融市场的竞争和保证金融资产交易的公平性、维持金融和市场的稳定。为达到上述目标，通常采取的监督形式包括：信息披露的管制、金融交易行为的管制、金融机构的管制、银行货币的管制。

**【关键术语】**

城市政府　城市公共产品　城市政府收入　城市政府支出　城市金融融资模式

**【思考题】**

1. 城市政府经济职能主要包括几个方面？

2. 与全国性公共产品及其他地区公共产品相比，城市公共产品有哪些特征？

3. 城市财政职能有哪些？

4. 城市财政支出可以分为几类？

5. 我国城市投融资模式有哪些？

# 第八章

# 城市问题经济学

现代城市大多面临着交通拥堵、住房拥挤、环境污染，城市安全等问题，通过本章的学习，掌握城市问题背后的经济学知识。本章内容包括：使用经济学原理解释城市交通、住房、环境、安全等问题出现的原因；从城市经济学角度提出解决现代城市问题的有效方案；举例说明城市环境问题的外部性。

**【重点问题】**

◎城市交通拥挤的经济学解释

◎城市住房经济的特征

◎城市环境的外部性

◎城市应急管理预案

## 第一节　城市交通

### 一、城市交通经济概述

城市交通一直是城市经济学界关注的热点问题之一。早在 20 世纪 20 年代，城市规划学者就将交通与生产、生活、居住并列为城市的四大主要功能。今天，随着城市人口的急剧增加和私人交通工具的发展，城市交通也出现了诸如交通堵塞、出行困难、交通噪声与污染等一系列问题。现代城市交通已不仅是一个市政工程或交通技术问题，而是一个综合的社会经济问题。

### （一）城市交通经济的内涵

交通是指人们出行的方式，是承载出行工具的基础设施和出行工具构成的综合体系。交通经济是合理有效利用城市的交通资源，使出行者效用最大化的状态。交通模式是否经济，有如下几个主要判定标准：到达目的地的出行时间短、出行费用少；交通设施及其工具的运行所带来的诸如噪声、空气污染等负面效应较少；交通方式耗能较低；交通的基础设施和工具所占空间与其他社会经济设施不发生矛盾或占据很小的空间；交通方式使人感到舒适，等等。这些判定标准都可以理解为是交通经济的内涵。

综合来看，交通的经济状态在于交通基础设施与交通工具的最佳配合，即单位交通基础设施能够运载更多的交通工具。因而交通经济内涵的主要方面，在于交通基础设施通过能力的大小。于是，人们认为，若满足人们对出行时间、出行成本经济方面的考虑，一个好的方案就是建设尽可能多的交通设施。但是，随着城市化的进程，城市人口大量增加，除了对交通需求大量增加，还有对住房、其他公用设施等的需求都在急剧增加。而一个城市的土地资源是有限的，建设交通设施的空间也是有限的。同时，交通资源作为公用设施，是公共产品，基本上由政府出资建设，会对城市财政形成很大压力。有人把希望寄托在科学技术发展上，但是技术发展是一个长期的现象，不可能总是能够满足交通建设的需要。因而从现实来看，在空间和其他交通资源允许的情况下，可以尽可能地多建一些诸如立交桥、轨道交通等交通设施，缓解交通压力。但由于土地是有限的，如果空间和其他交通资源不允许的话，就要在提高现有交通资源使用效率和节制需求方面采取措施。城市交通技术的利用主要面向提高空间的交通效率，对交通需求的限制主要考虑限制私人高档的出行模式，鼓励公共交通，为此，要研究和大力发展智能交通系统等。

### （二）城市交通系统及其意义

城市交通系统是城市社会经济系统的一个子系统。现代城市交通系统已经发展成了一种立体化综合化的系统，包括城市内部交通系统和城市外部交通系统两个部分。

城市内部交通系统是城市交通系统的主体，城市外部交通系统是城市经济发展的重要条件。城市交通系统主要由以下部分构成：(1) 城市交通基础设施系统，包括城市道路、桥梁、轨道、航空和铁路等；(2) 城市客货运输工具系统，包括公共汽车、电车、出租车、地铁、轻轨等公共客运系统，自行车、人力三轮车、摩托车、私人汽车等个体客运系统以及城市内部的货物运输系统；(3) 城市交通控制系统，包括交通标志信号系统，交通信息采集传输、控制等交通管制系统。

世界各国的城市交通发展历程并不完全相同，但大都经历了以下四个阶段。

第一阶段：普力（马车、牛车等）或人力交通为主的阶段。

第二阶段：机动化的公共交通阶段。汽车发明以后，城市交通逐渐进入机动化发展阶段，但在相当长的一段时期内，由于能够拥有私人机动车的居民数量有限，城市交通以公共汽车、公共电车以及大运量的轨道交通为主。

第三阶段：机动化的私人交通阶段。汽车工业的发展使机动化的私人交通工具得以普及，尽管城市公共交通系统的技术条件和技术手段更为先进和丰富，但机动化的私人交通已经在城市交通系统中取得了前所未有的重要地位。

第四阶段：汽车加高速公路阶段。高速公路的发展为汽车交通提供了极大的便利，也极大地扩展了人们活动的半径。

从表面上看，城市交通从一个阶段过渡到另一个阶段，技术手段在不断提高，居民出行的自由度和方便程度也在提高。然而，事实并非如此。西方国家的城市交通发展历程表明，城市交通的每个不同发展阶段，都有其独特的问题，不同阶段既有优势也有劣势，不同的国家应该根据自身国情选择和确定城市的主导交通方式，并通过政策和规划引导和促进合理的城市交通方式的形成。形成合理的城市交通系统具有以下几点重要意义。

第一，城市交通不只是为城市服务，同时也构成城市的一部分。城市生活的方式及特点与城市交通系统的性质和服务质量密不可分。例如，城市里轻便、快捷、舒适的轨道交通，其轨道有的部分架到空中，有的部分钻入地下，有的部分与路面平行。沿途通勤的人们在早晚的一定时间乘坐轻轨，不仅是上班和回家，还因享受到沿路风光而感到惬意。于是，作为城市生活的部分内容，乘坐轻轨在某种程度比到公园里乘坐缆车还有意义。因此，选择良好的城市交通模式，不但具有交通意义，还有观赏城市景观、舒散心情等城市文化意义。

第二，城市交通作为城市的一个构成部分，对城市发展有重要意义。城市交通把城市中的建筑物、各种市政服务设施以及各种城市活动连接起来。城市交通和所连接的建筑物、市政服务设施与活动联系得越是紧密，越能达到它们的服务功能。这种效果的实现依赖于城市规划。因为城市交通设施如何布局，会直接影响城市的大小及其扩展、城市的布局。故城市交通部门与供水、供电等部门不同，它负责为人们提供多类型的交通方式，从而影响城市空间结构。城市交通与城市布局之间的相互影响使城市交通的功能大大复杂化。

第三，城市交通系统与其他运输系统进行比较，城市交通系统是一个复杂的、相对独立的、完整的运输子系统，包括私人与公共交通方式和各种基础设施（停车、换乘设施，道路、轨道、轮渡设施等）。随着城市轨道交通、小汽车交通的发展，高新技术带来智能交通的发展，国家和地方政府的投资将会更大。城市交通系统除了具有一般运输方式的特点，还具有自身特点和内在规律。例如，面向低收入阶层，公交车实行低价策略；城市交通系统构成国家整个运输系统的枢纽和节点，而不从属为“公路”的一部分等。城市交通的这些特点和复杂性决定了它对国家整个运输系统的重要影响作用。

## 二、城市交通的经济学分析

### （一）城市交通的公共经济属性

城市交通总的来看，有较高程度的公共经济属性，但是分解来看，构成城市交通的各个部分，如基础设施和交通工具部分，其公共经济属性的程度又有很大的差异。剖析其公共属性的不同程度，对城市政府制定相适应的公共规制政策十分重要。

城市交通产品是人们联合消费、共同受益的物质产品形态和非物质产品形态的服务产品。城市交通的公共产品属性，表现在：(1) 一定程度的效用不可分割性。城市交通基础设施的效用具有共同享用的特点，在其规模范围内，不能将其分割为若干部分分别归属于某些个人、家庭或企业享用。(2) 部分交通设施消费的非排他性。有些城市交通设施，在技术上很难将没有为之付费的人排除在受益范围之外，诸如路灯、非封闭的道路等，人们都可以使用，如果硬要限制某些人对这样的交通设施的使用，将要付出极高的成本。(3) 消费的一定非竞争性。个人在使用或消费交通设施时，不会影响他人同时享用。在交通设施的规模范围内，即一定的使用人数范围内，人们使用交通设施不存在竞争。(4) 部分交通设施消费的强制性。有些城市交通设施面向所有城市居民布局、谁都不能拒绝使用它。例如，道路已经建设，人们可以选择走哪条路，但绝对不会选择不走路；又如路灯已经亮了，走在城市夜间的路人不可能不使用。这就是城市交通消费的强制性。

城市交通的上述属性，对于不同的交通设施来看，程度有所不同。一般来说，城市交通的基础设施部分，即道路、路灯、桥梁、航线、运转站场等，公共物品的属性要高一些；而交通工具部分，如火车、汽车、飞机、电车、出租车等，公共物品的属性要低一些。当超出交通工具的容量时，私人物品的属性会逐渐加大。即使是基础设施部分，也会具有部分的私人产品性质。例如，一条道路在一定的负荷内，每增加单位的使用者并不会有很大的影响，但是当超过其负荷时，随着使用者的增加，道路会变得拥挤，这会使人们出行时间增加，出行成本变大。这就是说，交通产品的效用并不是完全不可分割的，交通产品的消费具有一定程度的竞争性，从而也可以采用排他性的经营方式。因此，城市政府需要对交通产品的不同种类进行具体分析，在正确认清其经济属性的基础上，采用与之相适应的调节政策。

【专栏】

交通拥堵，是世界各国现代化大都市面临的共同难题，但人们提到大城市交通拥堵时，会把日本东京排除在外。在东京，虽然做不到路路畅通、时时畅通，但在上下班高峰期，东京不仅不会堵车，反而道路最为畅通。即使东京平时堵车，也是缓慢前行，不会出现堵死不动的现象。

数据显示，截至2020年，东京是日本最大的城市，面积有2190平方公里，是北京市的1/7，常住人口却超过1300万人，北京市是2100万人。东京每平方公里的人口密度是北京的4.6倍，机动车的数量是北京的1.5倍多，但交通状况比北京好很多，堵车情况很少发生。据曾经去过东京的朋友讲，东京道路非常顺畅，没有大城市交通拥堵的通病。

发达的轨道交通系统，是东京消除拥堵的利器，与各大国际都市相比，东京地铁系统非常发达，领先世界，据东京都的统计，目前东京的交通出行总量中，地铁系统占80%，远远高于纽约的54%，巴黎的37%，伦敦的35%，东京的汽车出行只占交通总量的10%，另外公交巴士、摩托车及其他（自行车、步行），分别占1%；早在1927年，东京就修建了从浅草至上野的2.2公里长的地铁，第二次世界大战后的1954年，东京开始大规模建设地铁和轻轨，目前东京都两个小时通勤圈内轨道网总长度达2365公里，远远超过巴黎、纽约和伦敦，东京轨道交通不仅路线长，规模大，而且十分准时，发车频率一般为3到5分钟一班，高峰时两分钟，一般包括自然灾害在内的平均延误仅为0.6秒，这些轨道线路形成了一个覆盖整个东京的交通网络。

东京地铁系统的发达，并不仅限于线路多和覆盖面广，更为重要的一点是换乘便利，站内指示牌随处可见，而且交叉站点的换乘步行时间平均不会超过五分钟，星罗棋布的地铁站设立后，还必须减少居民前往站点的时间，如果太远，他们往往会放弃轨道交通，改换其他方式出行，在东京工作或生活的人，在以住宅或工作地为中心的不大的圆周内，能够很方便找到车站，东京都所有住户中，从住宅到附近车站距离不足500米的占62%，超过1公里的只占0.6%，因此东京市民出行不需要依赖汽车，开车一般都是假日去购物或旅行，对于想自己开车的人，东京的办法是，让他们买得起停不起，寸土寸金的东京市内，能为员工准备停车位的单位极少，连1%都不到，有车也没位置停放的，日本人的工资一般包含了通勤费，但这个通勤费严格按照居住地点至单位的轨道交通费用计算，如果选择自己驾车上下班，那就得自己承担高昂的停车费，东京市区停车费用不统一，在路边划定的区域停车一个小时300日元，相当于20元人民币，但是只限定停一个小时，超过时间就会被马上贴条，随之而来的将是一张1.5万日元（约900元人民币）的罚单，最为常见的是自助式停车场费用，大概是每小时600日元（约36元人民币）至1500日元（约90元人民币）不等，这是个什么概念呢，举个简单的例子，东京一个刚参加工作的大学毕业生，月薪平均在20万日元左右，如果每天自驾车上下班，停车费按平均每小时800日元，每天8小时计算，一个月工作22天就需要14.8万日元，如果自己驾车上下班，停车费用就要占到一个月工资的70%以上。停车费太贵，有些人就会乱停车，东京本就狭窄的道路将更加拥堵，对此，东京政府采取了严格的处罚措施，从2006年开始，东京警视厅聘用了大量民间监督员，治理乱停车，对于违章停车的处罚也是立即执行，一次罚款达到1.5万日元（约900元人民币），高压政策实行后，效果非常明显，东京十条主干道违章停车现象四年间减少了82%，平均每公里的行车所需时间减少了11%，在严格的城市交通管理下，东京以少量的土地，世界级的人口，树立了大都市交通治理的典范。

资料来源：吕红星．东京，治理交通拥堵的典范［EB/OL］.（2020－06－08）. https：//baijiahao. baidu. com/s?id＝1668856914017092327.

### （二）对拥挤问题的经济学分析

当城市交通工具的数量超过城市道路的承载能力时，就发生了交通拥挤现象。第二次世界大战以来，世界性和平与发展的主题成为主流，城市交通发展极其迅速，交通方式的普遍机动化、私家车化，造成了当今世界各国城市内通行困难和交通效率低下的现象。这种“交通拥挤”问题，意味着城市道路容量不足、机动车数量过度膨胀、公共交通系统运行效率降低、居民出行用时增加以及与此相关的停车困难、机动车污染、交通事故上升等诸多问题。拥挤问题更多的是随着私人汽车交通方式的日益流行和增加而逐渐出现并日益严重的。因此，这里研究城市交通拥堵现象，主要分析私人汽车交通方式带来的拥挤问题和相应的治理对策。

城市中的每个私家车主在计算出行成本时，根据经济学观点，计算的仅仅是私人成本（AC），而不考虑由于加剧了道路拥堵而加在其他驾车者身上的费用。只要他们认为行车所得到的收益（AR）多于其支出（AC）就会选择出行。这样，私家车主出行加剧的道路拥挤而引起的其他驾车者更多的费用与其私人成本之和构成了边际社会成本（MSC）。由于私人成本小于社会成本，由私家车主按其私人成本决定的出行量就会超过按照社会成本决定的交通流量。这就是城市交通拥挤问题产生的经济学原因。

图 8－1 中，纵轴 C 表示交通成本；横轴 V 表示交通量（车辆数），它用每小时、每条车道通过的汽车数量来度量。两条曲线分别为交通出行的私人行车成本和社会行车成本。可以看出，交通流量达到 $V_0$ 之前，两条曲线重合，私人行车成本与社会行车成本一致，说明 $V_0$ 是道路系统的设计容量。在这个限度内，增加的车辆进入车道并不影响其他车辆的车速，不存在外部性。而超出 $V_0$ 点，情况就有了变化，此时新加入的车辆使车道变得拥挤，并迫使所有的机车减速，外部性便产生了。

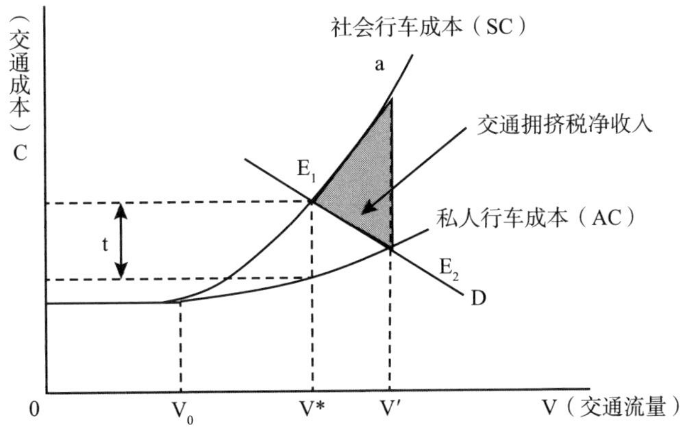


**图 8－1　城市交通的拥挤原因——交通私人成本与社会成本的差别**

那么，怎样的城市交通流量为最佳呢？设使用行车道的边际收益由需求曲线 D 表示，私人收益与社会收益相等。根据微观经济学，边际收益与边际成本相等时，为产出的最佳数量。所以，图 8－1 中的边际社会收益与边际社会成本交于 $E_1$ 点，与 $E_1$ 相应的 $V^*$ 就是从社会效益考察的最佳车流量；而边际私人成本（AC 曲线）与边际私人收益相交 $E_2$ 点，与其相应的 V′就是从私人角度来看的最佳车流量。因为，从私人角度来看，$V^*$ 处的边际私人收益仍高于边际私人成本（AC 曲线），出行仍然有净收益，因而仍然会有新的车辆加入车道，直到 D 与 AC 相交，出行的车辆达到 V′为止。过了 V′点，边际私人成本高于边际私人收益，人们就不会出行了。可见，私人角度的最佳车流量 V′高于社会角度的最佳车流量 $V^*$，这就是拥挤产生的根本原因。

## 三、缓解交通拥堵的方法

### （一）交通拥挤税的原理

显然，依靠市场机制的自发调节，是无法消除城市交通拥挤现象的。为了使车流量保持在从社会角度来看的最合理水平 $V^*$ 点，从而解决拥堵问题，根本的途径在于使外部成本内在化，即由私人负担其带来的边际社会成本。实现这一目的的最简捷方法就是征收拥挤税，税额要刚好等于其外部成本，政府刚好可以用这些税收来保证最优公路的养护费用。图 8－1 中的 t 代表应征收的拥挤税，等于社会成本高于私人成本的部分。征收拥挤税后，行车的私人成本将上升到等于社会成本，从而促使私家车出行者改变其出行方式，使机动车道的车流量从 V′降至 $V^*$。

征收拥挤税给社会带来了社会净收益，尽管有些人可能受损。在实行了拥挤税后，继续驾车出行的人们一方面得到了通畅道路，从而节约了行车时间和成本，另一方面要向政府纳税和损失一些消费者剩余；而改变出行方式者，虽然损失了使用机动车道的便捷和一些消费者剩余，但是却避免了缴纳拥挤税或避免了增加社会成本从而获益。在图 8－1 中，政府从 $V^*$ 处开始征收拥挤税，由于税率是随着交通拥挤程度的提高而递升的，所以，处于 V′处的驾车者（假定是道路上的第 1000 位出行者）要缴纳最高的拥挤税。如果这位驾车出行者改变出行方式，不再行车，就会省掉最高的高于私人成本的社会成本；如果第 999 位出行者也改变了出行方式或不出行，就省掉了次高的社会成本。这样，政府的拥挤税将会使社会不再付出由 $E_1$、$E_2$ 和 a 围成的三角形面积的社会成本，从而得到相等面积的社会净收益。对此，原则上政府将会把来自收益方的收入分配给受损方，以保证人人都能从交通拥挤税中受益。

为了提高效率，交通拥挤税必须因时间和地点的不同而不同，越是拥挤的道路，拥挤税应越高一些。交通最拥挤的道路在空间上看，通常发生于往返中央商务区和就业中心区的地方，在时间上看通常发生于早晚高峰期。

图 8－2 表明了高峰期和非高峰期的需求曲线和交通拥挤税。在非高峰期，行车的需求相对较低，交通量 $V_0$ 就较低，因而最优交通拥挤税（t）相对也较低；随着对道路需求的逐渐增加（需求曲线右移），在高峰期的需求上，交通量迅速提高，交通拥挤税（t′）就要高一些。

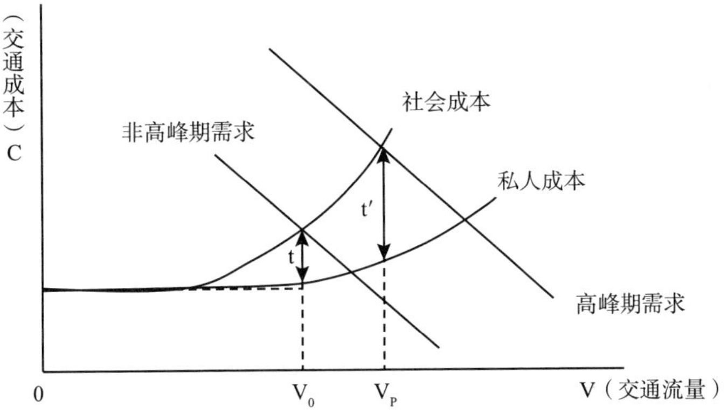


**图 8－2　高峰期与非高峰期的交通拥堵税**

要准确地根据道路的拥挤程度征收拥挤税，在实际操作上存在困难，它不但需要测算税额大小，还需要确定车辆何时进入何处拥挤区域。美国目前已设计出机车识别系统（VIS），在这个系统下，每辆车都装了一个异频雷达收发机，当汽车经过时，它能通过沿途的传感器识别出来，系统记录了机车使用交通拥挤公路的次数，并在月底将交通拥挤税单送达行车者。另一种方法是：在每一辆车上装一个装置，用于现金卡或借记卡刷卡，当汽车经过检查点时，卡的价值（插进汽车内装置）将减少与交通拥挤税相等的金额。

新加坡是第一个采用收费来控制交通量的城市。1975 年，新加坡划定了城区道路拥挤定价的边界，正式实施城区的区域通行证制度（ALS）。起初，主要目的是限制私人小汽车在上下班高峰时段的使用，后来扩大到整天。这个制度减少了44%的交通量，并提高了交通速度。1998年，新加坡区域通行证制度（ALS）被电子公路收费制度（ERP）取代。在电子收费制度下，对行车者在中心城市地区的不同地点经过时收费不同，一天中的不同地点不同时间的收费也不同，在交通最拥挤的地方的高峰期收费最高。

近年来，许多国家的一些大城市不同程度地实施了拥挤定价的交通管理措施，这将使拥挤状况得到缓解。行车者对收费高的应对方法往往是改变行车方式、减少交通量和提高行车效率，他们通常的反应措施有：共乘一辆车、改乘公交车、改在非高峰期行车、选择可替代路线、将两个或多个行程合成一个行程等。这些反映了在城市交通日益机动化和私人化发展的情况下，交通拥挤税可能是缓解城市中心区道路交通拥挤的一项有效措施。并且，随着无线移动通信技术和自动化管理技术的日益成熟，建立功能更加完善、更接近理想状态的城市道路拥挤定价收费系统的可行性也在不断提高。

### （二）缓解交通拥挤的其他调节方法

除了拥挤税，还可以采用其他方法来改善城市交通的拥挤状态。

（1）征收汽车使用税。这是以增加汽车行驶费用来减少汽车使用以达到缓解交通拥挤的方法，可以称为“拥挤定价”。典型的例子是实行的汽油税和停车税。

汽油税是交通拥挤税的一种替代方法。它的一个简单理由就是，如果行车变得更昂贵，交通量就会降低。问题在于汽油税增加了所有汽车的行驶成本，而不是在高峰沿交通拥挤线路的行车成本。与交通拥挤税改变行车时间和路线相比，汽油税并不能鼓励行车者改为在其他时间和路线行车。

停车税是想通过阻碍人们自己开车上班而减少道路上的车流量。停车税一般是在交通拥挤地点和交通高峰期征收，这使得一些通勤者可能会转而改为小车共享或乘坐公交车，也可能会因此更改行车时间，从而在一定程度上减少了拥挤现象。但是，停车税存在着三个潜在问题，这使其不能充分发挥作用：一是与增加了单位行车成本和减少行车距离的交通拥挤税相比，停车税与行车距离无关，因而通勤者没有足够动力通过靠近工作地点居住来节约行车成本；二是由于大量的交通拥挤问题是由不在交通拥挤区停车引起的，所以停车税不能迫使所有高峰期行车者为他们造成的交通拥挤付税；三是在非高峰期也可能发生拥挤现象，此时停车税无能为力。

（2）增加公路运载容量。这是应对交通拥挤的另一个对策。拓宽公路增加它的运载容量后，降低了拥挤临界，使所有高于初始拥挤临界的任何一个交通量具有了较低的私人行车成本。图 8 -3 表明，较宽的公路在交通量较高时使行车成本下降从而交通量增加，城市交通需求由曲线上的 D 点滑向 E 点。

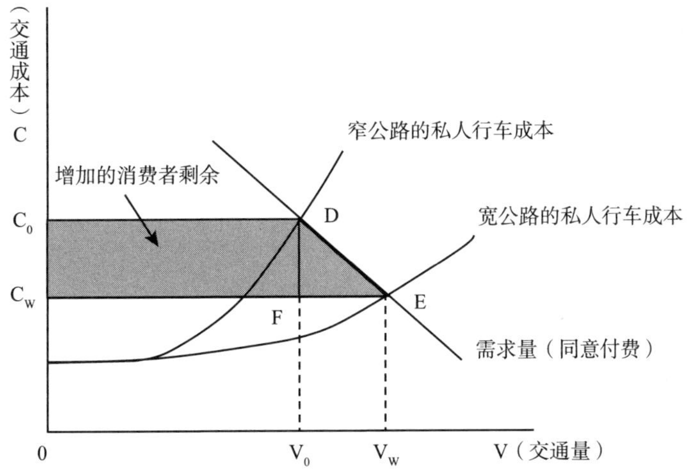


**图 8 -3 拓宽公路的效果**

拓宽公路是否有效率？可以用消费者剩余方法来衡量。消费者剩余等于行车者愿意支付的金额减去行车实际成本。公路的拓宽使私人行车成本曲线向右移动，交通拥挤临界提高，并且在大大提高了交通拥挤临界的交通量的同时，降低行车成本，这将使交通流量从 $V_0$ 点上升到 $V_W$ 点。这使消费者剩余大大增加，其数量为图 8 -3 中由梯形 $C_0DEC_W$ 表示的阴影部分。这个增加额包括两部分内容：一是 $V_0$ 以前的行车者，通过私人行车节省的成本（$C_0 - C_W$）增加了消费者剩余（$C_0DFC_W$）；二是由于行车成本降低所吸引的 $V_0 - V_W$ 的新进入车道的行车者，他们获得了由三角形

DEF 表示的消费者剩余。如果消费者剩余的总增加额大于拓宽公路的成本，那么拓宽公路的收益就大于其成本（这里忽视了污染成本）。

但实践证明，完全靠加大道路投资进而增加公路容量的办法，很难从根本上解决城市交通问题，原因在于高峰期行车的需求是高弹性的。最初很多通勤者因交通拥挤、公路的速度慢而放弃使用这段公路，从而形成“潜在需求”现象；且公路容量增加，行驶速度就会提高，原来放弃使用公路的那部分人就会转到以前交通拥挤的公路上来。这种潜在需求在高峰期占满了大部分或全部新容量。这一现象引起美国交通问题研究学者安东尼·当斯（Anthony Downs）的注意，他在 20 世纪 60 年代提出新交通设施建设诱发交通量的观点，被交通问题研究学界称为“当斯定律”（Downs Law）。该理论阐述了道路建设难以解决交通拥挤问题的一个重要原因——诱发新的交通量。同时，从城市有限的空间范围看，不断增加道路的办法也不符合城市土地利用和环境保护的要求，城市道路的增加是有限度的。

（3）公共交通补贴。对公共汽车、地铁、通勤列车、轻轨等公共交通实行补贴，会降低公交车的车票价格，使人们更多地利用公共交通工具，是交通模式集约化的表现，从而有力地缓解交通拥挤。公交车和私家车是相互替代的行车模式，公交成本的降低和乘坐的舒适度日益提高吸引了一些汽车通勤者转乘公交车，于是公交补贴减少了汽车交通量，缩小了交通均衡量和最优量之间的差距。

## 第二节　城市住房

### 一、城市住房经济概述

住宅是人类赖以生存的基本物质条件之一，它集生存资料、享受资料与发展资料于一体，和食物、衣服、交通工具合称“衣食住行”，是人们必需的基本消费品。住宅的需求与供给、建设与分配，是国际公认的重大经济和社会问题。

我国正处于城市化时代。随着非农产业的迅猛发展，大量农村人口转移到城市，城市规模不断扩大，城市人口密度、建筑物密度越来越高。这在为城市发展提供了条件的同时，也带来了许多城市问题。城市住宅问题就是其中一个最为突出和尖锐的问题，也是当前我国政府和广大城市居民极为关注的一个重大经济社会问题。因此，发展城市住宅经济以满足城市居民适宜居住的需要，就成为当前我国城市经济理论需要研究的课题，这一研究应当从认识城市住宅的属性开始。

首先，城市住宅的自然属性。住宅作为一种建筑物，具有耐久性、固定性的特点。耐久性是指住宅具有较长的使用年限，在整个使用年限内，住宅为人们提供服务，直至它的寿命终止；固定性是指住宅一经开工建设，就在某空间位置上固定下来，这是由土地的固定性决定的。

其次，住宅的经济属性。住宅是一种特殊的商品，它有三种经济特征。其一，作为一般商品，住宅凝结了大量的物力、财力与人力，这是它价值的基础，也是商品的共同性。因此，住宅可以买卖，可以按照住宅的不同质量和功能，制定不同的价格。其二，作为特殊商品，住宅具有准公共产品属性。因为住宅关系到城市居民的基本生计问题，不能将其作为完全的私人产品看待，要求政府从社会稳定的需要出发，限制住宅价格或数量。其三，住宅的固定性和耐久性特点，使住宅成为具有价值储蓄性质的不动产，可以用来作为投资工具或投机的工具。

最后，住宅的社会属性。住宅是社会性程度很高的产品。一是它作为满足居民基本生存和发展需要的重要消费品，已经成为居民提高生活水平的重要追求目标。我国城市居民的食物和衣服消费已不成问题，而居住方面的问题还大量存在。需要国家制定相适应的住宅政策。二是城市住宅的外部性很强，涉及多方面的社会问题，如人口迁徙、城市交通、教育、医疗等公共设施，社区发展和中小企业发展等多方位、多角度的相关利益群。尤其在全球化和后工业社会的大背景下，与住宅相关的社会问题呈上升趋势且越来越复杂。所以，住宅问题不仅对个人具有非常重要的意义，而且也是一个重大的社会问题。“安居”才能“乐业”，没有基本的住所，人们无法安心工作、学习和生活，社会稳定将得不到保证。所以，保障人民有一个舒适的居住环境一直是各国政府努力的政策方向之一。

## 二、城市住宅市场的经济学分析

### 1. 城市住宅市场的需求分析

作为商品出售的住宅，与一般商品一样要受供求规律的支配，形成一定的均衡价格，调节住宅的生产与需求。

决定住宅需求的因素主要是居民收入和财产水平、住宅价格、住宅抵押（按揭）贷款利率和通勤费用，这些因素对住宅的需求有不同的影响方式。住宅商品的需求模型是：

$$H_D = f(y, p, i, t) \tag{8-1}$$

式（8－1）中，$H_D$ 为住宅需求量；y 为居民收入和财产水平；p 为住宅价格；i 为住宅抵押贷款利率；t 为通勤费用。

其一，收入水平是影响住宅需求的一个重要因素。一般来说，城市居民对住宅的需求大小，同城市居民收入和以往收入形成的财产多少成正比。其二，住宅价格水平是影响住宅需求量最明显的因素。住宅价格上升会抑制住宅需求，住宅价格下降会刺激住宅需求。研究表明，人们对住宅价格比较敏感，住宅的需求价格弹性约为 1.5。其三，住宅抵押（按揭）贷款利率。在人们收入不足时，有时会考虑到通过按揭贷款解决住宅费用的支付问题。我国城市居民的收入相比发达国家普遍偏低，房价－收入比很高（10：1～20：1）。我国政府为此建立了住宅公积金制度。城市居民购买住宅的钱不够，参加住房公积金的人员可以申请公积金贷款，没有参加的可以向各家银行申请商业按揭贷款。住房公积金利率是商业按揭贷款利率的起始标准。这样，在一般情况下，住房抵押贷款利率就成为影响居民住宅需求量的一个重要因素。抵押贷款利率过高，会抑制居民的住宅消费。但是也有特殊情况，在利率水平低于房价上涨水平的情况下，也许不会抑制居民的住宅需求。其四，人们对未来的预期。人们购买住宅，既是一种消费行为，也是一种投资行为，人们是期待住宅的未来升值而考虑现在的购买。如果单作投资看，若预期悲观，就会减少购买住宅；若预期乐观，就会增加购买住宅，从而影响住宅需求的变动。这种预期往往会产生一种惯性作用，从而扭曲住宅价格，即当人们预测住宅价格会上涨时，会增加对住宅的即期需求，需求增加确实推动了价格的上涨，进而导致人们预期未来价格会进一步上涨。这种恶性循环会严重扭曲住宅价格和市场。其五，通勤费用，即居民的交通费用。在单中心城市中，住宅一旦购买，其空间位置就固定了，这种固定性决定了它与其他地点的距离，尤其是与中心商务区（CBD）的距离。人们的出行需要花费交通费和时间，到达目的地距离的远近决定了通勤费用的高低。这样，交通费用也是一笔较大的开支，会影响到居民对住宅的需求。当然，这种选择是综合性的，一般会在房价和通勤费之间进行权衡。

**2. 城市住宅市场的供给分析**

决定住宅供给的因素主要有住宅价格、建房资金、土地供给和国家政策。住宅商品的供给模型是：

$$H_s = f(p, k, l, r) \tag{8-2}$$

式（8－2）中，$H_s$ 为住宅供给量；p 为住宅价格；k 为建房资金；l 为土地供给；r 为国家政策。这些因素对住宅的供给有不同的影响。

其一，住宅价格高低是影响开发商是否愿意供给住宅的首要因素。因为开发商建造住宅就是为了得到尽可能高的利润与收益。住宅价格水平高于成本投入，开发商能够获利，就会向市场提供住宅；住宅的价格与成本间的差距越大，利润越大，开发商就会越多地供应商品住宅。因此，住宅供给与其价格成正比例关系。

其二，建房资金是决定住宅建设量的根本因素。住宅投资的成本很高，占用资金很大，没有足够的建设资金，就不能有效地供应住宅。鉴于住宅的双重特性，住宅的供给有两类情况。一类是对普通商品房，需要开发商首先垫付资金，资金不足，首先是开发商不符合向市政府申请土地的条件，也就不能进行住宅开发。住宅业是有进入障碍的产业，住宅供应商必须具备一定的资金规模，才能开发和供应住宅。另一类是对特殊的商品住宅，如经济适用房等政府控制的住宅，其供应既需要开发商具备开发资金，也需要政府具备综合配套资金，所以需要开发商和政府分别具备房屋开发的建设资金。由此可见，建设资金是住宅投资的根本性影响因素。

其三，土地供给是影响住宅开发的投入因素。由于土地资源的稀缺性，政府通常会控制土地的利用，故城市住宅的供给能力，很大程度上取决于政府的土地政策，政府允许使用土地的多少直接影响住宅在市场上的供应量。政府对土地的控制，不仅影响土地的供应数量，还会影响土地的价格，而这又会影响到开发商对住宅的供应数量。

其四，政策导向是国家和政府控制住宅业健康发展和“住者有其屋”社会目标实现的基本保证。住宅的建设是关乎国计民生的大事，国家一般不会放任自流，各国政府都有一套管理房地产业的法律、法规和政策，以调控房地产市场朝着有利于国民经济的方向发展。国家的调控主要有三个方面：一是法律、法规，如立法规定房地产开发中住宅的比例与档次和开发方式；二是行政措施，如对开发商收取购房者费用的限制条目；三是经济措施，如用税收和土地出让的不同政策调节住宅的供给结构。

此外，住宅的供应量还受住宅投资收益以及开发商对未来投资收益预期的影响。

**3. 城市住宅市场的供求平衡**

在市场的作用下，一般的商品住宅需求和住宅供给达到均衡的价格和数量情况如图 8－4 所示。

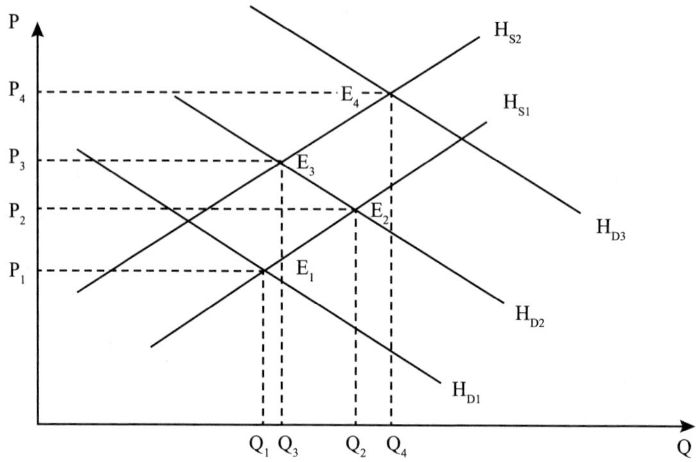


**图 8－4　住宅需求与供给均衡变动情况**

图 8－4 中，$H_{D1}$，$H_{D2}$，$H_{D3}$分别表示不同时期的住宅需求量，说明住宅需求量和价格呈反方向变化关系，即当其他条件不变时，价格越低，需求量越大。$H_{S1}$、$H_{S2}$分别表示不同时期的住宅供给量，说明住宅供给量和

价格呈正方向变化关系，即当其他条件不变时，住宅价格越高，供给量越大。

在第一时期，住宅需求和供给均衡点处于 $E_1$，所决定的均衡价格和均衡数量分别为 $P_1$ 和 $Q_1$。随着人民生活水平的提高，对住宅的需求量增加，需求曲线会向右移动到 $H_{D2}$，进入第二时期，新的需求曲线与原来的供给曲线相交于 $E_2$，产生新的均衡价格和数量 $P_2$ 和 $Q_2$。除了住宅需求发生变化外，住宅供给也会发生变化。譬如，房屋生产效率降低，建筑材料价格上涨，或者政府补贴减少，都会使得供给曲线向左移动到 $H_{S2}$。这时进入第三时期，新的供给曲线 $H_{S2}$ 和 $H_{D2}$ 相交于 $E_3$。这时的均衡价格和均衡数量为 $P_3$ 和 $Q_3$。如果这时居民住宅需求继续增长的话，那么需求曲线又向右移动到 $H_{D3}$，随之新的均衡点到了 $E_4$，均衡价格和数量变成了 $P_4$ 和 $Q_4$。

## 三、我国城市住房制度的改革历程和政策导向

### （一）我国城市住宅福利分配制度存在的问题

新中国成立以后，我国将新中国成立前的城镇私人住房收归国家所有，由政府出资承建新建住房，然后分配给职工及其家属，形成了公有制住房供给制度和福利分房制度。这一制度在稳定城市居民生活，促进社会生产上发挥了很大的作用。但是，随着生产发展和生活水平的提高，城市住宅的福利分配住宅制度产生了越来越多的问题，积弊很大。一是平均居住水平低。据 1977 年国家统计局数据，全国 190 个城市平均每人居住面积仅为 3.6 平方米。二是缺房户数量多。据不完全统计，当时全国城市中，缺房户共 323 万户，占居民总户数的 17%。其中，夫妇住教室、车间、仓库、办公室等的无房户达一百零四万户；二户同室、三代同室、大儿大女与父母同室居住的不方便户达一百三十万户；平均每人居住面积不足两平方米的拥挤户达八十九万户。三是危房棚户改造慢。各城市都有一批危房亟待维修，许多城市还有旧社会遗留下来的棚户没有得到改造。这表明，中国单一公有住房供给制度并没有带来住房民生改善，急需改革。

### （二）我国城市住宅制度的改革

城市住宅的问题，其深层次原因是制度方面的缺陷。所以，解决城市

住宅问题，要从住宅制度方面进行治理。我国城镇住宅制度改革是从党的十一届三中全会后开始的。我国城镇住宅制度的改革作为经济体制改革的一个重要组成部分，至今已走过了40多年的历程，从政策、措施的出台及改革的深度和广度来看，大致有如下三个阶段。

**1. 城镇住房制度改革的探索和试点阶段**

1978年，邓小平同志提出了关于房改的问题，并指出，解决住房问题能不能路子宽些。1980年4月，邓小平又明确指出，住房改革要走商品化路子。这意味着，住房供给理念从原来的单一公房转向自建房、商品房多元类型转变。在邓小平改革理念指引下，1980年6月，中共中央、国务院正式宣布：准许私人建房、私人买房，准许私人拥有自己的住房。这意味着，自建房、商品房在国家住房政策中取得了与公房同等地位的确认。1982年开始实行补贴出售住房的试点，即政府、单位、个人各负担房价的1/3。截至1985年底，全国共有160个城市和300个县镇实行了补贴售房，共出售住房1093万平方米。自1986年以后，城镇住房制度改革取得重大突破，掀起了第一轮房改热潮。1986年2月，成立了“国务院住房制度改革领导小组”，下设办公室，负责领导和协调全国的房改工作。1988年1月，国务院召开了“第一次全国住房制度改革工作会议”，同年2月国务院批准印发了国务院住房制度改革领导小组制定的《关于在全国城镇分期分批推行住房制度改革的实施方案》，标志着住房制度改革进入了整体方案设计和全面试点阶段。

**2. 城镇住房制度改革全面推进和配套改革阶段**

1991年11月，国务院办公厅下发了《关于全面进行城镇住房制度改革的意见》，这是城镇住房制度改革的一个纲领性文件，明确了城镇住房制度改革的指导思想和根本目的，标志着城镇住房制度改革已从探索和试点阶段，进入全面推进和综合配套改革的新阶段。1994年，国务院《关于深化城镇住房制度改革的决定》指出，把住房实物福利分配的方式改变为以按劳分配为主的货币工资分配方式。这一政策意味着增量公有住房通过出售转化为商品房。

**3. 城镇住房制度改革全面货币化阶段**

我国于1998年7月3日发布《国务院关于进一步深化城镇住房制度改

革加快住房建设的通知》，宣布从 1998 年下半年开始，全国城镇停止住房实物分配，全面实行住房分配货币化。住房分配货币化是指住房社会再生产中的最终消费（使用）者以有偿货币方式取得住房的一种分配方式，或者说是“把住房实物分配的方式改革为以按劳分配为主的货币工资分配方式”。它是计划经济体制下形成的福利性实物住房分配制度向与市场经济相适应的住房商品化制度转变的一种过渡政策。住房分配货币化的内涵主要是停止原有的住房实物分配，通过一次性或者分次性发给职工住房补贴，让职工到住房市场通过购买或者租赁方式选择自己满意的住房，从而实现住房商品化和社会化。

建立和完善以经济适用房为主的住房供应体系是这次改革的主要内容。其要点是：一是调整住房投资结构，重点发展经济适用住房，加快解决城镇住房困难居民的住房问题。二是对不同收入家庭实行不同的住房供应政策。除了新建的经济适用住房出售价格实行政府指导价，按保本微利原则确定，保证中低收入家庭的住宅需求之外，政府还实行廉租房和其他普通商品房政策。对高收入家庭购买、租赁的商品住房，实行市场调节价。三是发放住房补贴。停止住房实物分配后，职工购房资金来源主要有：职工工资，住房公积金，个人住房贷款以及有的地方由财政、单位原有住房建设资金转化的住房补贴等。

**4. 我国城市住宅改革的政策目标**

从上述改革措施中我们可以体会到，我国城市住宅改革的政策目标是：解决好中国人的住房问题，让广大群众能“安居乐业”。

经过 40 多年的改革、实践、总结和选择，我国现在已基本确立了比较系统的具有中国特色的住房发展框架，并形成了相应的制度和政策。在基本住房制度方面，选择了货币化分配方式，推进住房商品化、社会化；在住房商品化方面，选择了区别对象提供普通商品房和经济适用住房的供应体系；在住房社会保障方面，选择了廉租房政策；在活跃交易方面，选择了低门槛政策，先启动，快搞活；在住宅区管理方面，选择了专业化、市场化的物业管理体制；在住房金融方面，选择了商业性贷款与公积金政策性贷款相结合的体制；在住宅生产方式方面，选择了以提高生产率和住宅质量为目标，推进住宅产业现代化。这些大的方面基本上取得了共识，全国也统一了政策。但各地在分散决策和实施过程中做法还不尽一致，在某些具体政策上甚至还有分歧和保留。这应当通过进一步广泛的调查研究，深入客观地分析比较，来更全面、更准确地调整和完善我们的策略体系。

### （三）我国城市住宅制度改革中的现存问题

1994 年后，我国城镇住房改革进入实质性阶段，但一些问题也随之产生。尤其在 1998 年实行货币化分房制度后，随着城市住宅商品化、市场化的推进，出现了房价虚高、中低收入者买不起房、住宅供应结构不合理等新问题。

据国家统计局数据计算得出，我国自 1998 年下半年开始的住房分配货币化改革，取得了非常大的成就。城镇人均住房建筑面积由 1949 年底的 9 平方米、1978 年底的 7.2 平方米（因人口增长过快），提高到 2002 年底的 22.79 平方米，再到 2022 年底的 39.45 平方米。其中，在 2010 ~ 2022 年期间，全国月均房屋施工面积为 74.45 亿平方米，复合增长率达到了 8.72%。其中 2021 年房屋施工面积最高，达到了 97.54 亿平方米，当年同比增长 5.20%。

虽然这一阶段的城市住宅建设成就巨大，但是也带来了许多问题。老百姓反映最多、矛盾最大的问题是房价太高。我国房屋价格自有统计数据以来，房屋平均销售价格每年都在增长，甚至有些年份增长率高达 20%，严重影响民生。住房过度市场化，带来财富不平等，严重影响民生。住房金融极度膨胀，金额比重越来越大，危及整个金融安全、稳定，带来系统性金融风险。

---

【专栏】

香港楼价世界第一，人均居住面积全球最小，住屋问题长期困扰港人。美国研究机构 Demographia 2021 年初发表的国际供楼负担能力报告指出：香港蝉联楼价全世界最贵，且连续 11 年成为全球置业最困难的地区，大幅领先其他城市，香港楼价中位数相当于家庭中位数收入的 20.7 倍，换句话说，港人要把所有收入都储起来，并储足 21 年才凑够钱买楼。根据 Demographia 的定义，只要楼价中位数高于家庭入息中位数的 5.1 倍，就视为楼价严重超出市民负担水平，可见香港楼市疯癫程度，比世界各主要城市都严重。

## 楼价世界第一

根据香港统计署2017年公布数字，香港逾八成住户只居于小于69平方米的单位，香港家庭住户的居所楼面积中位数，只有约39.9平方米，人均居住面积更小得可怜，只有约15平方米，世界最小。东京人均居住面积有19平方米，上海有24平方米，新加坡有25平方米，一河之隔的深圳有28平方米，而内地城镇人均居住面积有35平方米、瑞典有72平方米、法国有86平方米、英国有98平方米，至于美国、加拿大及澳大利亚就更加不用比较了。

上述只算港人平均居住面积，众多低下阶层被迫租住一些分间楼宇单位，港人称之㓥房，不少居住空间比监仓还小！近年不少人甚至连㓥房都租不起，退化到栖身“太空舱”（类似日本胶囊酒店的床位），香港住屋环境触目惊心。

香港住屋问题根深蒂固，源于港英时代就开始的高地价政策，多年来土地供应跟不上，导致香港住屋市场一直供不应求。回归初年首任特首董建华曾有心治理楼市，推出“八万五”（每年提供不少于8.5万住宅单位）雄图大计，但遭遇金融风暴半途而废，加上自2008年全球金融海啸后，各国大举量化宽松印钞票，热钱涌入楼市，楼价飞升，打工者薪金增长根本追不上楼价上涨速度，故贫富悬殊急剧恶化，产生众多楼市畸形现象，如发水楼、纳米楼、蚊型盘及龙床盘等，中下阶层港人生活水平愈来愈差，年轻人难以置业成家，衍生众多社会及家庭问题，如结婚数目下跌、迟婚、婴儿出生率下跌及不育等，香港如此恶劣的住屋环境下，当然滋生大量民怨。

## 解决办法

填海增土地供应势在必行。香港楼市问题症结在于供不应求，要解决必须大量提高房屋供应，当供应够多时，楼价自然回落，市民才容易置业，居住空间才可能上升。不过，香港山多平地少，可发展的土地极为有限，但香港是沿海城市，海域广阔，填海是增加土地供应的极佳方法。香港现在的填海面积约占8.5%，仍远低于新加坡或者中国澳门的填海比例，所以香港填海规模可以大幅增加。

增市区容积率，鼓励重建增供应。现在香港楼龄达 50 年或以上的楼宇，以每年 600 幢的速度增长，2046 年数目将增至近 3 万幢，已约占全港楼宇数目一半。现在香港市区重建局平均每年重建楼宇不足 100 幢，重建进度远远追不上旧楼老化速度。香港特区政府应认真考虑，在规划上拆墙松绑，推出更多有利旧区重建的政策，鼓励地产发展商参与并购旧楼重建，运用市场力量协助社区加快重建，以增住宅供应。至于市区重建局的角色，应该处理一些业权较复杂的个案，例如土瓜湾十三街这类一般发展商难以解决的旧区并购项目。只有公私各自在旧区并购，才可增加私楼土地供应，尽快解决香港住宅供不应求的情况。

资料来源：孙世建．楼价世界第一的悲歌，香港住房问题到底怎么破[EB/OL].（2021-03-29）. https://baijiahao.baidu.com/s?id=1695534544092354617.

## 四、我国城市住房政策

### （一）廉租房和经济适用房政策

我国的城市住宅制度改革，在由完全福利型向商品化转变的过程中，除了追求住宅业的效率之外，还要兼顾整个社会的公平与和谐。为此，要采用廉租房和经济适用房政策。

**1. 廉租房政策**

1998 年《国务院深化住房制度改革的决定》和 1999 年建设部出台的《城镇廉租住房管理办法》，把城镇最低收入家庭和住房特困户定位为廉租对象，为廉租房实施办法提供了宝贵的政策依据。但是这两个文件都没有把以农民工为主体的无城市户口的城市化人口纳入其中，这显然有失公平。这一方面是因为我国城镇低收入家庭较多，政府财力有限；另一方面是因为当时以农民工为主体的城市流动人口在城市化发展中的巨大作用尚未得以完全体现，受传统二元城乡分割体制的影响，人们还没有充分认识到农民工住宅问题对城市化加速发展的重要意义。

针对这种不足，2003 年 12 月 31 日，由建设部、财政部、民政部、国土资源部、国家税务总局联合发布了《城镇最低收入家庭廉租住房管理办法》，并与2004年3月1日起正式施行。该办法最大的政策性突破是在保障对象上做出了更显人性化的规定，即规定只要符合市、县人民政府规定的住房困难最低收入标准的家庭即可受到廉租房保障，而没有把进城务工、经商的以农民工为主体的城市化人口排斥在保障范围之外；同时充分考虑到了不同地区间的收入差异以及住房保障的地域性特点，也没有把最低收入家庭简单地界定为“低保家庭”。

如果说经济适用住房是解决城镇低收入居民住房问题的有效办法，那么廉租房则解决了在城市化过程中大量农民工在城市的居住问题。所以，建立和完善廉租房制度不仅解决了城市最低收入家庭的居住问题，而且关系到城市化进程的大战略；不仅关系到我国社会主义经济的和谐发展，也关系到我国社会的长治久安，因而具有重大的社会意义和政治意义。

**2. 经济适用住房政策**

与廉租房政策类同，经济适用住房政策也是我国住房保障制度的支柱。从1995年的“安居工程”开始，旨在解决城镇中低收入家庭住房问题的经济适用住房政策取得了很大成就：（1）保障了中低收入居民的购房利益，促进了个人买房，解决了职工住房困难；（2）对过高的商品房价格起到了平抑作用；（3）经济适用住房的配套建设和环境建设带动了周边乃至城市商品房开发水平的提高；（4）经济适用住房建设与房改的货币化分配二级市场开放和发展住房金融相结合，互相促进，互相推动，完善了住宅金融市场的发育；（5）促进了住宅建设投资规模的增加，为住宅建设拉动经济增长发挥了积极作用。

然而，在取得上述成就的同时经济适用房政策在实施中也暴露出一些问题，具体表现为：一是部分地方政府片面趋利，导致经济适用房的供给忽冷忽热；二是建筑标准过高，销售定位不清；三是“寻租”行为泛滥，政策成本过高。

### （二）节制住房投机需求的政策

房地产市场持续出现的过热现象，使投机需求日渐增多，推动着房地产泡沫的形成。为了规范房地产市场运行秩序，规避金融风险，我国相继出台了打击投机需求、保护正常需求的房地产政策。2005 年出台“国八条”，改善住房供给结构；2007 年出台“房贷新政”，规定了二套房的首付要求；2009 年出台“国四条”，旨在抑制投资投机性质的房地产需求；2011 年出台的“新国八条”进一步提高了二套房首付要求；2017 年提出“房子是用来住的，不是用来炒的”这一思想。其重点都是降低商品房价格、加强金融监管、规范房地产市场、完善信息披露制度；调节住房结构，严格地产信贷，严打囤地、囤房的现象。

在住房贷款利率方面，国家也出台了一些控制住房需求的政策。其中比较有代表性的紧缩性利率调控政策是：2005 年出台“国八条”，同年商业银行存款利率上限经历了五次上调；2006 年提出“国六条”，并多次上调金融机构存、贷款基准利率；2011 年推出“新国八条”，利率经历了三次上调，直接影响是导致了贷款购房成本上升，对于抑制住宅需求改变市场供求关系，最终达到平抑住宅价格的目的发挥了积极作用。

另一个打击商品房投机的政策是2006 年8 月正式实施的“二手房交易个税征收政策”。2006 年 7 月 26 日，国家税务总局发布了《关于个人住房转让所得征收个人所得税有关问题的通知》，2006 年 8 月 1 日正式实施。政策的目的是限制投机买房然后再倒手卖出的投机行为。平抑房价、打击投机行为，创造一个良好的市场环境，保证广大人民群众的住房需求，是政府房地产政策的基本宗旨。但由于提高房贷利率和税收的总量政策在打击投机需求的同时，也会伤害真实需求者，因而调节我国房地产市场，随后便从节制投机性需求的政策目的出发，在实施总量政策的同时，增加结构性政策。2023 年 8 月 31 日，国家金融监督管理总局发布《关于调整优化差别化住房信贷政策的通知》，旨在通过调整首套房、二套房的首付比例，更好满足居民刚性和改善性住房需求。

---

【专栏】

**“新一轮房改”来了？专家解读：**
**“14 号文”出台标志着住房建设将进入新阶段**

近期，《关于规划建设保障性住房的指导意见》（以下简称“14 号文”）已传达到各城市人民政府、各部委直属机构，进入执行落地期。

今年以来，中央会议多次提及保障性住房建设。8 月 25 日，国务院常务会议审议通过《关于规划建设保障性住房的指导意见》。会议指出，推进保障性住房建设，是促进房地产市场平稳健康发展、推动建立房地产业发展新模式的重要举措。

“14 号文”明确了怎样的新模式和新目标？对于现有的住房体系和宏观经济有怎样的影响？将如何为有住房困难的群体解决急难愁盼？潮新闻记者专访国家高端智库 CDI 研究员宋丁。

宋丁认为，“14 号文”是一份总结了 30 年来国家推动住房建设的标志性文件。30 年间的房地产发展可以分为三个阶段：1998 年以前，我国实行的是住房实物分配制度，国家将土地直接分给各单位，单位再分给职工；1998 年下半年开始，实行住房分配的货币化改革，“20 多年间出现了 10 万家房地产商”；2002 年，推出土地招挂拍制度，房地产商通过国有土地储备中心拿地。

然而，弊端也逐渐显现。高负债、高杠杆、高周转的“三高模式”助推房价一路上涨，购房贷款的压力使得储蓄率不断下降。此外，房地产的供需关系已经发生重大变化，发展长期健康的模式迫在眉睫，宋丁介绍，近两年，国家已经开始推动保障性住房建设，也尝试了人才安居房、经济适用房、公租房、保障性租赁住房等各种形式。

他认为，“14 号文”中最为关键的两句话是“让商品住房回归商品属性”和“实现‘居者有其屋’”。“将来的房地产将变为保障房和商品房双轨制运行，在 35 个城区人口 300 万以上的大城市先行试点。”

双轨制代表政府需要承担起为中低收入阶层市民提供大量保障性住房的责任。保障性住房将剥离金融属性，回归居住属性，而商品住房将逐步取消限购、限售等楼市调整政策，回归商品属性，未来基本的刚性居住需求将主要由保障性住房来满足，商品房则主要面向改善性需求，这是从供给侧调整住房供给结构。

此外，宋丁告诉潮新闻记者，以往的表述是“住有所居”，即买房与租房齐头并进，“买不起房就租房住”，但“居者有其屋”意味着工薪收入群体也能够买得起保障性住房。

保障性住房新规明确实行封闭式管理，不得上市流通。宋丁指出，这有别于深圳等地原本的经济适用房，买卖合同签订满5年的，可按规定缴纳增值收益后取得完全产权或上市交易。“尽管有申请经济适用房的相关规定，但审查并不严格，出现了较多弄虚作假的现象，甚至有人开着宝马车去购买经济适用房，存在很大的漏洞。因为买到几年后就可以上市交易，大家都知道能在不断上升的楼市里捞到好处”，宋丁说。

因此，采取封闭流转的共有产权房出现。政府和购房人实施产权共有，个人部分产权可以转让，但只能在符合共有产权申购条件的人群中流转。“共有产权房也是在正规小区，出入比较体面，只是面积没那么大。”

“14号文”提出，城市人民政府应当对于销售的人才住房、共有产权住房等政策性住房进行梳理，将新建项目调整为本指导意见规定的用于配售的保障性住房或商品住房。“即根据城市的不同情况和政府财政能力去决定配售比例。”宋丁指出，例如深圳大量的城中村住房，绝大部分将改造为保障性的租赁住房，改造任务是比较繁重的。“推进保障性住房建设是一个道阻且长的过程，但也是实现房地产平稳过渡到高质量发展阶段的必要”，他表示。

资料来源：潘璐.“新一轮房改”来了？专家解读［EB/OL].（2023-11-01). https://export.shobserver.com/baijiahao/html/674629.html.

## 第三节　城市环境

### 一、城市环境的内涵

#### （一）环境的分类

人类生存环境是庞大而复杂的系统，根据不同原则有不同的分类方法。按照人类对环境的作用，环境可分为自然环境、人工环境和社会环境三类。自然环境、人工环境和社会环境共同组成了各级人类生存环境结构单元。

自然环境是“天然的自然因素的总体”，其特点是天然形成，无人工干预。自然环境是人类赖以生存和发展的物质基础。自然环境包括大气环境、水环境、生物环境、地质和土壤环境以及其他自然环境。

人工环境是“经过人工改造的自然因素的总体”，即在天然的自然因素基础上，人类经过有意识的劳动而构造出的有别于原有自然环境的新环境。如人文遗迹、风景名胜区、城市和乡村等。人工环境的形成，表明人类技术因素对自然的作用。人工环境随着社会生产力水平的提高而不断演变和发展。

社会环境是人类在长期生存和发展的社会劳动中所形成的，是人与人之间各种社会联系及联系方式的总和，包括经济关系、道德观念、文化风俗、意识形态和法律关系等。

### （二）环境的属性

环境系统是一个复杂的动态系统和开放系统。无论从何种角度分类，环境都具有以下共同的特性。

（1）整体性。我们所探讨的环境是一个以人类社会为主体的客观物质体系。人与地球环境是一个整体，人类环境各个组成部分之间存在相互联系、相互制约的关系。局部地区的环境污染或破坏，如全球的温室效应、跨区域的水体污染等，总会对其他地区产生危害。环境保护是没有地区界线、省界和国界的。

（2）有限性。人类环境的稳定性有限，资源有限，环境容量有限，自净能力有限。环境容量是指在人类生存和自然环境不致受害的前提下，环境可能容纳污染物质的最大负荷量。环境的自净能力是指污染进入环境后，环境可以自动清除污染的能力。当人类产生的污染进入环境的量超过环境容量或环境自净能力时，就会导致环境恶化。

（3）有机性。环境是一个有机的整体。构成环境整体的各个独立的、性质各异而又服从总体演化规律的基本物质称为环境要素。

### （三）城市环境的特征

城市环境是一个巨系统，由城市自然环境、城市人工环境和城市社会环境三个子系统构成。城市集聚了大量人口、资源，呈现出不同于乡村环境的突出特征。我们能直接感受到的城市环境特征是城市人口密集，供水供电设施配套，污水、垃圾处理集中，交通系统便捷等。我们可以将城市环境特征抽象为以下几点。

（1）高度人工化。城市环境中，最显著最基本的特征就是高度人工化的“自然－人工”复合环境。自然环境是城市环境的基础，人工环境是城市环境的主体。城市是人口最集中，社会经济活动最频繁的地方，也是人类对自然环境干预最强烈的地方。人工控制对城市系统的存在与发展起着决定性的作用，有些过程甚至是不可逆转的。例如，城市的建筑、道路、设施等，使城市的降水、径流、蒸发、渗漏等都产生了再分配，使城市水量与水质发生较大变化。

（2）以人为主体。城市生态系统中，人口高度集中，其他生物的种类和数量较少。人是城市生态系统中主要的消费者，在城市生态系统中，生产者、消费者所占的比例与其在自然生态系统中正相反，是以消费者为主的“倒三角形”营养结构。

（3）高度开放性。城市每时每刻都进行着大量的物质、信息的流动和转化加工，包括各类资源、废弃物等。所以，城市的环境与周围区域的环境密不可分，与周边环境保持着物质、信息交流，呈现出高度的开放性。

（4）脆弱性。城市内部分工越来越细，系统功能复杂，一旦某一环节失效或比例失调，都会造成污染物流失。可以说，城市环境因其复合的性质而更显脆弱。城市环境的污染源头很多，如生活性污染、工业性污染等。污染源的复杂性会使城市环境问题更趋复杂。

（5）公共品特性。城市环境具有典型的公共品特性，既具有非竞争性，又具有非排他性。城市的自然环境、人工环境和社会环境很多不能被单独使用，而是作为公共品被大众共享。城市环境的公共品特性，容易引发“公有地的悲剧”，导致城市环境问题的发生。

### （四）城市生态环境危机

从公元前3500年城市在两河流域出现至今，世界城市化经历了5500

多年的发展历程。城市在推动人类社会文明进步的历程中发挥着越来越重要的作用。但是，随着城市化的迅速发展，人们在感受到城市化带来的丰富的物质和精神生活的同时也面临着日益严峻的城市生态环境危机。

城市环境污染问题，特别是20世纪30年代至70年代西方国家一些城市发生的触目惊心的公害事件，为人类单纯追求经济增长的发展模式敲响了警钟。城市固有的基本特征决定了城市生态环境的脆弱性。今天的城市环境问题面临着传统的城市生态环境危机，同时许多新的城市生态环境问题也在不断涌现。

传统的城市环境问题主要包括四个方面：大气污染、水污染、噪声污染和固体废弃物污染，即传统所说的气、水、声、渣。

---

**【专栏】**

改革开放以来，东莞市发展突飞猛进，但粗放式发展引发了诸多城市弊病。时至今日，市容不整、环境污染、交通拥堵、违章建筑、公共安全等问题越来越突出，给东莞的综合发展带来不小的压力。

**东莞城市现代化问题**

（一）市容市貌不整，脏乱差问题突出

从东莞市的南城中心广场街区、东城主要商业区、松山湖区域、东莞大道、环城路看，东莞的确具备现代化大都市气象，但一些镇街或城中村却是另外一种景象。有些地方建筑物杂乱无序；经营秩序较乱，沿街违章广告、流动摊贩、占道经营等随处可见；建筑样式五花八门，色彩不协调，路灯、公共厕所、垃圾箱等污损不全。

（二）交通秩序不佳，交通压力骤增

从交通秩序方面看，一是一些驾驶人员遵章意识不强，随地乱停等现象屡见不鲜；二是市民交通法规意识淡漠，不走人行横道；三是公交系统残缺，有些公交线路等候时间长、到站不准时、司乘人员服务态度差；四是出租车运营秩序不佳，不打表“宰客”现象时有发生。

（三）违章建筑问题新旧叠加，禁而难止

由于特殊的发展模式，东莞市多年来遗留下大量无合法手续的违章建筑，这些违章建筑所容载的行业包括酒店、商铺、集市、工业厂房、商业房产、民房出租屋、公共建筑、市政工程等。为了遏制违章建筑，城管部门也曾多次进行查处，但因现行法规及执法体制不健全，查处工作十分困难。

（四）环境整治压力较大，垃圾处理能力不足

近几年来，垃圾污染、噪音干扰问题不断升级。一是垃圾、污水偷排滥倒现象随处可见，与监管部门“捉迷藏”，偷排滥排；一些工厂和城中村周边的商业地带，市民生活污水随地乱倒。二是垃圾处理能力不足。由于垃圾收集点、中转处理站布点不足，导致垃圾运转不及时，全市有近三分之一的垃圾得不到无害化处理。

### 东莞城市治理问题的成因

从总体上看，东莞城市治理出现的问题是“东莞模式”的伴生物，短时间内巨量的产业集聚、生产要素集聚、人口集聚，巨量的城市硬件建设、急剧变化的社会结构、周边城市发展的“低端挤出效应”等，形成城市治理的超大压力，也是城市的“成长之疼”。

（一）城市建设规划和市政公共设施建设滞后

东莞市作为一个经济较发达的城市，很大程度上是靠东莞人敢为人先的闯劲发展起来的，基本上是“边发展、边规划”，有时甚至发展速度超过规划速度。在“东莞模式”中，镇街是经济发展的重要载体，早期呈现“漫山放羊”的发展态势，城市建设规划实际是以镇街为主，市一级规划部门主要负责规划审批，这就难免各自为政和无序发展。

（二）城市管理队伍力量薄弱，体制机制不顺

多年来，对违法现象查处偏松偏软，如对城市违章停车、无照经营、乱倒垃圾、噪音扰民、违章摆摊等处罚力度不够，违法成本低，客观上纵容了违法行为。与此同时，对违法现象的查处也受到人情关系等因素的影响，甚至为了某些利益而放纵违法行为，形成“破窗效应”。

（三）市民素质不高，归属感不强

现代城市治理以城市居民的法治精神、规则意识、合作精神、包容态度为重要支撑。一方面，由于东莞市城市化历程较短，户籍居民中“洗脚上田”的农民占了很大比重，市民的城市规则意识相对欠缺；另一方面，

东莞市的非户籍流动人口文化程度总体偏低，缺乏对城市的归属感和主人翁意识。

资料来源：孙霄汉．现代城市治理面临的问题与对策［J］．中共珠海市委党校珠海市行政学院学报，2017（03）：38－42.

## 二、城市环境的经济学分析

### （一）城市环境与城市经济的关系

表面上看，城市环境与城市经济似乎是一对互斥的矛盾。在一些城市中，为了追求经济的发展，人们不惜以牺牲环境为代价。城市经济的发展，是直接导致城市环境恶化的原因。但是，城市经济的发展又是城市发展唯一有效的途径。是追求经济发展？还是追求环境良好？这是很多城市管理者难以抉择的问题。有没有第三条途径来描述城市环境与城市经济的关系呢？我们首先从环境经济学中一条非常著名的曲线——环境库兹涅茨曲线（EKC）谈起。

城市环境与城市经济的关系可以是互竞互斥或者互补互适。西方发达国家工业化道路，曾经使得环境与经济呈现互竞互斥的矛盾，发展中国家的城市在发展的初期也同样经历着这个矛盾，但并不是每一个城市都必须走"先污染后治理"的道路。发展中国家的城市建设，应坚持城市可持续发展战略，走新型工业化发展道路，在发展经济的同时，把环境保护提高到与经济同等重要的位置，使经济持续、稳定、健康地发展。

### （二）有关城市环境问题的经济理论

城市环境问题研究由来已久，引起许多学者的关注。早在 17 世纪中叶，在传统经济学的开创初期，W. 佩帝和 J. 格兰特等人由于伦敦空气污染严重曾提出过环境问题；约翰·穆尔（John Stuart Mill）早在 19 世纪就做过增长极限的分析。

环境经济早期的研究侧重于外部性和公共物品经济学。有关环境经济问题的主流理论，源于 20 世纪 20 年代英国经济学家庇古（Arthur Pigou）

关于外部性的思想，之后便形成了以外部性理论为核心的环境理论基础，进而制定相应的环境政策。20 世纪 40 年代，苏联经济学家斯特鲁米林提出过环境、生态、资源和经济结合起来进行研究的观点。

将环境经济理论进行应用主要是在 20 世纪五六十年代。20 世纪 50 年代，自称为制度学派的 K. W. 卡普对公害问题进行过全面探讨。由于新的环境法规的刺激，美国未来资源研究所 A. 克尼斯（Allen Kneese）等人对环境项目的经济成本和收益以及政策进行评价，并把以市场为依托的刺激手段，如排污收费制度同环境法规的作用相比较。

20 世纪 60 年代后期，经济学家运用经济理论对环境污染的经济原因进行了深入研究，发现传统经济理论在分析环境问题时存在着两个缺陷，一是不考虑外部不经济性，二是经济增长指标不能真实地反映经济福利，于是经济学家开展了经济发展与环境质量关系的研究。

环境问题与可持续发展问题密切相关。1987 年，世界环境与发展委员会经过近四年研究，发表了名为《我们共同的未来》（Our Common Future）的研究报告。该报告第一次明确给出了可持续发展的定义，即“既满足当代人的需要又不危及后代人满足其需要的发展”。

环境经济学理论已逐步成为现代城市规划的基础理论之一，这主要表现在：第一，可持续发展的环境经济观。可持续发展观作为处理人类代际关系的准则，应该是比“经济人”理性层次更高的规范。第二，均等的环境伦理观。均等的环境伦理观涉及代内均等和代际均等。代内均等是指在对城市环境资源的占用和消费上，当代的每一个社会成员都应具有相同的权利和义务；特别要注重社会中的弱势阶层。代际均等是指我们社会的每一个人都有责任不让城市环境恶化而对地球上未来居住者的生存和福利造成威胁。

## 三、城市环境的外部性及其治理对策

### （一）城市环境外部性分析

“外部性”概念最早于 1890 年由马歇尔在其名著《经济学原理》中提出。外部性是指某一经济主体的活动对于其他经济主体产生的一种未能由市场交易或价格体系反映出来的影响，从而导致资源配置不能达到最大效率，即不能达到“帕累托最优”（Pareto Optimality）。它反映的是私人收益与社会收益、私人成本与社会成本不一致的现象。前者高于后者的为负外部性（外部不经济），后者高于前者的为正外部性（外部经济）。

在城市环境问题上，人们更关注其负外部性。如图 8 – 5 所示：理论上的最优点是 $Q_1$，市场的均衡点是 $Q_2$。外部性理论提醒人们，不仅要注意经济活动本身的运行和效率问题，而且要注意生产活动或消费活动所引起的不由市场机制体现的对城市环境造成的影响。

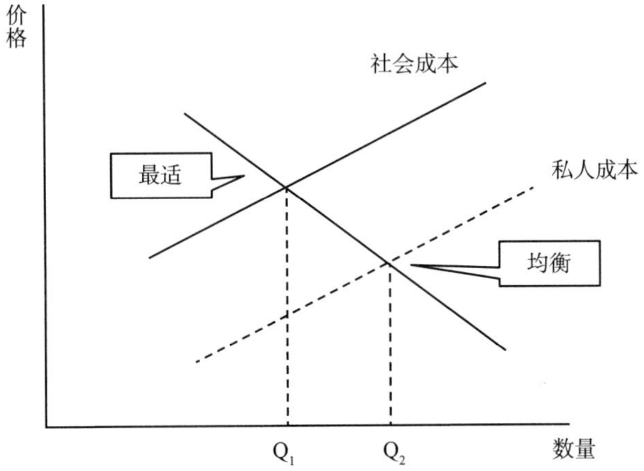


**图 8 –5　负外部性的表现**

对城市环境外部性认识的不足，是产生环境问题的重要原因。城市环境具有典型的外部性效应。城市环境的改善，带动了城市品位的提升，促进投资和旅游等行业的发展，能够促进经济增长，是正外部性的表现；但是，城市在开发过程中对资源、环境的过度利用，特别是环境污染，会造成外部不经济。由于后者影响巨大，人们更关注城市环境的负外部性。

城市环境还拥有公共品的属性，具有非排他性和非竞争性的特点。公共物品问题是极端形态的外部经济。城市环境的公共品属性表明，城市环境无法通过等价交换的机制在供应者和消费者之间建立联系，如果采用市场资源配置方法进行环境供应，势必导致市场失灵，这就是城市经济中产生城市环境污染问题的根本原因。

### （二）城市环境问题的治理对策

城市环境问题的治理对策，主要是城市环境外部性内在化问题。负外部性内在化的一般途径主要有：政府管制、市场机制和社会监督等。

（1）政府管制。即由政府直接干预经济部门的决策，以达到资源的最佳配置。政府管制分为强制性管制和诱导性管制两种。

强制性管制是指政府发挥城市环境管理者的职责，强制性地对城市环境问题制定规则，进行管制。从宏观角度来看，强制性管制包括科学确定和适当控制城市发展规模、合理进行城市规划和布局、加强城市环境基础设施建设和强化环境管理，或以政府部门的行政命令或法规条例的形式向污染者提出具体的污染物排放标准，从而直接或间接限制污染物的排放以达到改善环境的目的。从微观角度来看，强制性管制是指环境管理部门的行政管制。环境行政管制的方式很多，例如，明令禁止某些生产经营活动或排污；规定只有持有政府行政主管部门颁布的生产经营许可证才能生产或排污；强制性地规定企业必须使用或不使用某些生产要素。行政管制对城市环境问题来说往往是最有效的。城市环境的公共品属性使得政府的干预极其重要，强化政府的环境管理是解决城市生态环境危机的重要手段。

诱导性管制是指对环境污染主体采取收费或收税的形式，对负外部性进行补偿。通常是用庇古税的方式，消除这种负外部性。具体做法是：污染者必须对每单位的污染活动支付税收，税额等于负外部性活动对其他经济主体造成的边际外部成本，即边际社会成本（MSC）与边际私人成本（MPC）的差额。可见，“外部性”必须由政府实施干预，否则不会自行解决。征收污染税是目前各国政府采纳的一种最普遍的控污措施。从经济学、环境和资源利用的角度来看，税收和收费是一种效率较高的手段，但在实践中，这种途径的应用由于信息不对称、最优税（费）率难以确定及管理成本较高等原因使之受到很多局限。

（2）市场机制。运用市场机制解决外部性问题，突出代表是科斯提出的产权协商定理。科斯认为：只要市场交易的费用为零，无论产权属于何方，通过协商交易的途径都可以达到同样的最佳效果。就是说，在交易费用为零的条件下，效率结果与产权有关。

著名经济学家戴尔斯在科斯定理引入产权和价格机制的基础上，结合政府的作用，提出了著名的“污染权”概念。政府可以在专家的帮助下，把污染废物分割成一些标准的单位，然后在市场上公开标价出售一定数量的“污染权”，每一份权利允许其购买者可排放一单位的废物。排污权交易制度是环境管理当局制定排污量的上限，按此上限发放排污许可证，许可证可以在市场上买卖。在产生外部性的污染者之间，政府也应允许其对污染权进行竞购。在竞争中，企业会在控制污染成本和排污许可证价格之间进行衡量比较，一些能用最少的费用来处理自己污染问题的公司都愿意自行解决，使之内部化，剩余的份额可以拿到市场交易。同时，也有一部分企业自己控制污染成本较高，更愿意到市场购买一定份额，这样就形成了交易市场。排污权一旦发放，即可以按照规则自由交换。该手段的实质是运用市场机制对污染物进行控制管理，它把环境保护问题同市场机制的运作有机地结合起来。与我国现阶段所采用的排污收费（相当于征税）的措施相比，实施排污权交易制度具有一定的现实性和实用性。

（3）社会监督。这是指除政府和市场之外的民间社会力量，如家庭、学校、社会舆论监督机构、民间绿色组织和环境资源保护协会等，监视负外部性的机制。实践证明，这种由社会道德教育和舆论监督构成的第三种社会力量，对抑制外部不经济具有不可替代的作用。

第三种力量可以在一定程度上有效地防止甚至制止负外部性的产生。报刊、广播、电视等新闻媒介对环境及资源的破坏者进行广泛深入的跟踪报道，可形成对外部不经济制造者的外部约束监督机制。

总之，政府管制、市场机制和社会监督三种力量，对于纠正负的外部性问题各有千秋。在实际操作中，应针对不同类型的负外部性问题，有针对性地采取对策或把三类办法有机地结合起来，从而有效地矫正城市环境中的负外部性问题。

# 第四节　城 市 安 全

## 一、城市安全经济概述

### （一）城市安全

城市安全是指城市在生态环境、经济、社会、文化、人身健康、资源供给等方面保持一种动态稳定与协调状态，以及防止自然灾害、社会与经济异常或突发事件干扰的抵御能力。从社会承载角度讲，安全指能根除导致人员伤害、疾病或死亡，引起设备或财产破坏和损失以及危害环境的条件。城市安全内容十分广泛，包括城市生态环境安全、经济安全、社会安全等。具体来讲，城市安全包括生产安全、设备安全、交通安全、治安安全、居住安全、医疗药品安全、食品安全、家电安全等。

安全的作用和目的是多方面的，在城市中，可以从生产和生活两个方面对其予以划分。从生产来看，安全的作用和目的首先是避免或减少劳动者的事故伤亡及职业病；其次是使设备、工具、材料等免遭毁损、减除伤害以及保障和提高劳动生产率，维护生产发展；最后是消除或减小环境危害和工业污染，使人的生存条件免遭破坏，促进人类整体福利提升。从生活来看，安全的作用和目的首先要保证城市居民的吃、穿、住、用、行的基本安全，保障民生；其次要保证居民的人身和财产安全，减少犯罪；最后要加强环境保护和公共卫生，实现健康安全。

### （二）安全经济

安全经济是指在一定的城市人力、财力、物力条件下，能够提供最好的安全服务，或者说，达到一定的城市安全水平所花费的人力、财力、物力最省。安全经济活动及其功能分析所依据的基本原理包括以下几个方面。

（1）安全的有限性原理。安全的供给需要投入技术和人力、财力、物力，一定的投入水平与其提供的安全水平成正比。由于人类进步、技术进步是逐步的，人力、财力、物力也是有限的。因而，不可能消灭所有的不安全事件。经过人们的努力，事故或危害事件带来的损失和事故率可以无限地趋向于零，但无法绝对等于零，所以控制事故或突发事件损失和危害的一个基本原理在于：要使安全达到一个“合理”的或“可以接受的”的水平。

（2）安全的相对性原理。安全状态是在一定的环境、条件和情形下的现象，和具体的环境条件和状态密切相关。在一定条件下被认为是安全的状态，在另一条件下就不一定是安全的，甚至可能是危险的状态。这就是安全的相对性原理。这一原理要求人们认识安全问题不能脱离具体的、自然的和社会的背景及各种生产或生活的状态。

（3）安全的极向性原理。安全是对各种伤害的避免和消除，而这些伤害往往是在人们（不包括对自然状况了解的科学家和犯罪者）的意料之外，从而使安全效应往往表现为极大或极小。就是说，意料之外的伤害发生了，会造成极大的社会经济影响，安全效应极大；反之，没有发生，安全效应极小，人们不会为此投入更多。可见，安全科学的研究对象及特征都具有极大或极小的可能，这一特点包含三层含义：（1）安全所涉及的事故或危害事件发生的可能性很小，而后果却极为严重；危害事件的事故源范围很小，但其危害和影响涉及的范围却很广。（2）安全特征可以描述为：安全性 =1 - 危险性，若危险性趋向极小，安全性就趋向极大，反之亦然。（3）人们从事安全活动，总是希望以最小的投入获得最大的安全。

## 二、城市突发事件与应急预案的经济学分析

在全球政治经济形势动荡起伏的背景下，经济繁荣的背后的不确定因素和危机管理已成为世界各国城市发展面临的重要问题。国民经济迅速发展，加入世界贸易组织，融入经济全球化的大潮为我国带来了巨大的发展机遇。但是，在快速发展的同时，遭遇经济风险甚至经济危机的可能性也在不断加大，城市作为全球经济腾飞的主力军和主战场，突发事件也越来越多。

### （一）城市突发事件的经济影响

对于“突发事件”一词，比较有代表性的相关定义是欧洲人权法院对“公共紧急状态”的解释，即“一种特别的、迫在眉睫的危机或危险局势，影响全体公民，并对整个社会的正常生活构成威胁”。据此，判断紧急状态可以根据以下几个特征：（1）必须是现实的或者是肯定要发生的；（2）威胁到人民生命财产的安全；（3）阻止了政权机关正常行使权力；（4）影响了人们的依法活动，必须采取特殊的对抗措施才能恢复秩序等。

美国国土安全部也对“突发事件”下了专门的定义：“一种自然发生的或人为原因引起的需要紧急事态应对以保护生命或财产的事故或事件。它包括比如重大灾难、紧急事态、恐怖主义袭击、荒野和城区火灾、危险物质泄漏、核事故、空难地震、飓风、龙卷风、热带风暴、战争相关灾难、公共卫生与医疗紧急事态，以及发生的其他需要紧急事态应对的事件。”

我国《国家突发公共事件预案体系》则认为：突发公共事件是指突然发生造成或者可能造成重大人员伤亡、财产损失、生态环境破坏和严重社会危害，危及公共安全的紧急事件。

根据引起紧急状态的原因不同，一般可以把“突发事件”分为两类：一类是自然灾害引起的紧急状态，一类是由非自然因素引起的紧急状态。

根据突发公共事件的发生过程、性质和机理，突发公共事件主要分为四类：（1）自然灾害，包括旱涝、气象危机、地震、海洋地质生物变异和森林草原火灾等灾害。（2）事故灾难，包括工矿等企业各类安全事故、交通运输事故、公共设施和设备事故、环境污染和生态破坏事件以及不明经济危害等。（3）公共卫生事件，包括传染病疫情，群体性不明原因疾病，食品安全和职业危害，动物疫情，以及其他严重影响公众健康和生命安全的事件。（4）社会安全事件，包括恐怖袭击、社会犯罪、民事纠纷和涉外突发事件等。

根据突发事件涉及的公共安全领域，可以将突发事件分成八类：公共事故、自然灾害、城市生命线、重大工程、公共活动场所、公共交通、公共卫生和人为突发事件。

突发性是各类安全事故、灾害与事件的共同特点。各类突发公共事件按照其性质、严重程度、可控性和影响范围等因素，一般分为四级：Ⅰ级（特别重大）；Ⅱ级（重大）；Ⅲ级（较大）；Ⅳ级（一般）。

### （二）城市突发事件的经济影响

随着我国经济社会的快速发展，在我国的一些重要城市先后发生过诸如污染气体泄漏、地质灾害、火灾以及其他一些突发性事件。特别是在北京、上海、广州等大型城市，以生产安全、食品安全、自然灾害、公共卫生突发事件等为代表的公共安全形势显得更具代表性，对社会经济发展会产生重大影响。这是由安全的极向性原理所决定的。这种影响大小一般是通过突发事件的不确定性、所引起的人们的危机感程度和面对危机的积极与消极态度而决定的。

（1）突发事件的不确定性影响经济的长期发展。在凯恩斯经济学里，“不确定性”被定义为不能被保险的风险。这些不确定性风险，人们无法根据事件造成的实际损失对突发事件作判断。虽然突发事件是突然发生的，但是其影响往往是长远的。由于对突发事件多长时间才能控制的预期一般充满不确定性，导致对经济后果的预估也充满了不确定性。这些不确定性，使突发事件可能在较长的时间内对经济发展产生持续性的影响。

（2）突发事件引起的人们的危机感，会由于突发事件的危害程度和人们的关注程度不同而不同，进而不同程度地影响经济增长。一些突发事件将影响一些高级商务活动的开展与效率，外商直接投资增长幅度会有所减缓；有些突发事件发生后，人们外出消费将减少，“假日经济”拉动效应将明显降低，对相关行业，如旅游、商业和交通运输业等将产生不同程度的影响；在局部地区，甚至会出现少数行业生产要素供求关系再度紧张，市场消费增长偏慢，进而影响人员、资本和商品的流动等情况。

（3）人们对突发事件造成的危机，存在着积极与消极两种不同的态度。如果突发事件后人们的消费信心和商业信心很快得以恢复，那么突发事件对经济的影响就只是局限于延迟人们的消费，消费需求和消费力将再趋活跃，经济增长虽然可能低于原来的预期，但仍会保持较高的增长速度；但如果突发事件后人们参与经济活动的信心受到很大的打击，居民的消费心理和观念趋向于保守，就会使消费者行为发生变化，进而影响到生产者行为的变化，并最终对经济结构产生影响。一些产业可能面临明日黄花的局面，而一些原来并不为人们看好的产业却可能迎来一个春天。为此，对由突发事件引起的经济结构变化，必须采取积极的心态，及时转变观念，抓住商机；政府也要出台刺激和拉动相关产业的政策使之摆脱突发事件的影响或把握住突发事件引致的新的商业机会。

## 三、城市公共应急预案

应急一般是指针对突发性、具有破坏性事件所采取的预防、响应和恢复的活动和计划。应急工作的主要目标是：对突发事故做出预警；控制事故灾害发生与扩大；开展有效救援，减少损失和迅速使组织恢复正常状态。应急救援的对象是突发性的、后果与影响严重的公共安全事故、灾害与事件。

城市公共应急预案是指面对城市突发事件如自然灾害、重特大事故、环境公害及人为破坏的应急管理、指挥、救援计划等，它一般应建立在综合防灾规划之上。其中几个重要子系统为：完善的应急组织管理指挥系统；强有力的应急工程救援保障体系；综合协调、应对自如的相互支持系统；充分备灾的保障供应体系；体现综合救援的应急队伍等。

应急预案确定了应急救援的范围和体系，使应急准备与应急管理不再无据可依、无章可循。制定应急预案有利于做出及时的应急反应，降低事故后果。应急预案成为城市应对各种突发事件的响应基础，当发生超过城市应急能力的重大事故时，便于与省级国家级应急部门协调，有利于提高全社会的风险防范意识。

为了提高政府保障公共安全和处置突发事件的能力，最大程度地预防和减少突发公共事件及其造成的损害，保障公众的生命和社会稳定，促进经济社会全面、协调、可持续发展。2014 年 12 月 29 日，国务院办公厅印发《国家突发环境事件应急预案》。《预案》分总则、组织指挥体系、监测预警和信息报告、应急响应、后期工作、应急保障、附则 7 部分。国家应急预案框架体系包括面对突发公共事件时的国家总体应急预案和专项应急预案、部门和地方预案、企事业单位应急预案等，基本涵盖了现代社会随时都有可能发生的各类突发公共事件。我国突发公共事件应急预案体系包括：（1）突发公共事件总体应急预案；（2）突发公共事件专项应急预案；（3）突发公共事件部门应急预案；（4）突发公共事件地方应急预案；（5）企事业单位根据有关法律法规制定的应急预案；（6）举办大型会展和文化体育等重大活动的主办单位应当制定的应急预案。

## 四、我国城市应急机制的建设

### （一）城市应急机制的意义

应急机制是针对突发事件而设立的，它的总体目标是坚持以人民为中心，坚持统一领导、分级负责，强化法制、依靠科技、协同应对、快速反应，加强基层、全民参与，整合资源加强保障的原则，形成党委领导、政府管理、部门协同、社会动员、公众参与的应急管理新局面，提高应对突发公共事件的能力，最大程度为预防和减少突发公共事件及其造成的损害，促进社会的全面、协调、可持续发展，建设和谐社会。

应急管理机制的建设有重要意义：（1）它是创建和谐社会的重要内容。创建和谐社会必须以社会稳定和公共安全为保障，只有保持社会稳定，打造“平安城市”，才能促进城市经济的持续发展、社会全面进步和人民群众的安居乐业。（2）在统一领导、分级负责的基础上，建立城市统一指挥、结构完整、功能齐全、反应灵敏、运转高效的应急机制，有效防范和及时处置各类突发公共事件，是现代化城市管理的重要任务。（3）它是提高政府行政能力的客观要求。城市规模扩大、城市人口增加、城市中自然灾害和事故灾难的经常性发生和各类不稳定因素的增多，导致城市公共安全形势趋于严峻。这是对政府行政能力和管理水平的一种新考验。城市政府必须加强薄弱环节，弥补体制机制上的缺陷，扭转手段单一、技术落后的局面，增强危机感和责任感，创新应急管理体制和机制，真正把保障公共安全摆到政府工作的重要位置上来。

### （二）城市应急机制的内容

应急管理机制的内容包括应急领导和指挥机制、应急管理日常办事机构、突发公共事件应急指挥中心、编制应急预案、应急管理专家咨询组织、预警信息系统、应急管理信息网络、应急管理保障系统、应急管理资金、应急机制建设发展规划、应急管理政策法规体系、应急管理宣传教育和培训演练、应急管理的科学研究和人才培养。目前，中国建立城市应急机制，应充分注意两个方面的问题。

一方面是城市综合减灾系统存在的问题。城市具有人口集中、产业集中、财富集中、建筑物与构筑物集中的特点，从而也带来了各种灾害集中的特点。灾害的一个核心特性，就是一种灾情的形成多是由几种灾因复杂叠加而形成，表现为主灾发生后往往伴随着多种次生灾害发生，从而造成严重后果。这种城市灾害的连发性、共生共存的复杂性、社会影响的广泛性和破坏的残酷性，使人们认识到，把握城市灾害发生的特点和规律，必须要形成一套城市综合减灾系统，提高综合减灾的自觉性和主动性，尽量把灾害造成的损失降到最低程度。

另一方面是城市公共安全应急联动系统存在的问题。城市危急事件一旦产生，影响是多方面的，要求的专业处理能力也是多方面的。例如，火灾危急事件的处理，不仅要求消防部门出动，还会要求卫生急救部门、交通部门、起重部门、供水部门、供电部门等多个部门的联动，如果这些相关部门跟不上，很可能会引起次级灾害。这就需要一个完善的整合处理流程，其主要内容包括事件信息接收、评估、决策、发布和反馈等环节。支撑这一事件处理流程的平台就是城市应急联动指挥系统，它不仅涉及电话系统、视频监控，交通控制、CPS、车载 ABL、局域网等技术，还涉及政府体制、城市自然条件，管理模式和认识等问题。因此，城市应急联动系统是个巨大的系统工程。从我国应急联动系统建设实践情况来看，遇到的首要问题不是技术问题而是体制问题。

解决这两大方面的管理问题，须依托一系列的制度性建设，这也正是应急机制的建设内容。

（1）基本法律建设。虽然国家已经颁布了一系列与处理突发事件有关的法律，如《中华人民共和国防震减灾法》《中华人民共和国防洪法》《中华人民共和国传染病防治法》《中华人民共和国安全生产法》《中华人民共和国戒严法》等，都是针对不同类型突发事件的分别立法，这种类型的立法由于是从专业部门出发单一考虑的，往往存在着法律规范的不同规定，使得发生综合性危害时无法可依。同时，各部门都针对自己所负责的事项立法，“各扫门前雪”，很难保证沟通和协作；而“以邻为壑”，会大大削弱处理突发事件的协同合力。为此，建设我国城市综合应急机制的法律，是城市公共安全管理的重要任务。

（2）信息制度建设。信息管理系统对突发事件的处理起着极其重要的作用，一是为决策者提供及时和准确的信息；二是为民众传递信息，避免民众情绪失控。目前我国在信息制度上仍存在着不足。例如，发生各类突发事件时，政府管理都是以部门为单位逐级汇报，尚未建立快捷、有效的沟通渠道；信息分散和部门垄断，无法在危难时刻统一调集，迅速汇总；一些城市虽然建设了应急指挥系统，提高了协同程度和应急反应速度，但由于信息获取和协调指挥效率与指挥中心不匹配，可能形成所谓的“指挥孤岛”；可能会由于应急管理人员不可能“全知全能”而引发“指挥风险”；也可能由于系统可靠性问题产生“清零危机”，等等。为此，尽快形成城市应急管理的综合信息系统和运转机制，是城市公共安全机制的重要建设内容。

（3）公共服务保障体系的建设。当前，我国应对社会变动和市场经济波动起到抗衡和缓冲作用的综合社会保障体系还很不完善，公共卫生类服务保障体系应用的覆盖面积还远远不足。一旦发生突发事件，往往不能够尽快地消除危害。这就需要加快社会保障综合体系的建设。

此外，我国大部分城市对公众的危机教育不足，防灾应急教育还没有纳入城市教学体系中；市民警觉性较差，缺乏自救、救护的防灾意识和能力。在这方面，我国与发达国家还存在着明显的差距。

**【本章小结】**

1. 交通经济研究如何合理有效地利用城市交通资源，使出行者效用最大化。判定交通模式是否经济的基本标准有：时间短，费用少，环保，低耗能，占空间小，舒适等。

2. 城市交通有较高程度的公共经济属性，但交通系统各构成部分的公共性程度差异很大。准确认识这种差异，对于城市政府制定相应的公共规制政策十分重要。

3. 城市交通工具数量超过城市道路承载能力，就会发生“交通拥挤”问题。产生的根本原因是私人交通成本与社会成本不一致，按照私人成本决定的均衡交通流量超过了按照社会成本决定的最优流量。这种现象可以称为城市交通外部性。将这种外部性内部化，从而解决“拥挤”的基本方法是征收交通拥挤税，使私家车的出行成本提高到与社会成本一致的水平。

4. 缓解城市交通拥挤的其他措施主要有：征收汽车使用税，包括汽油税和停车税；增加公路运载容量；提高机车设施利用率；实行公共交通补贴。

5. 住宅经济学主要研究住宅消费、住宅生产、住宅流通和分配等问题，它从住宅生产和分配的模式出发，研究各环节所遇到的问题，特别是在住宅的社会性方面有许多独到的见解，从根本上来说，它是属于福利经济学范畴的部门经济学。

6. 城市住宅经济的理论分析主要包括对住宅供给、住宅需求、住宅流通和住宅市场的动态平衡分析。住宅供给是指由市场向住宅投资者和住宅消费者提供其所需的住宅存量与住宅服务流量的过程，主要包括两个内容：存量供给和流量供给。影响住宅供给的因素有很多，主要包括住宅价格因素、土地使用政策因素、税收政策和利率政策因素、市场需求因素、住宅开发商的投资预期等。

7. 我国城市住宅制度的改革历程大致可以划分为五个阶段，每一阶段的制度都有其特殊之处。当前，住房市场取得快速发展的同时，一些影响其健康发展的矛盾也同时在累积，其中，尤其以住房供应结构不合理、住房分配差距过大、住房价格上涨过快等矛盾最为突出。通过对现阶段政策分析，未来的住房政策可能将继续坚持市场化方向，大力发展租房市场，抑制住房市场投机行为，进一步加强针对住房困难群体的住房保障制度建设。

8. 城市是历史发展到一定阶段的产物。城市产生之前的生态主要是自然生态问题，由于社会的产生和城市的产生，人对自然的破坏开始加剧，导致了一系列的环境问题，使许多城市不同程度地染上了“城市病”，主要体现在大气、水、固体废弃物和噪声污染等。

9. 环境库兹涅茨曲线假说是指环境质量随着经济增长先恶化后改善，当经济发展处于低水平时，环境退化的程度处于较低水平；当经济增长加速时，伴随着农业和其他资源开发力度的加大和大机器工业的崛起，资源消耗速率开始超过再生速率，产生的废弃物的数量和有毒物质迅速增长，环境出现不断恶化的趋势；但当经济发展到更高水平时，经济结构向信息密集的产业和服务业转变，加上人们环境意识的增强、环境法规的执行、更先进的技术和更多的环境投资，使环境恶化现象逐渐减缓，并开始出现改善的趋势。

10. 城市安全是指城市在生态环境、经济、社会、文化、人体健康、资源供给等方面保持的动态稳定与协调状态，及对自然灾害、社会经济突发事件的抵御能力。其内容十分广泛，包括城市生态环境安全、社会经济安全、生产设备安全、交通治安安全、居住安全、医疗药品安全、食品安全、家电安全等多方面内容。

11. 城市安全经济系统主要包含城市经济系统、城市社会系统和城市环境系统，而城市经济系统则主要包含城市生产力系统和城市生产关系系统。人类共同追求的应该是自然－经济－社会复合系统的持续、稳定、健康发展。只有城市安全经济系统中的这些要素相互依存，才能促进整个城市系统的有序、协调、可持续发展。

12. 安全经济是指一定的城市人力、财力、物力条件下能够提供的最好的安全服务或者是达到一定措施安全水平所花费的人力、财力、物力最省。安全经济活动及其功能分析所依据的基本原理包括安全的有限性原理、安全的相对性原理和安全的极向性原理。

13. 突发公共事件是指突然发生，造成或者可能造成重大人员伤亡、财产损失、生态环境破坏和严重社会危害，危及公共安全的紧急事件。突发事件从结构体系来看包括决策系统、信息系统、执行系统和保障系统，这四大系统具有密切的关联性和互补性。

**【关键术语】**

城市交通拥挤　城市住房经济　城市应急管理　城市环境治理

**【思考题】**

1. 城市交通拥挤问题是如何产生的?
2. 结合我国当前实际，用经济学原理说明城市住房问题的根源。
3. 城市环境污染的外部性经济分析及治理措施是什么?
4. 结合新冠肺炎疫情，谈谈我国城市应急管理现状及治理方案。

# 第九章

# 城市区域经济学

通过本章的学习掌握城市群和全球城市的含义，理解城市群产生和发展的条件，熟悉我国城市群发展的现状及特点，了解我国三大城市群的基本情况，了解世界五大城市群的发展模式，了解全球城市的功能和它的基本特征。

**【重点问题】**

◎ 城市群的形成机制

◎ 我国城市群发展历程

◎ 全球城市的基本特征

## 第一节　城　市　群

### 一、城市群的含义

所谓城市群是在特定的区域范围内云集相当数量的不同性质、类型和等级规模的城市，一般以一个或两个特大城市为中心，依托一定的自然环境和交通条件，城市之间的内在联系不断加强，共同构成一个相对完整的城市“集合体”。

城市群是在城镇化过程中，在特定的城镇化水平较高的地域空间里，以区域网络化组织为纽带，由若干个密集分布的不同等级的城市及其腹地通过空间相互作用而形成的城市－区域系统。城市群的出现是生产力发展、生产要素逐步优化组合的产物，每个城市群一般以一个或两个（有少数的城市群是多核心的）经济比较发达、具有较强辐射带动功能的中心城市为核心，由若干个空间距离较近、经济联系密切、功能互补、等级有序的周边城市共同组成。发展城市群可在更大范围内实现资源的优化配置，增强辐射带动作用，同时促进城市群内部各城市自身的发展。

## 二、城市群的特征

对城市群国内外有很多称呼，有的称为大城市群，有的称为大都市地域、大都市区域、大都市广域圈等。我国学者对城镇密集区的研究所使用的城市群或都市带等概念主要来自对国外资料的相应翻译，因此同一概念的翻译并不统一，造成了许多相同或相近概念的不同称呼，如都市区、都市带、城市群、都市群等。实际上，这些概念在具体的界定指标上可能会稍有差异，但实质都是指当城市化发展到一定阶段时出现的一种城镇高度密集、城镇体系庞大、空间联系复杂的城镇空间组织形式，对这样的城镇空间组织本书统一使用“城市群”来表述。

城市群往往具有一个或多个核心城市，以及与核心城市具有密切的社会、经济联系，且带有一体化倾向的邻接城镇与地区所组成的圈层式结构。城市群绝不仅是一个地域范围的概念，它是一个具有密切职能联系的经济实体和社会实体。从本质上讲，城市群首先是一个经济区域，因为城市群形成的根本动力在于中心城市和周边地区两种异质空间在相邻条件下的相互作用，这种作用力以“流”的形式表现为各种要素和经济活动在空间上的集聚与扩散。因此，城市群可以被看作一种经济活动的地域组织形式，在这里，各种产业和经济活动彼此集聚，并相互联系，构成了一个高度一体化和体系化的有机整体。其次，高度经济一体化的城市群不仅集聚着各种生产要素和经济活动，也集聚了大量的人口和社会活动。因此，城市群不仅是一个经济区域，也是一个社会地域。经济一体化带来的完善、发达、便捷的交通、通信网络加强了城市群内人口的流动和地区间的交流与合作。因此，城市群内各地区间的社会活动也呈现出一体化的趋势。比如，城市群内的许多社会问题（如区域生态环境的改善和治理）就需要区域主体间的通力协作才能切实解决，一致的行动同样会获得某种协同效果，实现区域内社会资源的优化和整合。而且，城市群内人们的生产、生活和文娱休闲等活动也不再局限于某一城市或地区，而更多的是在整个城市群域内完成。密切的社会联系使城市群成为一个有机联系的完整的社会实体。

总体来讲，城市群应该具备以下一些基本特征。

第一，城市群的空间形态表现出明显的圈层结构，至少有一个或多个城市化水平较高、经济发达并具有较强城市职能的中心城市，这些城市对周边城镇和地区有较强的吸引力和辐射力，是整个城市群域内的经济中心和增长极。

第二，城市群一般可分为单中心城市群和多中心大城市群（或称大都市带、都市连绵区等）。从时间尺度上看，往往是首先形成单中心城市群，进而发展成为多中心大城市群，从空间尺度上观察，小空间范围是单中心城市群，而大空间范围则是多中心大城市群。

第三，城市群内中心城市的周边地区和次一级的中心城镇也应具有相当的人口规模和人口密度。这些外部区域与中心城市之间表现为人流、物流、资金流以及信息流的交互作用，并且这种交互作用较其他区域更大、更紧密。

第四，城市群内具有相对发达并高度一体化的基础设施网络，尤其是交通网络。

第五，城市群是一个以经济联系、社会联系以及生态联系为核心形成的一体化的区域，往往不是一个完整的行政地域单元。

---

**【专栏】**

广州，是国家中心城市、综合性门户城市，交通、商贸、教育、医疗资源发达；深圳，是经济特区，改革动能强劲，科创氛围浓厚。两座城市仅相距约 100 公里，经济总量之和约占全省一半，在广东乃至全国大局中举足轻重。且各自具有鲜明的比较优势和发展特色，互补性强，蕴藏着巨大的合作潜力。一个是千年商都、科教重镇，一个是经济特区、科创高地。广州和深圳，同处改革开放最前沿，同为粤港澳大湾区建设的中心城市和区域发展核心引擎，被赋予了发挥“双城联动、比翼双飞”作用，牵引带动广东全省实现高质量发展的重要使命。

2019 年 9 月，广州深圳签署深化战略合作框架协议，明确广深合作的指导思想、内容、机制，双方将在支持深圳建设中国特色社会主义先行示范区、共建国际科技创新中心、打造国际性综合交通枢纽、共建具有国际竞争力的现代产业体系、共建宜居宜业宜游优质生活圈、共同引领“一核一带一区”建设、深化广州南沙粤港澳全面合作示范区和深圳前海深港现代服务业合作区职能等方面深化合作。

实现“双城联动、比翼双飞”，交通基础设施互联互通是关键一环。近年来，广深两地加快推进交通互联互通，已形成广深高速、广深沿江高速、虎门大桥、南沙大桥等公路通道和广深铁路、广深港高铁、穗莞深城际等铁路通道，其中广深铁路实现“公交化”运营，广深港高铁实现 30 分钟互达。

科技创新是引领发展的第一动力，广州高校、科研院所星罗棋布，基础研究、产业配套能力强，深圳创新型企业灿若繁星，拥有强大的科技转化能力。当前，广州正支持以深圳为主阵地建设综合性国家科学中心，南沙科学城加强与深圳光明科学城联动，努力建成综合性国家科学中心的核心承载区。两地高校、科研院所、大型骨干企业纷纷结成创新共同体，联动创新氛围日益浓厚。

**建设大湾区“双子城”**

2020 年 10 月 22 日上午，广州深圳“双城联动”论坛在深圳召开，两市主要领导出席，各有关职能部门负责人到场签署科技创新、智能网联汽车、智能装备、生物医药、基础设施、营商环境、自贸区建设七个领域合作协议，标志着广深“双城联动”站上了新起点、进入了新阶段。

在科技创新领域，两市将共建广深港澳科技创新走廊、综合性国家科学中心，加强中新广州知识城、广州科学城、南沙庆盛科技创新产业基地与深港科技创新合作区、光明科学城、西丽湖国际科教城等重大创新载体的对接合作等。

在智能网联汽车产业领域，两市将到 2025 年建立建成较为完善的智能网联汽车标准法规体系、自主研发体系、生产配套体系，打造全球较有影响力的汽车零部件产业供应体系和智能网联汽车产业集群。

在生物医药产业领域，两市将力争将大湾区打造成为生物医药的原始创新高地；合力共建生物医药产业集群，支持国家高性能医疗器械创新中心、国际前沿医疗器械创新中心建设。

在营商环境领域，两市将共同营造竞争有序的市场环境，共同打造国际多式联运中心、全球供应链管理中心、国际物流航运中心；共同营造高效透明的政务环境，推进广深政务服务“跨城通办”。

广深“双城联动、比翼双飞”，合力打造具全球影响力大湾区“双子城”，必将产生更多“1+1>2”的化学反应、碰撞出新的火花，爆发出巨大的能量，为各类人才和广大企业创新创业提供更加广阔的舞台，成为全球城市合作共赢的典范，为全省“一核一带一区”建设、全国构建新发展格局提供有力支撑。

资料来源：罗仕．广深双城联动比翼双飞　加速打造全球城市合作共赢典范［EB/OL］.（2021-01-25）. https：//wap. ycwb. com/2021-01/25/content_1434088. htm.

## 三、城市群形成和发展的条件

### （一）地理条件

城市群发展形成地理条件受多方面因素影响，城市群由于具有不同的空间范围和城市数量，因而形成不同规模大小的城市群。从理论上讲，一定空间范围内分布有3个以上城市就形成城市群，但是在实践中能否成为城市群的关键是在多大的空间范围内和城市间的联系程度如何。城市群的空间范围和城市数量没有固定的模式和要求，适度的空间范围和城市数量对于城市群内部分工和功能完善具有重要作用。城市群的空间范围、城市数量和发展形成主要受到地理条件、区位交通、经济水平等因素的影响，一般来说，地势地貌条件越平坦、区位交通状况越优良、经济发展水平越发达，则城市群的空间范围越大、城市数量越多、城市群越容易发展形成。基于这一分析，我国的城市群在东部地区相比中西部地区空间范围更大、城市数量更多，更能够发展形成。不同规模城市群由于地理、区位、交通以及辐射集聚能力的差异，因此需要保持相应的城市间距离。

### （二）城市群发展的核心和实质

城市群不是若干城市在一定空间范围内的自然布局和简单组合，城市群能够成“群”的关键在于城市间的紧密联系和协同互动，促进城市间要素自由流动、资源高效配置、基础设施对接、产业关联配套、公共服务均等，充分发挥城市群的规模效应、集聚效应和协同效应。要实现这个目标，必须考虑三个方面的影响因素：一是城市间的行政区划分割因素。如果不打破城市间的封锁、壁垒和保护，就难以实现城市间的要素自由流动和资源高效配置。二是城市自身的规模和功能大小因素。城市群的形成首先对于内部城市的规模、功能、城镇化水平、经济发展水平具有严格的要求，只有达到一定水平之后才有可能朝着城市群方向发展。城市群的形成发展不可能遍地开花。三是城市群的资源环境承载能力因素。城市群的培育发展必须充分考虑土地、水、环境容量等资源环境承载要素，依托资源环境承载能力来确定城市群是否适合建设以及建设城市群的人口规模、产业选择和城市数量。

### （三）合理布局

随着我国城镇化水平的提高，城市群逐步成为支撑和带动城镇化的重要载体和形式，但是城市群的发展和形成又需要自然、经济和社会等各方面条件的支持和配套，不可能短时间内全面铺开，数量和规模也不可能过多过大。因此，需要根据我国各地区和城市发展的实际情况，依托各级各类空间性规划，科学合理地确定不同类型重点城市群的布局和建设。首先，依托宏观尺度和战略层面的主体功能区规划和国土规划，主要考虑在主体功能作为重点开发的区域和资源环境禀赋较好、承载能力较强的国土空间，合理规划布局城市群的数量、规模和类型。其次，依托中观尺度的城市总体规划和城镇体系规划，论证分析各城市发展的规模和潜力、城镇等级结构和数量，确定城市规划区和建成区的合理边界，科学评估城市群建设的可能性和规模大小。最后，依托相对微观尺度的土地利用总体规划，确定城市群土地利用结构和潜力，确保农业用地和生态用地的分布，严格控制建设地的总量和增量规模，提高土地集约利用效率和效益。

## 四、城市群的形成机制

### （一）城市群演进的动力

从区域经济学的观点来看，城市群形成与演化的内在动力来源于对集聚经济效益的追求。集聚经济是指一种通过规模经济和范围经济的获得，来提高效率和降低成本的系统力。产业的发展有赖于集聚经济，这是因为产业在空间上的集聚可以获取一种因共享区位而相邻企业间相互提供的“免费服务”，它包括降低交易费用、实现规模经济、培训劳动力和创新及扩散等。产业对集聚经济的追求使得生产要素和经济活动不断向城市集聚，最终导致城市规模的扩大和空间范围的扩张。

当城市规模达到一定程度时，它对周边地区的辐射和影响力逐步增大，同时在城市内部，高密度集聚和空间有限性之间的矛盾所带来的各种城市问题（集聚不经济）也促使城市开始向外扩散。中心城市通过对外产品输出、技术转让和产业空间重组，将一部分生产要素和经济活动向外疏散，这种疏散保证了城市本身规模的适度和产业结构的优化。在空间上，中心城市的扩散表现为城市沿主要交通轴线圈层状蔓延，在蔓延过程中，中心城市加速了周边地区的发展，并与次一级的中心城市融合形成更大一级的城市群，因此，扩散的结果往往是在更大的空间尺度上实现集聚。集聚和扩散两种力量的互动，最终推动城市群空间形态不断演化，实现城市群域内地域空间组织的优化。

### （二）城市群演进的机制

城市群的生成与发育实质上是城市在内外力作用下的空间成长与整合。促使城市群生成的内外部力量主要有城市经济总量的增长、区域产业结构的调整、城市功能的演变、国家宏观政策的变动、区域规划的制定等。经济、社会、政治、环境等多方面因素的共同作用促进了城市群的生成与发育。概括起来，城市群的生成机制主要包括以下几个方面。

**1. 对规模经济的追求是城市群生成和发育的根本动力**

区域发展的不平衡性使某些具有自然优势的地区首先发展成为区域的

经济中心城市；各种生产要素从其他地区向这个中心集聚，形成相对完备的基础设施、相对雄厚的资本和科技力量、相对集中的消费市场等。生产和消费的集聚节约了生产成本、交易成本和劳动力成本，扩大了生产规模，导致集聚经济和规模经济的产生。但这种集聚并不能无限发展下去，当城市过度膨胀而导致交通拥挤、地价上升、环境污染等规模不经济现象出现时，区域中心就必须通过扩散来重新获取规模经济效益。此时，生产要素沿着中心城市—中小城市—乡镇和农村的梯度链逐级向外扩散。中心城市通过部分低级要素的转移为高级产业的发展提供了空间，形成新的规模经济效益。在这种集聚、扩散、再集聚、再扩散的循环反复中，城市化在更大的空间范围内推进，从而形成城市群的空间组织形式。

**2. 区域协调是城市群生成和发育的前提和保证**

协商、对话、制定共同行动准则，无疑是全面推进区域经济一体化进程的必备要素。在城市群的发展过程中，有必要建立由区域内城市共同参与的协商制度。以区域经济一体化为目标，兼顾国家、城市和企业利益，逐步实现在特定城市群区域内对要素市场配置、产业发展、区域城镇结构、区域性基础设施建设、环境资源开发与保护的一体化规划、建设。加强城市间协作和互补，及时处理跨地区问题，推动建立大市场，形成城市群分工体系，构造集成竞争优势。

**3. 城市相互作用是城市生成和发育的运行条件**

城市之间（城乡之间）的相互联系与作用是形成城市群的有力链条，使城市群成为一个协调有序、紧密联系的有机整体。从空间相互作用的观点来看，中心城市的成长及城市化过程，就是通过中心城市与外围中小城市或城乡之间的相互作用，使城市功能在中心城市不断提升的过程。由于对规模经济的不断追求，要素分布范围扩大，城市空间范围也不断扩大，城市对外围地区的影响得以加深。当中心城市与外围中小城市或城市与农村之间形成了经济结构的高度关联，城市群也就得以形成了。

**4. 技术进步是城市群生成和发育的知识依赖**

城市群的本质特征是城市及城乡之间的密切联系，而密切程度与外围地区的经济发展水平和非农化水平直接相关。在传统技术条件下，大部分非农产业具有城市区位指向的特征，但随着科技的发展，这一产业分布格局发生了根本性的变化。首先，技术进步减少至部分消除了传统区位因子对产业布局的约束，改变了“城市—工业、乡村—农业”的城乡分工结构，城乡关系进入城乡非农产业共同发展的新阶段。其次，技术进步加速了城市之间及城乡之间产业结构的更新和重塑，特别是随着以信息经济、知识经济为基础的后工业社会的到来，服务业取代制造业成为中心城市的主导产业，而传统制造业则逐步从中心城市向周边城市、地区转移。由此，中心城市和外围地区的产业结构同时产生互动转换，建立起新的产业关联。最后，技术进步也带来了交通技术的改进，大大地扩展了人类活动的空间，居住郊区化、工业郊区化、服务郊区化、办公郊区化相继出现，进一步促进了城市群的一体化进程。

**5. 完善的基础设施是城市群生成和发育的物质基础**

城市、城乡之间的相互作用主要体现为人员、物资、资金、信息等各种“流”的作用，而“流”的传递和扩散必须借助交通、通信等基础设施来实现。完善的基础设施可以大大提高区域的通达性，减少相互作用过程中能量的损耗，促进城市群内城市、地区间的相互联系。

### （三）城市群内的分工与资源整合

城市群在资源整合过程中，必须着重地域内各核心城市职能分工和产业地域分工的研究。区域职能分工，指的是在城市群内各城市职能的相互关系及构成。城市群内各主要城市根据自身的基础和特色，承担不同的职能，在分工合作、优势互补的基础上，共同发挥整体集聚优势。城市群作为一定数量城市在一定区域内的聚合体，更强调各城市之间的相互联系与作用，主要表现为各城市职能的协调与互动。因此，对区域内城市职能分工的研究是城市群区域规划研究的核心问题，而良好的职能分工是一个地区获取竞争的关键。

城市群内各城市和地区间通过广泛的空间产业分工和职能分工，形成了特定的产业结构和空间结构。城市群的结构调整实际上是在整个城市群域内进行的资源整合过程。随着城市群发展日趋成熟，在整个区域上，各个城市和地区会根据各自不同的资源禀赋和经济基础形成一个高效的产业分工和职能分工体系。以我国长三角城市群为例，在这里，过去那种以行政区划决定地域特征和发展方式的模式面临极大挑战，以上海为中心的城市的经济功能及由此而产生的辐射力、凝聚力在配置市场资源与要素方面的功能愈加强化，进而呈现出以此为核心的打破行政区划限制、重新整合经济要素的强大势能。按照过去行政区划的思维模式，浙江宁波、嘉兴、金华、绍兴等中小城市发展的圆心应是省会城市杭州，并以省会为辐射源形成一个组成一体的、全面的经济体系，但目前看来，不但嘉兴、宁波、金华等杭州的周边城市在形成自身城市网络的基础上，纷纷在发展战略和城市定位上提出要做上海的“后花园”、上海的“前店后坊”，就连省会杭州也在某种程度上受到来自上海这个特大中心城市的影响，进而在发展战略上主动调适、顺应这种区域经济全方位整合的潮流大势。在这一背景下，城市竞争的内涵不再是单纯的行政权力的抗衡，而是对最有价值的生产要素的共享，只有在配置、利用生产要素方面优势互补，才能在发展中共享利益。在此，城市竞争力就是不同城市竞争者之间协调、优势互补的能力。

---

**【专栏】**

**释放新质生产力 长三角一体化发展迎来“加速度”**

30.51 万亿元，约占全国 GDP 总量的 24%！新年伊始，长三角三省一市晒出 2023 年经济发展总“成绩单”。

2024 年 1 月底，三省一市同步进入两会时间。四地政府工作报告披露的数据显示：2023 年，上海 GDP 达 4.72 万亿元，增长 5%；江苏 12.82 万亿元，增长 5.8%；浙江 8.26 万亿元，增长 6%；安徽 4.71 万亿元，增长 5.8%。

上升为国家战略五年多，长三角一体化发展给三省一市带来强劲动力。作为中国经济发展最活跃、开放程度最高、创新能力最强的区域之一，长三角地区以不足 4% 的国土面积，连年保持全国约 1/4 的经济总量，也让人们对这片土地有了更多期待。

**握指成拳，高质量发展样板区地位不断夯实**

三省一市各扬所长、紧密联动：国产大飞机 C919 总装所需约 10% 的零部件、50%的铝材和50%的复合材料结构件是江苏“镇江制造”，浙江的一家公司提供空气冲压涡轮发电机舱门；通过产业集群协同发展，一家新能源汽车整车厂可以在4小时车程内解决所需配套零部件供应，在长三角地区形成了体现现代化产业体系特征的“4小时产业圈”。

政府工作报告字里行间，闪耀着长三角一体化发展的生动注脚。

“协同创新更加活跃，产业协作更加扎实，基础设施更加联通，群众办事更加便捷。”2024年1月27日，上海市市长龚正回答中外记者提问时用“四个更加”描述长三角一体化战略取得的成效。

眼下，跨域协同合作在长三角已不鲜见。

1月29日，正泰新能盐城基地一派热火朝天的生产景象。该基地是沪苏浙三省市合作在江苏投资的首个制造业项目，已实现全线自动化生产和信息化管理，2023年获评TÜV莱茵在光伏行业认证的全球首家零碳工厂，营收超100亿元。

除了产业经济，还有民生实事。

去年12月27日，浙江嘉善到上海青浦的115路省际毗邻公交正式开通，嘉善市民可乘车直接到达青浦奥特莱斯购物，还可换乘上海地铁17号线前往上海市区。

今年1月初，家住安徽宣城的刘女士开始乘坐公交车去南京高淳上班，随着省际毗邻公交线路开通试运行，她可以从家门口直达厂门口。

…………

上海市政府工作报告指出，2023年长三角一体化发展21项重点合作事项加快落地，28个科技创新联合攻关项目加快实施，152项政务服务事项实现跨省市“一网通办”。

江苏省政府工作报告提出，2023年，江苏牵头实施8个长三角科技创新共同体联合攻关项目，科技创新工作取得新进展。

…………

### 紧扣创新，长三角加速培育新质生产力

“创新主动权、发展主动权必须牢牢掌握在自己手中。”对长三角一体化发展，习近平总书记始终强调要牢牢抓住“创新”这一重要引擎。

创新，是长三角的底色。

日前，《2023 长三角区域协同创新指数》发布，长三角区域协同创新指数从 2011 年的 100 分（基期）增长至 2022 年的 262.48 分，2018 年以来，长三角区域协同创新指数年均增幅达 11.17%，三省一市科技创新共同体建设加速前进。

新的一年，三省一市纷纷亮出计划聚力长三角一体化发展。

上海要制定实施长三角一体化发展第三轮三年行动计划，推动科技创新、产业创新等方面重点合作事项落地，加快完善一体化发展体制机制，加快建设 G60 科创走廊、沿沪宁产业创新带。

江苏要联动推进长三角一体化发展和长江经济带高质量发展，建好用好先进技术成果长三角转化中心，规划建设长江口产业创新协同区，推动沿海港口与上海国际航运中心枢纽融合发展，更高水平建设生态绿色一体化发展示范区。

浙江明确要高标准推进长三角一体化，加快建设长三角生态绿色一体化发展示范区嘉善片区和虹桥国际开放枢纽南向拓展带，推动数字长三角、“轨道上的长三角”等建设取得新进展。

安徽则要协同打造长三角科技创新策源地，加强战略科技力量合作共建，深度参与产业链供应链分工协作，加快产业锻长补短。

在长三角这片面积约 35.8 万平方公里的发展热土上，“一体化”和“高质量”两个关键词引领起华东地区乃至长江经济带的集群化发展，联合组团、握指成拳。

资料来源：马作鹏．跃过 30 万亿、释放新值生产力、长三角一体化发展迎来“加速度”[EB/OL].（2024－02－19）. https://baijiahao.baidu.com/s?id=1791292736584518882.

## 五、城市群的性质与功能

从经济学角度分析，城市群具有以下经济性质与功能。

### （一）城市群的高集聚性

城市群的人口相对集中、基础设施齐全、交通四通八达、经济基础较好、市场消费潜力巨大，并拥有科学技术先进、商业贸易发达、金融投资大、信息传递灵敏及社会生活丰富等有利条件，从而成为现代生产和消费的高集聚区域，成为商品流通的集散地和枢纽点，成为经济发展的“增长极”。许多大城市都是一些多功能的经济中心，比中小城市有更高的集聚经济效益，能够更好地实现规模经济和社会分工与协作，促进人才、资金、信息和物资的快速流动和科学技术的传播；能够以更经济的方式为社会生产提供必不可少的金融、贸易和其他配套服务；能够为其周围的中小城市及辐射区域提供多功能的服务，并提高中小城市及相应区域的经济效益。因此，以大城市为中心的城市群是一种高集聚经济。大力发展城市群能够推进一个地区的社会分工和规模经济，实现更高的总体经济效益，并通过城市群的辐射带动整个地区经济的发展，从而推动整个国家乃至世界经济的不断发展。

### （二）城市群的高能级性

现代城市群的高集聚性，使其成为一种高能级经济，具有对周围地区的强大经济吸引力和辐射力。以大城市为中心的城市群，具有商品经济高集聚特征，其优越的生产条件和生活条件，发达的交通、通信设施，集中的金融、商业机构，充足的生产要素资源供给，巨大的消费市场等，使其比其他地区具有更高的经济势能，从而对周围地区产生强烈的经济吸引和经济辐射功能。首先，城市群是一个强大的经济场，对周围地区具有强大的吸引力。其通过高集聚经济及其他优势，不断将周围地区的资金、人才、信息、能量吸引到城市经济圈内，促使城市群的技术基础、加工水平、经济实力等进一步增强，使城市群势能不断提高，从而增强了城市群的对外竞争力和吸引力，加快城市群的发展。其次，城市群作为一个强大的经济场，其对周围地区又具有强大的辐射力。其通过向外扩散商品、转让技术、产业转换，一方面为中心城市的金融、贸易、信息、技术、服务等第三产业的发展腾出空间，保证中心城市及紧密层经济得以持续增长和发展；另一方面又可以带动周围地区的经济发展，缩小外围地区与中心城市区的“经济落差”，从而促进城市群的空间拓展。最后，通过城市群吸引和经济辐射的双重功能作用，合理配置圈域内的经济资源，形成合理的产业结构和空间布局，并在此基础上建立圈域性企业集团，发挥中心城市的科技优势和高经济势能，组成科研、生产、经营三位一体的企业集团，使企业从粗放经营向集约化经营发展，从个别企业向集团化企业发展，从单独、潜在的优势向综合、现实的优势发展，从而推进城市群的高效发展。

### （三）城市群的开放性

现代经济的全球化发展，导致企业、资本、技术、文化和人才的全球大循环。哪里的经济效率高、投资回报高，资本、信息、技术就往哪里跑；哪里收入高、生活好、环境好，人才、知识、技术就往哪里集聚，从而使经济国界将趋于消失。而城市群是一种开放型经济，其适应现代经济全球化、区域一体化的发展特征，以国际市场为背景，以中心城市的外向化为特征，通过最佳的经济发展环境、生活条件及社会环境，吸引大量的国际资本、信息、技术、人才聚集，从而推动城市群的全球化发展。

城市群的开放性首先表现在交通运输的高度发达上。纵观古今，城市的兴衰、经济的涨落无不与交通运输有着密切的关系。当代最大的世界经济圈，十之八九在沿海、沿江、沿公路（铁路）线等交通发达的地区，因为现代经济中的人流、物流、商流都必须以交通运输条件为依托。城市群中发达的交通运输不仅保证“三流”有效地进行，而且提高了经济运行效率，从而加快经济的发展。同时，城市群吸引和辐射的经济势能，也只有通过畅通无阻、高度发达的交通运输才能有效发挥作用。

城市群的开放性还表现在信息的高速流转上。信息是人们有效从事社会生产、经济建设、商品交易和各种活动的重要依据。现代社会是一个“信息爆炸”时代，信息的高速流转已成为影响社会经济的重要因素。1993 年，美国政府率先兴建“信息高速公路”，抢占信息社会制高点。城市群中的中心城市是经济、政治、文化、科教的中心，从而也是信息源的中心。特别是城市高度发达的科学技术、通信工具和信息处理能力，不仅促进了信息的高速流转，而且使城市群成为现代技术创新的源泉，成为现代经济增长的驱动中心。

城市群的开放性还表现在城市群大量的对外经济、贸易、金融活动的功能上。当今世界的金融中心，主要集中在纽约、伦敦、东京、上海等国际大城市经济圈；当今世界最大的贸易中心也主要集中在鹿特丹、伦敦、巴黎、东京、香港、新加坡等大城市经济圈。由此可以看出，城市群已成为一个国家、一个地区外向型经济的枢纽点，成为迈向全球经济的重要据点。

#### （四）城市群的自组织性

纵观世界城市群的发展，现代城市群正日益发展成为一个成熟的、自组织的社会经济有机体。其表现在：一是城市群是一个长期不断的历史演化过程，其具有适应环境变化和经济发展的需要，而处在不断地调整结构、调节功能和空间形态的变化之中，表现出强大的自我调整的生命力。二是城市群具有强大的创新能力，其为了自身的生存和发展，不断进行新陈代谢，变异创新，使新的技术、新的产品、新的产业不断产生和发展，从而也促进城市群自身不断地从孤立城市向集聚城市、世界经济圈演进。三是城市群具有自我诊断、完善的修补机制。尽管大城市迅速发展带来种种的弊端，但随着城市群的发展及空间扩散，城市群形成了自我诊断、完善的修补机制。发达国家出现的“逆城市化”“城市空心化”等现象，就是城市群自我修补机制作用的形式。四是城市群还具有不断泛化的效应，在城市群内，中心城市通过经济吸引和辐射，不断吸取周边地区的经济流，使自身不断饱和、扩张、发生核聚变，形成向外的波状扩散，从而形成更大的城市群和更高的经济势能，如此不断演化循环，使城市群逐渐形成影响世界的全球经济中心。

### 六、全球及中国的主要城市群

#### （一）世界五大城市群

**1. 美国东北部大西洋沿岸城市群**

此为美国经济的核心地带，其制造业产值占全国的30%，是美国最大的生产基地、商业贸易中心和世界最大的国际金融中心，包含波士顿、纽约、费城、巴尔的摩、华盛顿等城市。其中，纽约是世界三大国际金融中心之一和著名的都会区。该城市带长 965 千米，宽 48 ~ 160 千米，面积为 13.8 万平方公里，占美国面积的 1.5%，该区人口为 6500 万人，占美国总人口的 20%，城市化水平达到 90% 以上。

---

**【专栏】**

美国东北部大西洋沿岸城市群包括波士顿、纽约、费城、巴尔的摩、华盛顿等城市及其周边市镇，北起缅因州、南至弗吉尼亚州。城市群占地 13.8 万平方公里，占美国总面积的 5.1%；人口 6500 万，占总人口的 20%；贡献 GDP 40320 万美元，占全国的 20.8%；人均 GDP 62030 美元，地均 GDP 2920 万美元/平方公里。美国东北部大西洋城市群之所以能够快速发展为目前世界上最具竞争力和创新活力的城市群，得益于三方面的作用。

第一是核心城市的辐射带动作用。美国东北部大西洋沿岸城市群的核心城市是纽约，从地理位置上看，纽约处于波士顿至华盛顿所连成直线的中点位置，而波士顿和费城、巴尔的摩和华盛顿分别位于纽约的两侧，其余 40 多个小城市分布在该线性带上，这种以中间某点为中心，向两边扩散分布的线性带状布局结构发挥了纽约作为核心城市的辐射与带动作用。

第二是城市间分工明确、协同发展。华盛顿是美国的首都；纽约定位为经济和金融中心；波士顿是科技中心，高科技产业和教育产业全球闻名；费城主要发展制造业；巴尔的摩则是以钢铁、造船为核心的工业中心。以上所提到的五个重要节点城市定位清晰、分工明确，既借助了当地的资源禀赋优势，又减少了彼此同质竞争的损失，保证了城市群各城市发展活力和综合承载力的均衡分布。

第三是具有前瞻性的城市群空间布局规划。回顾美国东北部大西洋沿岸城市群的发展历史，可以很清晰地发现它的发展轨迹并非沿着同一路线，城市群也并非完全自主形成的，政府—非政府—市场在其中都发挥了不小的作用。以 1929 年纽约区域规划协会制定的《纽约及周边城市的区域规划》为例，这项区域规划强调了对交通网络和公共空间的规划，而随后发布的其他规划方案也显示了政府对城市群的发展加以引导，避免大城市对其周边小城市产生“虹吸”作用，也避免了大城市为谋求自身发展牺牲中小城市利益的现象发生。从规划的角度看，构建区域内部的公共交通体系、多主体协调体系有利于实现区域利益的最大化。

资料来源：公博经济社会观察．世界级城市群的城镇化推进经验：美国东部大西洋沿岸城市群 [EB/OL]. (2019－11－05). https://baijiahao.baidu.com/s?id=1649340992451215176.

**2. 五大湖城市群**

分布于美国和加拿大五大湖沿岸，包含芝加哥、底特律、克利夫兰、多伦多、渥太华、蒙特利尔、魁北克等城市，与美国东北部大西洋沿岸城市群共同构成北美制造业带。其中，芝加哥是全球著名的金融中心之一，底特律是全球著名的汽车城。

**3. 日本太平洋沿岸城市群**

此为日本经济最发达的地带，是全国政治、经济、文化、交通的中枢，包括东京、横滨、静冈、名古屋、京都、大阪、神户等城市，包含了以东京、大阪、名古屋为核心的三个城市圈，分布着全日本80%以上的金融、教育、出版、信息和研究开发机构。其中，东京是全球著名的金融中心之一和著名的都会区。

**4. 英伦城市群**

以英国伦敦－利物浦为轴线，包含伦敦、利物浦、曼彻斯特、利兹、伯明翰、谢菲尔德等城市。这是产业革命后英国主要的生产基地，其中伦敦是欧洲最大的金融中心，同时也是世界三大国际金融中心之一。

**5. 欧洲西北部城市群**

其由法国巴黎城市群、比利时－荷兰城市群、德国莱茵－鲁尔城市群等构成，包含巴黎、布鲁塞尔、安特卫普、阿姆斯特丹、鹿特丹、海牙、埃森、科隆、多特蒙德、波恩、法兰克福、斯图加特等城市。其中，巴黎是法国的经济中心和最大的工商业城市，也是西欧重要的金融和交通中心之一；鹿特丹素有“欧洲门户”之称：法兰克福是欧洲重要的工商业、金融和交通中心。

### （二）我国主要城市群

一般认为，中国的三大城市群分别为长江三角洲城市群、粤港澳大湾区城市群、京津冀城市群，这是最具有代表性的三大国家级城市群。曾引领了东部乃至全国的经济发展，带动了全国的人、财、物向其流动。

近年来，推动城市群发展成为我国的一项重要经济战略。截至 2019 年 2 月 18 日，国务院共先后批复了 11 个国家级城市群，分别是：长江中游城市群、京津冀城市群、哈长城市群、成渝城市群、长江三角洲城市群、中原城市群、北部湾城市群、关中平原城市群、呼包鄂榆城市群、兰西城市群、粤港澳大湾区（如表 9 - 1 所示）。

**表 9 - 1　　　　我国主要城市群概况**

| 国家级城市群名称 | 国务院批复时间 | 相关文件 |
|---|---|---|
| 长江中游城市群 | 2015 - 03 - 26 | 《国务院关于长江中游城市群发展规划的批复》<br>《国家发展改革委关于印发长江中游城市群发展规划的通知》 |
| 京津冀城市群 | 2015 - 04 - 30 | 《中共中央 国务院印发京津冀协同发展规划纲要》 |
| 哈长城市群 | 2016 - 02 - 23 | 《国务院关于哈长城市群发展规划的批复》<br>《国家发展改革委关于印发哈长城市群发展规划的通知》 |
| 成渝城市群 | 2016 - 04 - 12 | 《国务院关于成渝城市群发展规划的批复》<br>《国家发展改革委关于印发成渝城市群发展规划的通知》 |
| 长江三角洲城市群 | 2016 - 05 - 22 | 《国务院关于长江三角洲城市群发展规划的批复》<br>《国家发展改革委关于印发长江三角洲城市群发展规划的通知》<br>《中共中央 国务院关于长江三角洲区域一体化发展规划纲要》 |
| 中原城市群 | 2016 - 12 - 28 | 《国务院关于中原城市群发展规划的批复》<br>《国家发展改革委关于印发中原城市群发展规划的通知》 |
| 北部湾城市群 | 2017 - 01 - 20 | 《国务院关于北部湾城市群发展规划的批复》<br>《国家发展改革委关于印发北部湾城市群发展规划的通知》 |
| 关中平原城市群 | 2018 - 01 - 09 | 《国务院关于关中平原城市群发展规划的批复》<br>《国家发展改革委关于印发关中平原城市群发展规划的通知》 |
| 呼包鄂榆城市群 | 2018 - 02 - 05 | 《国务院关于呼包鄂榆城市群发展规划的批复》<br>《国家发展改革委关于印发呼包鄂榆城市群发展规划的通知》 |
| 兰西城市群 | 2018 - 02 - 22 | 《国务院关于兰州—西宁城市群发展规划的批复》<br>《国家发展改革委关于印发兰州—西宁城市群发展规划的通知》 |
| 粤港澳大湾区 | 2019 - 02 - 18 | 《中共中央 国务院印发〈粤港澳大湾区发展规划纲要〉》 |

【专栏】

粤港澳大湾区由“9+2”组成，即广东的广州、深圳、珠海、佛山、中山、东莞、惠州、江门、肇庆，以及香港特别行政区、澳门特别行政区。土地面积合计5.6万平方公里，占全国的0.6%；2021年经济总量12.6万亿元，占全国的12.1%；常住人口7267万人，占全国的5.2%。湾区经济是大国发展标配，全球约60%的经济总量集中在入海口。

**粤港澳大湾区从地方构想上升为国家战略**

粤港澳大湾区发展酝酿已逾10余年，从2005年明确“湾区发展计划”，到2015年“一带一路”倡议提出共建粤港澳大湾区，2017年国家发展改革委牵头粤港澳三地签署大湾区建设框架协议，再到2019年《粤港澳大湾区发展规划纲要》出台，要求建设富有活力和国际竞争力的一流湾区和世界级城市群，打造高质量发展的典范。

**发展关键：七大合作重点领域**

《粤港澳大湾区发展规划纲要》划定七大合作重点领域。

建设国际科技创新中心。深入实施创新驱动发展战略，深化粤港澳创新合作，构建开放型融合发展的区域协同创新共同体，集聚国际创新资源，优化创新制度和政策环境，着力提升科技成果转化能力，建设全球科技创新高地和新兴产业重要策源地。

加快基础设施互联互通。强化内地与港澳交通联系，构建高效便捷的现代综合交通运输体系。发挥香港作为国际航运中心优势，带动大湾区其他城市共建世界级港口群和空港群，优化高速公路、铁路、城市轨道交通网络布局。

构建具有国际竞争力的现代产业体系。深化供给侧结构性改革，着力培育发展新产业、新业态、新模式，支持传统产业改造升级，加快发展先进制造业和现代服务业，瞄准国际先进标准提高产业发展水平。

推进生态文明建设。牢固树立和践行绿水青山就是金山银山的理念，像对待生命一样对待生态环境，实行最严格的生态环境保护制度。坚持节约优先、保护优先、自然恢复为主的方针，以建设美丽湾区为引领，着力提升生态环境质量。

建设宜居宜业宜游的优质生活圈。坚持以人民为中心的发展思想，积极拓展粤港澳大湾区在教育、文化、旅游、社会保障等领域的合作，共同打造公共服务优质、宜居宜业宜游的优质生活圈。

紧密合作共同参与“一带一路”建设。深化粤港澳合作，进一步优化珠三角九市投资和营商环境，提升大湾区市场一体化水平，全面对接国际高标准市场规则体系，加快构建开放型经济新体制，形成全方位开放格局。

共建粤港澳合作发展平台。加快推进深圳前海、广州南沙、珠海横琴等重大平台开发建设，充分发挥其在进一步深化改革、扩大开放、促进合作中的试验示范作用。

**对标国际一流湾区，粤港澳迎来大湾区时代**

粤港澳大湾区的区域优势、经济体量、人口规模、土地面积、人才储备与世界三大湾区相比毫不逊色，但在人均水平、研发投入、产业结构、科技创新等层面仍存在不小差距。粤港澳大湾区经济总量达到 1.68 万亿美元，已经超越旧金山湾区，并且与纽约湾区和东京湾区的差距在逐渐缩小；在人均发展水平上，粤港澳大湾区远远落后于国际三大湾区，人均 GDP 只相当于纽约湾区的 1/4、旧金山湾区的 1/5、东京湾区的 1/2，差距明显。粤港澳大湾区有雄厚的制造业基础，大湾区时代将迎来由传统制造业向高端制造业的全面转型升级。粤港澳大湾区未来可以通过有力措施明确各市在世界级高端制造业集群培育中的不同地位，以及各市应重点发展和培育的优势产业或企业，建立合作共赢的长效协作机制，并且帮助高端制造业与国际市场、国际分工有越来越快速、频繁的互动，增强核心竞争力，抢占世界高端制造业制高点。目前，粤港澳大湾区仍处于高速发展阶段，未来的潜力无限。

资料来源：任泽平、熊柴．粤港澳大湾区：打造国际一流湾区和城市群［EB/OL］.（2021－01－28）. https：//house. hexun. com/2021－01－28/202917494. html.

## 第二节　全球城市

### 一、全球城市的定义

德国诗人歌德在18世纪后叶将罗马和巴黎并称为世界城市。苏格兰人类生态学家P. 格迪斯于1915年则将当时西方一些国家正在发展中的大城市称为世界城市，主要指那些在世界商业活动中占有较大比例的城市。1966年，英国地理学家、规划师彼德·霍尔（Peter Hall）把全球城市定义为：那些已对全世界或大多数国家产生全球性经济、政治、文化影响的国际第一流大城市。20世纪80年代以来，作为一种特殊的城市类型，全球城市成为越来越多学者关注的对象。

1986年，弗里德曼从新的国际劳动分工的角度，把全球城市的特征概括为：主要金融中心；跨国公司总部（包括地区性总部）所在地；国际化组织所在地；商业服务部门的高速增长；重要的制造中心；主要交通枢纽；人口规模大。美国经济学家丝雅奇·沙森根据生产性服务业的发展状况来鉴别全球城市，把全球城市定义为发达的金融和商业服务中心。

现代意义上的全球城市是全球经济系统的中枢或世界城市网络体系中的组织节点。经济全球化、政治多极化、社会信息化和文化多元化是21世纪的基本特征。这四个“化”的相互交织和互为推动加速了全球网络的形成，世界成为一个巨大的网络空间。网络时代是一个整合的时代。整合的过程和本质是现代市场资源包括人流、物流、资本流、技术流和信息流在全球网络中的充分流转和合理配置。在这种要素流转和配置过程中，世界政治经济新格局不断建立和形成。实际上，格局就是一种配置和组合。当今世界，格局更多地表现为国家之间、区域之间、城市之间的现实力量、资源要素的综合对比与配置组合。特别是以城市为载体，在全球网络中形成了资源要素流转和配置的一个个节点。这些节点根据等级高低、能量大小、联系紧密程度等要素集结成为一个多极化、多层次的全球城市网络体系。其中，对全球政治经济文化具有控制力和影响力的主要节点城市就是全球城市。

因此，本书认为，全球城市（global city）又称世界级城市，是指在社会、经济、文化或政治层面直接影响全球事务的城市。全球城市是国际城市的高端形态，是城市国际化水平的高端标志，是指具有世界影响力、聚集世界高端企业总部和人才的城市，是国际活动召集地、国际会议之城、国际旅游目的地。

## 二、全球城市的主要功能

对全球政治经济文化具有控制力与影响力是全球城市的两个核心功能。全球城市的控制力主要表现为对全球战略性资源、战略性产业和战略性通道的占有、使用、收益和再分配。只有对这些问题具有了把控权、主动权，能够发挥决定性作用的城市才可以被称为全球城市。

战略性资源是指与国家、城市的运转、发展、壮大息息相关的重要条件和能够带来巨大回报的关键要素，可以是硬性的资源、能源、资金等，也可以是软性的政策、人才、信息等。

战略性产业包括战略性支柱产业和战略性新兴产业。战略性支柱产业首先表现为很强的竞争优势，对经济发展具有重大贡献，同时又直接关系经济社会发展全局和国家安全，对带动经济社会进步、提升综合国力具有重要促进作用。相比较而言，战略性新兴产业更多地表现为具有市场需求前景，具备资源能耗低、带动系数大、就业机会多、综合效益好的特征，包括新能源、新材料、生命科学、生物医药、节能环保、信息网络、海洋开发、地质勘探等产业。

战略性通道就是以战略性区位优势为依托，以港口、航空、公路、铁路等现代化、立体化的综合交通体系为基础，构建面向全球的资源要素流通和产业梯度转移通道，这都是涉及全球政治安全和经济发展的长期性、全局性、关键性问题。

控制力是“硬实力”，影响力是“软实力”。硬实力是对一国经济、军事与资源要素的控制力和扩张力，软实力是一国文化、制度与意识形态的吸引力和说服力。硬实力和软实力是相辅相成的。硬实力是软实力的基础，软实力是硬实力的延伸。如果一个国家可以使它的立场在其他人眼里具有吸引力，或者一个国家强化以鼓励其他国家用寻求共存的方式来界定它们的利益为目的的国际制度，那么这个国家就无须扩展那些传统的经济实力或者军事实力。

从本质上讲，全球城市是全球战略性资源、战略性产业和战略性通道的控制中心，是世界文明融合与交流的多元文化中心，也是城市硬实力与软实力的统一体。

## 三、全球城市的特征

全球城市的基本特征可以概括为三个方面。

一是雄厚的经济实力。主要表现为经济总量大，人均 GDP 程度高，以现代产业体系为核心的后工业化经济结构明显，国际总部聚集度强。

二是国际高端资源流量与交易。在某种意义上说，全球城市就是一个面向知识社会创新 2.0 形态的流动空间、流动过程。这种国际高端资源的流量与交易主要表现为高端人才的集聚，拥有高信息化水平、高科技创新能力、高金融国际竞争力的现代化、立体化综合交通体系的建成。

三是全球影响力。影响力是软实力的外在表现，是引领时代潮流的主导力量。全球城市的影响力既有文化和舆论的力量，也有组织和制度的力量，主要表现为城市综合创新体系、国际交往能力、文化软实力和全球化的治理结构。

## 四、全球城市的构成要素

构成全球城市的要素是多方面的，一般来说应该包括跨国企业总部基地、国际金融中心、全球的产业中心、全球性信息中枢、交通运输枢纽等。

（1）国际性、为人熟知（例如，人们一般会说巴黎而非法国巴黎）。

（2）积极参与国际事务且具影响力（例如，纽约市是联合国总部的所在地）。

（3）相当多的人口（都会区中心至少要有 100 万人口，典型的全球城市有几百万人口）。

（4）重要的国际机场（例如，北京首都国际机场），作为国际航线的中心。

(5) 先进的交通系统，如高速公路或大型公共交通网络，提供多元化的运输模式（地下铁路、轻轨运输、区域铁路、渡轮或巴士）。

(6) 亚洲城市要吸引外来投资，并设有相关的移民社区，如新加坡、上海、香港、东京、首尔。西方城市要设有国际文化社区（如唐人街、小意大利区或其他移民社区）。

(7) 国际金融机构、律师事务所、公司总部（尤其是企业集团）和股票交易所，并对世界经济起关键作用（例如，北京是世界五百强总部最多的城市）。

(8) 先进的通信设备，如光纤、无线网络、手机服务，以及其他高速电信线路，有助于跨国合作。

(9) 蜚声国际的文化机构，如博物馆和大学。

(10) 浓厚的文化气息，如电影节、首映式、音乐节、交响乐团、歌剧团、美术馆等。

(11) 强大而有影响力的媒体，着眼于世界（例如，BBC、《纽约时报》、法新社和路透社）。

(12) 强大的体育社群，如体育设施、本地联赛队伍，以及举办国际体育盛事的能力和经验（例如，奥运会、足球世界杯或网球大满贯赛事）。

(13) 近海城市应拥有大型且繁忙的港口（如香港、东京及纽约）。

## 五、全球城市的类型与级别

一般认为，英国伦敦、美国纽约、法国巴黎和日本东京是“四大世界级城市”，同时，它们也被视为全球资本主义的象征。近些年来，亚洲部分城市高速发展，某些观点也把香港、新加坡等列为全球城市。那么，全球城市在规模、经济能力和对全球其他地区的影响力和辐射能力能否等量齐观呢？它们有哪些不同？

### （一）按在资本链条中的角色划分

各个城市的产业结构和文化的差异性，导致各个全球城市形成的路径是有差异的。按照在资本链条中的角色，全球城市可以分为：资本吸收型，或称资本管理型，最典型的就是纽约和伦敦；资本供给型，或称产业中心型，最典型的就是东京。

资本吸收型是国际金融和高端服务业的区域或世界中心，也被称为金融中心型全球城市。纽约是现代全球城市的先驱，在 20 世纪 70 年代提出构建全球城市的战略时，正值制造业衰退、经济危机，因此，它选择了向国际金融和高端服务业倾斜的策略，而不是跨国公司的世界中心。这种类型的全球城市由于缺乏广泛的产业基础，对外界经济的依赖度过高。

资本供给型全球城市集聚了大量的来自世界各地的制造业和产业咨询类跨国公司总部，除了具有国际金融中心的功能之外，也是世界产业的中心。东京提出强化全球城市功能的战略是在 20 世纪 80 年代中期“第四次全国综合开发规划”（1987 年）和“东京都第二次长期规划”（1986 年），比纽约晚七八年。由于日本是一个制造业大国，因此，东京与纽约不同的是既具有国际金融中心的功能，也是世界产业的中心，拥有大规模的生产型服务业。

### （二）按在全球经济中的职能和影响力划分

全球城市在世界城镇体系中相互关联、互为依存。由于各个全球城市自身制度、文化结构的差异，以及在全球化经济格局中职能分工的差异，全球城市在类型上也表现出多样性或差异性。

也就是说，全球城市不仅有分层，在不同层次上各个城市的内涵和职能也不尽相同，有些城市是综合型的中心，如纽约、伦敦、东京、巴黎；有些城市是金融中心，如阿姆斯特丹、香港；有些城市是物流信息中心，如芝加哥、米兰、法兰克福；也有些城市是历史文化中心，如马德里、罗马、柏林。

当今世界较为公认的全球城市划分标准是由 GaWC（全球化与世界级城市研究小组与网络）提出的。1999 年起，GaWC 就定期发布全球城市手册，将全球城市由高到低分为 Alpha 级（包含 Alpha + +、Alpha +、Alpha 和 Alpha -）、Beta 级（包括 Beta +、Beta 和 Beta -）、Gamma 级（包括 Gamma +、Gamma 和 Gamma -）三个级别，在这三个级别的全球城市之外，还列出了“高度自足”和“自足”两个级别的城市，即能够提供程度足够的服务，无须明显地依赖其他全球城市的大中型城市。

根据2018年GaWC发布的世界级城市名册，世界一线城市（Alpha级）有55个，其中Alpha++级别的仅有伦敦和纽约，Alpha+级别的有香港、北京、新加坡、上海、悉尼、巴黎、迪拜、东京。

**【本章小结】**

1. 城市群是在特定的区域范围内云集相当数量的不同性质、类型和等级规模的城市，一般以一个或两个（有少数的城市群是多核心的）特大城市（小型的城市群为大城市）为中心，依托一定的自然环境和交通条件，城市之间的内在联系不断加强，共同构成一个相对完整的城市"集合体"。

2. 从经济学角度分析，城市群具有高集聚性、高能级性、开放性、自组织性。

3. 对全球政治经济文化具有控制力与影响力是全球城市的两个核心功能。全球城市的控制力主要表现为对全球战略性资源、战略性产业和战略性通道的占有、使用、收益和再分配。只有对这些问题具有了把控权、主动权，能够发挥决定性作用的城市才可以称为全球城市。

4. 构成全球城市的要素是多方面的，一般来说应该包括跨国企业总部基地、国际金融中心、全球的产业中心、全球性信息中枢、交通运输枢纽等。

5. 全球城市的类型可以按照两种方式划分，一是按在资本链条中的角色划分；二是按在全球经济中的职能和影响力划分。

**【关键术语】**

城市群　产业集群　产业链　全球城市

**【思考题】**

1. 结合你所在城市的实际情况，谈谈城市群发展问题。

2. 根据经济学原理，分析长三角一体化与粤港澳大湾区发展定位的异同？二者在发展过程中存在怎样的关系？

# 第十章

# 中国式城市现代化

本章通过梳理中国式现代化的思想演进及城市现代化研究进展，在中国式现代化框架下提出城市现代化的内涵。构建中国式城市现代化评价指标体系，对2011～2019年中国283个地级以上城市现代化水平进行测评。围绕提升中国式城市现代化创新发展动能等方面，归纳了可能的政策启示。

**【重点问题】**

◎ 中国式城市现代化的理论内涵

◎ 中国式城市现代化的评价体系

◎ 中国式城市现代化的评价分析

党的二十大报告指出：从现在起，中国共产党的中心任务就是团结带领全国各族人民全面建成社会主义现代化强国、实现第二个百年奋斗目标，以中国式现代化全面推进中华民族伟大复兴。具体而言，我国实现第二个百年奋斗目标是以现代化主线贯穿始终，到二〇三五年基本实现社会主义现代化，到本世纪中叶把我国建成富强民主文明和谐美丽的社会主义现代化强国。城市作为产业和生产要素的聚集地，是区域经济、政治、社会、文化、科技发展的核心与枢纽，城市能够通过其自身的知识和技术的溢出效应，辐射带动整个区域的发展和进步。历史经验表明，城市作为区域发展的增长极也是现代化的策源地和动力源。2022年中国城市化率已达65.22%，虽然相较于发达国家相差20个百分点，但却以年均 1 个百分点的速度在提升，推进中国式城市现代化无疑是社会主义现代化强国建设中最为重要的环节之一，是实现第二个百年奋斗目标的战略驱动力。

## 第一节 中国式现代化的思想演进

在新中国成立特别是改革开放以来长期探索和实践基础上，经过党的十八大以来在理论和实践上的创新突破，我们党成功推进和拓展了中国式现代化。新中国成立以来，为了改变积贫积弱的落后农业国面貌，大力发展工业成为现代化的主要特征。“建立我国的社会主义工业化的初步基础”便是“一五”计划的基本任务之一，1954 年 9 月毛泽东在全国人大一届一次会议上指出，将我国建设成为一个工业化的具有高度现代文化程度的伟大国家。周恩来在会上的《政府工作报告》提出工业、农业、交通运输业和国防的四个现代化，这成为中国式现代化的最初表述。随后 1957 年毛泽东明确“我们一定会建设一个具有现代工业、现代农业和现代科学文化的社会主义国家”，在此基础上，周恩来 1963 年阐释了“四个现代化”：农业现代化、工业现代化、国防现代化和科学技术现代化。为了落实现代化建设，“三五”计划中我国首次提出了两步走战略，第一步建立一个独立的比较完整的工业体系和国民经济体系；第二步全面实现农业、工业、国防和科学技术的现代化，使我国经济走在世界的前列。

改革开放之初，旨在快速发展经济和提升科技水平，邓小平提出到 20 世纪末实现与西方概念不同的中国式的四个现代化。1987 年党的十三大制定了“三步走”战略部署：第一步，实现国民生产总值比一九八〇年翻一番，解决人民的温饱问题。这个任务已基本实现。第二步，到 20 世纪末，使国民生产总值再增长一倍，人民生活达到小康水平。第三步，到 21 世纪中叶，人均国民生产总值达到中等发达国家水平，人民生活比较富裕，基本实现现代化。然后，在这个基础上继续前进。2020 年实际国民总收入较 1980 年增长了 547.41%，实际人均 GDP 则增长了 409%，正是“三步走”战略部署奠定了我国由站起来到富起来的基础。

2002 年党的十六大进一步强化，到 21 世纪中叶基本实现现代化。2007 年党的十七大首次明确提出，建设富强民主文明和谐的社会主义现代化国家。正是在中国共产党长期领导的中国式现代化的科学指引下，2008 年中国人均 GDP 超过 3000 美元，进入中等收入国家行列；2010 年中国成长为全球第二大经济体。

进入新时代，2012 年党的十八大结合中国经济社会发展的特征与趋势提出“新四化”，坚持走中国特色新型工业化、信息化、城镇化、农业现代化道路。与此同时也明确了“两个一百年”奋斗目标：到建党一百年时全面建成小康社会；到新中国成立一百年时，基本实现现代化，把我国建设成社会主义现代化国家。2017 年党的十九大擘画了全面建成社会主义现代化强国的两步走战略安排：第一个阶段，从二〇二〇年到二〇三五年，基本实现社会主义现代化。第二个阶段，从二〇三五年到本世纪中叶，把我国建成富强民主文明和谐美丽的社会主义现代化强国。同样是在中国式现代化的引领下，2019 年我国年人均 GDP 就迈过 1 万美元门槛，达到中高收入国家水平。2021 年我国全面建成小康社会，不仅实现了第一个百年奋斗目标，也迎来了从富起来到强起来的伟大飞跃。2022 年党的二十大进一步明确，“从现在起，中国共产党的中心任务就是团结带领全国各族人民全面建成社会主义现代化强国、实现第二个百年奋斗目标，以中国式现代化全面推进中华民族伟大复兴。”

已有的现代化理论主要研究人类社会从传统农业社会向现代工业社会转变的历史过程，是串联式现代化、过去时的现代化。中国式现代化形成于中国共产党人持续探索过程，不同于发达国家的现代化，是以现行现代化国家为追赶目标，是工业化、信息化、城镇化和农业现代化相叠加的并联式现代化，属于现在时和将来时。具体而言，中国式现代化是人口规模巨大的现代化，是全体人民共同富裕的现代化，是物质文明和精神文明相协调的现代化，是人与自然和谐共生的现代化，是走和平发展道路的现代化。

纵观中国式现代化的思想演进，在内容上由初期的现代工业、现代农业和现代科学文化发展到“四个现代化”即农业现代化、工业现代化、国防现代化和科学技术现代化，直至新时代的“新四化”即新型工业化、信息化、城镇化、农业现代化，体现了我们党科学研判、与时俱进的奋斗精神。从发展规划上，历经新中国成立初期的两步走战略，到改革开放之初发展目标清晰的三步走战略，以及新时代社会主义现代化建设新征程的两步走战略，均明确了中国式现代化的路线图、时间表，一以贯之坚持以中国式现代化全面推进中华民族伟大复兴。

## 第二节 中国式城市现代化的研究进展

国内自 20 世纪 90 年代就开始有学者对城市现代化的内涵进行研究，最早研究城市现代化内涵的是梅保华，他认为城市现代化发展是一个具有多因素、多目标的复杂的系统工程。它涉及多个方面的共同发展，不仅是经济社会的进步，也包含科学技术的革新和基础设施的完善。随后张爱珠和苏明君从现代化理论入手，分析了城市现代化的内涵与特征，并进一步提出了推动我国城市现代化发展的基本动力。这一阶段大多数学者认为城市现代化是在社会生产力不断革新的过程中，在物质和精神上城市达到了一个高层次的转变。

21 世纪以来，随着我国城市化的发展和变革，有关城市现代化的研究也日益受到国内经济学家的重视。起初大多数学者只是参考国内外已有的研究成果进行进一步的探讨，认为城市现代化是一个不断优化的历史变动过程。在这个过程中，随着生产力的进步和发展，城市的经济、社会、文化以及政治都会随之不断地演变提升。叶裕民认为城市现代化关系城市发展质量，包括经济现代化、基础设施现代化和人的现代化。城市规模会随着经济发展而扩张，城市发展所涵盖的内容也将不断深化。朱铁臻进一步指出，城市现代化是城市发展过程中一个先进的、高级的发展形态，反映出城市全面发展的特征和属性。同时他也把城市的现代化发展视作一个复杂的动态过程，具备阶段性和历史性，会受到各种因素的影响。还有学者同样也把城市的现代化看作一个包含城市经济社会现代化发展的历史进程，不仅要达到经济、政治、城市发展、社会生活以及生活质量的升级和优化，同时也需要实现可持续的、协调的城市经济与社会发展。洪银兴则聚焦城市功能意义上的现代化，提出生产要素、市场、公司、现代服务业向城市聚集构成了城市化的新内容，服务业是城市化特别是城市现代化的载体和依托，与城市化有互动的关系；并基于协调发展的视角强调，现代的城市化不仅是向城市聚集的过程，同时也包括城市要素向城镇和农村扩散的过程。

黄乃文则在现代化理论的基础之上，提出了较为全面准确的城市现代化基本内涵，即政治、经济、社会生活、科技、城市建设等方面都实现了高水平的现代化。这种观点认为城市是由多个子系统构成的，城市现代化就是城市各子系统都实现了高水平的现代化，并且各方面的现代化达到了有机统一和协调发展。这一城市现代化内涵界定也被后期大多数学者认可和借鉴，也有一些学者在此理论基础之上进行了改善。阎小培和翁记传同样从现代化理论入手，研究认为由于科技的创新和政治体制的改革，会导致城市各个方面的水平不断提升和进步，最终实现城市的经济、社会和环境等方面协调发展。也有部分学者结合经济社会高质量发展，提出城市现代化的过程实际上就是城市各方面发展质量不断提升的过程，具体表现为城市的经济、社会、环境质量以及管理体系等方面实现现代化的有机统一。而随着我国现代化进程的持续推进，任致远提出我国的城市现代化，不应当只单一地强调城市的经济发展和科技的进步，更应当不断强化城市的生态建设、城市特色化建设以及城市高质量的人性化建设。

关于城市现代化含义界定的出发点和制定的原则，学者们各抒己见。有的学者从以人为本的发展思想入手，认为城市现代化的发展应当回归到城市居民的生活品质；也有学者强调城市现代化的本质应该回归到发展问题，并且我国的城市现代化发展应当将可持续发展原则作为第一要务。尚瑞则从城市管理的角度出发，界定了城市现代化的含义。他认为在未来现代化的城市中，应当高效地利用各种先进的科学技术和管理方法，将其运用到城市的现代化管理模式和体系之中，进而实现城市各个方面的现代化。尽管学界对城市现代化的定义的出发点和侧重点各不相同，但都认为要实现城市的现代化，必须有一个全面发展的社会。

# 第三节　中国式城市现代化的内涵界定与评价指标体系构建

## 一、中国式城市现代化的理论内涵

城市现代化是现代化的重要内容，也是一个具有时代特性和历史范畴的科学概念，它与经济、社会、科学技术和思想文化的发展有着密切的关系。城市现代化既是一种状态，同时也是一个随着时代的进步和发展而不断进化的历史过程。历史进程中的科技革命和经济社会的变革都将会推动城市现代化向新的高度发展提升。因此，对于城市现代化内涵的界定也随之不断演化升级。纵观城市现代化内涵界定相关研究的演变历程，大致可以分为四个时期：第一个时期为工业革命的前期，这一时期是以工业高度发展为代表的城市现代化，经济水平类指标在其中占据很大比例。第二个时期为工业革命发展中期，此阶段城市的社会功能属性愈发重要。因此这一阶段的城市现代化主要表现为城市社会层面的现代化。第三个时期为第二次世界大战以后，由于经济社会的进步与发展，人的主体作用逐步显著。这一阶段的城市现代化也大多是从人的主体性出发，表现为城市居民素质和生活方式的现代化。第四个时期即20世纪70年代以来，随着科学技术的进步、经济社会的变革，也不断地推进了城市的现代化发展，相应的城市现代化的内容也随之不断扩充完善。城市现代化不仅表现为某一方面的现代化，而是城市的经济、社会、环境、文化、居民以及管理等各方面现代化的有机统一。

基于人口规模巨大的现代化、全体人民共同富裕的现代化、物质文明和精神文明相协调的现代化、人与自然和谐共生的现代化、走和平发展道路的现代化构成的中国式现代化框架，本章在现有研究对“城市现代化”内涵界定的基础之上，结合我国的城市现代化特征，将“中国式城市现代化”的内涵界定为：随着我国科学技术的进步和制度的深化改革，城市所具备的各个多功能子系统都实现现代化，从而导致城市的各方面水平不断提升，城市发展质量达到高端水平，实现城市整体动态复合系统现代化的有机统一，从而在满足庞大的城市人口日益增长的美好生活需要的同时，也能辐射带动乡村振兴、拓展农民增收致富渠道。因此结合各国现代化的共同特征，并基于我国的实际情况，中国式城市现代应当体现在以下几个方面：高素质的城市居民、高质量发展的城市经济、高层次的城市社会、高端的城市居民生活方式、高水平的城市治理能力、高品质的城市文化产业体系、适宜生存发展的城市生态环境、高效能运转的城市基础设施。城市现代化的实现不仅是单纯的某个维度子系统的现代化的实现，而是所有维度的子系统皆实现了高水平的现代化。并且各个子系统之间应当实现可持续的协调发展，最终实现城市全面现代化发展的有机统一。

## 二、中国式城市现代化的评价体系

城市是一个有机的、动态的、协调的系统，包含了多个子系统，因此城市现代化评价体系也应当包含能够反映出各子系统现代化程度的指标。通过构建一套全面、准确、科学的中国城市现代化评价指标体系，方能对我国的城市现代化水平进行客观准确的评估。本章借鉴国家社科基金重大项目课题组以及对城市现代化的界定以及任保平和张倩的研究，结合我国新时代城市现代化发展的特征和属性，提出了“中国城市现代化”的内涵。基于中国城市现代化的内涵界定，构建了中国城市现代化评价指标体系。与上文所界定的“中国城市现代化”的含义相对应，中国城市现代化评价指标体系应当包含如下几个维度：（1）人的现代化；（2）经济现代化；（3）社会现代化；（4）生活方式现代化；（5）治理现代化；（6）文化现代化；（7）生态现代化；（8）基础设施现代化。

在选择具体指标时，应遵守下列原则，以避免指标选择过程中的主观因素和随机性导致的误差：一是全面性原则，在选取指标的过程中要充分考虑我国城市现代化的内容和特征，尽量选择一些能够充分反映我国城市现代化所包含的内容的指标，以便使其更为全面、更为准确地突出我国城市现代化发展的基本特征。二是代表性原则，指标数量庞大，在选择的过程中不可能将所有的指标都纳入其中。而是要通过不断地对比和分析，选择出最具代表性的指标纳入指标体系中。同时还要注意不能遗漏重要的指标，这样才能准确地体现出中国城市现代化水平的高低。三是可比性原则，由于本章是对全国 283 个地级市的城市现代化水平进行测算分析，因此在设计指标体系的过程中，需要考虑到不同地区不同城市的发展水平、城市规模等因素的异质性。因此，必须优先选择比重和强度指数，以便于不同城市之间的比较。四是可操作性原则，在指标的选择过程中，还要兼顾数据的获取途径和获得的难易程度，建立的指标体系也要具有实际价值。最终建立由 8 个分项维度、20 个基础指标构成的中国城市现代化评价指标体系，具体如表 10 - 1 所示。

**表 10 - 1　　　　中国式城市现代化评价指标体系**

| 维度 | 分项指标 | 基础指标 | 单位 |
|---|---|---|---|
| 人的现代化 | 身体素质 | 平均预期寿命 | 岁 |
| | 文化素质 | 万人在校大学生数 | 人/万人 |
| 经济现代化 | 创新成果 | 人均发明专利数 | 件/万人 |
| | 产业结构 | 第三产业产值比重 | % |
| | 经济发展水平 | 城市夜间灯光数据 | / |
| 社会现代化 | 教育 | 万人中小学教师数量 | 人/万人 |
| | 医疗 | 万人医生数 | 人/万人 |
| | 社会保障 - 养老 | 养老保险覆盖率 | % |
| | 社会保障 - 医疗 | 医疗保险覆盖率 | % |
| 生活方式现代化 | 物质生活 | 职工平均工资 | 元 |
| | 精神世界 | 万人文化体育娱乐从业人员数 | 人/万人 |
| 治理现代化 | 治理体系 | 知识产权保护法律法规数 | 项 |
| | 治理能力 | 知识产权侵权纠纷结案数量 | 项 |
| 文化现代化 | 文化作品 | 千人拥有图书藏量 | 册/千人 |
| | 文化设施 | 千人拥有影院数 | 个/千人 |
| 生态现代化 | 气体污染 | 单位气体污染排放量 | 万元/吨 |
| | 液体污染 | 单位液体污染排放量 | 万元/吨 |
| | 固体污染 | 工业固体废弃物综合利用率 | % |
| 基础设施现代化 | 物理基础设施 | 道路密度 | % |
| | 数字基础设施 | 每万人互联网用户数 | 户/万人 |

## 三、中国式城市现代化的评价指标

人的现代化是城市现代化的核心。中国式现代化是人口规模巨大的现代化，发展途径和推进方式也必然具有自己的特点，人的现代化能够充分体现坚持以人民为中心的发展思想。一个城市一个社会乃至一个国家的主体，都是生活在其中的人民。因此，实现城市人的高水平发展，不仅是城市现代化发展的最终目的，也是推进城市进步和发展，实现现代化的关键因素。伴随着城市的现代化发展，就要求城市居民需要具备与经济社会现代化发展相适应的素质和技能。同时，通过现代化城市居民的个人素质和能力的提升才能有效推动城市现代化进一步发展。发展经济学认为在未来社会，人类将迎来更高层级的全面发展，从而实现人的现代化。人的全面发展主要体现在人的知识全面发展和人的能力全面发挥。基于这种理论，本章将从身体素质和文化素质两个方面考虑，共同衡量城市人的现代化水平。(1) 身体素质方面采用城市的平均预期寿命来进行衡量，这个指标具有代表性和易获得性。(2) 文化素质则主要体现为高素质人才比重，本章采用万人在校大学生人数来度量。高学历者占大多数的社会实际上是较高人力资本、较高文明程度、较高道德水准的社会。

经济现代化是城市实现现代化的必备条件。城市经济现代化不仅体现在城市的高水平经济发展方面，还应当体现在城市的产业结构升级，同时还要具备高端的科技创新能力作为核心驱动力。鉴于此：(1) 本章选择城市夜间灯光数据来衡量城市经济发展水平。以往的大多数研究皆采用 GDP 类指标来衡量经济发展水平，但是新时代高质量经济发展不能仅局限于 GDP 的增长。另外，很多省市由于标尺竞争，各省市地区的 GDP 数据存在注水情况。因此，以往采用 GDP 类指标衡量经济发展水平在理论上和数据的准确性上皆存在不足。相较于 GDP 类统计数据，夜间灯光数据最大程度地排除了人为干扰，是目前能够准确地衡量经济发展水平的替代变量。(2) 以第三产业产值比重度量城市产业结构优化水平。按照产业经济学理论，随着经济社会的变革，第一产业和第二产业逐渐升级为第三产业。第三产业的比例愈高，其产业结构愈趋优化。(3) 城市经济现代化进程的核心驱动力应当是创新驱动，即科技创新，以科学技术现代化发展促进经济和社会发展质量的提升。不同于以往研究采用 R&D 投入数据作为衡量创新能力的指标，本章从创新产出的角度出发，选择了一个城市的人均发明专利数量作为衡量城市的创新成果和创新能力的指标。

城市社会现代化的实现是一个城市经济发展的最终目的和发展导向，也是高层次、综合性的现代化。而根据社会的结构和社会所具备的功能来看，城市想要实现社会的现代化，就必须在教育、医疗、社会保障三个基本的方面率先达成现代化标准。（1）社会现代化需要以教育现代化优先。发展经济学家森德鲁姆曾说过：现代经济行为的扩散和人吸收现代技术的能力，以教育、社会基础和制度为基础。因此，把教育作为第一要务，提升国民的文化素质，是推进社会现代化的必由之路。而教育水平的高低直接反映在教育人员的数量和素质上，因此，本章选择了万人中小学教师数量来衡量城市教育水平的高低。（2）高标准的医疗水平是满足民生的生理健康需求的重要保障，能够给城市居民带来安全感和幸福感。本章基于现有的医疗水平指标，从医疗人才水平的角度出发，最终选取了万人医生数这一指标来进行衡量。（3）构建公平合理的社会保障制度，对于实现基本公共服务的公平与可持续发展至关重要。一个完善的健全的社会保障制度同时也为国家和社会提供了一张坚实的安全网，体现了全体人民共同富裕的现代化，着力维护和促进社会公平正义。本章分别选取了医疗保险覆盖率和养老保险覆盖率来进行度量。

城市的现代化进程必将推动人们的生活方式向现代化迈进。物质贫困不是社会主义，精神贫乏也不是社会主义，这就要求城市居民不仅要有高水平的收入保证物质生活富裕，更要不断地提升文化思想水平，达到高水准的精神世界富足，推进物质文明与精神文明相协调的现代化。（1）物质上的富裕选取职工平均工资来度量。居民的工资水平上涨，才会实现可支配收入的增加，城市居民的生活水平才会提升。（2）精神世界的富足选取万人文化体育娱乐从业人员数来衡量。文化体育娱乐消费比重的增加往往会倒逼相关产业的快速发展，相应地导致相关行业从业人员的增加，故选取此指标可以较好地反映出城市居民精神世界的富足程度。

城市治理现代化是城市实现现代化的重要推动力，治理现代化不仅体现在健全的治理体系，更是体现在高水平的治理能力。治理体系现代化的基本要求是在主要领域和关键环节形成系统完备、科学规范、运行有效的制度体系，从而实现社会主义现代化的制度保障。治理能力现代化意味着政府具备高效运用法律法规和制度治理城市的能力，能够将城市各方面的制度优势有效转化为治理城市的效率。由于现代化发展阶段，科技创新是城市发展的核心动力，这就要求现代化的城市必须配套高水平的城市治理体系和治理能力作为科技创新发展的制度保障，因此本章就围绕城市的科技创新活动来衡量城市治理现代化水平的高低。基于治理体系和治理能力现代化的基本要求，结合城市科技创新发展的特征，本章最终选取了知识产权保护法律法规数量衡量城市治理体系现代化水平，选择知识产权侵权结案数量来衡量一个城市的政府治理能力的水平高低。

城市文化现代化的建设，是推动我国城市经济和社会事业全面发展、加速实现现代化的关键。同时城市文化现代化的实现对于满足人民日益增长的精神需求具有十分重要的意义，保证我们能够坚定站在历史正确的一边，站在人类文明进步的一边，以自身发展更好维护世界和平与发展，走和平发展道路的现代化。文化现代化供给主要涉及两个方面：一是大众参与和享受的现代文化设施，包括影剧院、博物馆、博物院等文化设施的现代化水平。二是大众能够享有的各种文化成果的现代化，包括图书、影视剧、音乐等文化作品的现代化。本章根据数据的可获得性和代表性原则，最终选择了千人拥有影院数量来表征一个城市的文化设施的现代化水平；选取千人拥有图书藏量来体现城市的文化作品的现代化水平。

城市的生态环境现代化主要反映在城市居民对于自然环境的发展态度，现代化的城市应当具备人与自然和谐相处的发展理念。现代化的人们不仅要尊重自然，也要顺应自然的发展规律，坚持可持续发展，坚定不移地走生产发展、生活富裕、生态良好的文明发展道路，深化人与自然和谐共生的现代化。优美的生态环境也是现代化城市必不可少的条件。本章从生态环境污染的角度出发，分别从气体污染、液体污染、固体污染三个方面来共同衡量单位经济产出对生态环境造成的负面影响。（1）气体污染选取二氧化碳排放量来度量，将地区生产总值与二氧化碳排放量进行比值处理，以此来衡量气体污染的影响；（2）液体污染则选取工业废水排放量来度量，同理将地区生产总值与工业废水排放量进行比值处理，衡量液体污染影响；（3）固体污染影响则直接选择工业固体废弃物综合利用率度量。

城市基础设施的建设是一个城市实现现代化发展的重要前提条件。高效能运转的城市基础设施系统是城市发展及现代化的基础和保障。本章结合我国城市现代化发展特征，将城市基础设施划分为物理基础设施和数字基础设施两个方面，分别选取以下两个指标来进行度量：（1）物理基础设施方面主要体现在城市的道路体系建设，因此采用道路密度来衡量城市物理基础设施水平；（2）数字经济时代逐步到来，数字经济的快速发展离不开高水平的数字基础设施建设，因此本章采用万人互联网用户数来体现城市数字基础设施水平。

## 第四节　中国式城市现代化的评价分析

### 一、测评方法及数据来源

综合评价法运用多维度指标体系对被评价对象进行全面准确的评判。中国式城市现代化不仅是单一地体现在某一方面的现代化，而是城市多个维度子系统共同实现现代化的有机统一。因此，我们选择综合评价法对中国式城市现代化水平进行测度分析。本章在构建中国式城市现代化评价指标体系的基础之上，选用客观赋权法的其中一种——熵值法结合 BP 神经网络模拟方法对中国城市现代化水平进行测度分析。这种研究方法的思路在于首先利用熵值法确定各项指标的权重，建立权重矩阵。然后计算中国式城市现代化指数及各分项指数，最后结合 BP 神经网络模拟方法修正完善测算结果。

这里运用 2011 ~ 2019 年我国 30 个省市（香港和澳门特别行政区、台湾地区及西藏自治区除外）的 283 个地级市的年度数据，构建了我国城市现代化发展指数及其所含的 8 个维度的分项指数。相关数据主要来源于历年《中国城市统计年鉴》、《中国区域经济统计年鉴》、CEIC 数据库和国家知识产权局以及相关政府工作报告。其中，GDP 和其他受物价影响的指标均以 2011 年为基期进行了平减处理。

区域划分说明：本章将全国283个地级市按照地理区域划分为东部、中部、西部及东北四个区域，东部地区包含北京、天津、河北、上海、江苏、浙江、福建、山东、广东、海南等共87个地级市，中部地区包括山西、安徽、江西、河南、湖北、湖南等80个地级市，西部地区则为内蒙古、广西、重庆、四川、贵州、云南、陕西、甘肃、青海、宁夏、新疆等82个地级市，东北地区则为辽宁、吉林、黑龙江等34个地级市。

## 二、中国式城市现代化的整体评价

通过将熵值法与BP神经网络模拟方法的有效融合，本章测算出2011～2019年地级城市层面的中国式城市现代化指数及各分项指数。对测度结果进行均值处理，然后绘制出综合折线图，具体如图10－1所示。

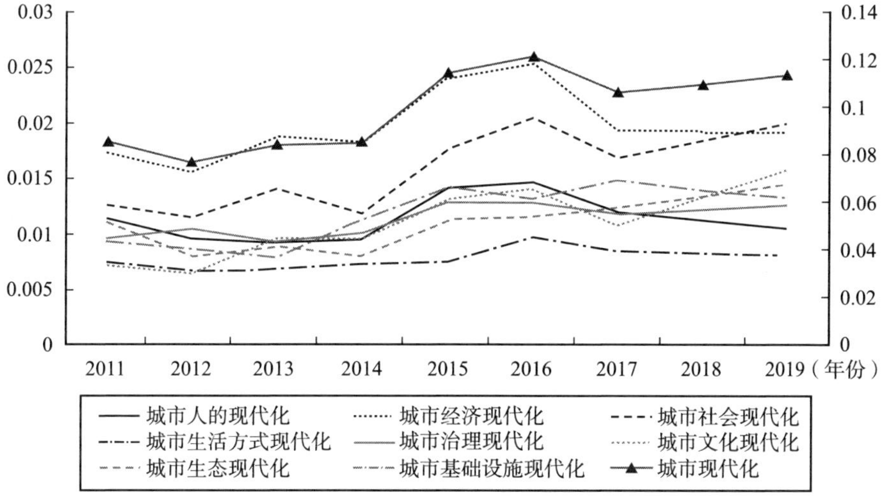


**图10－1　2011～2019年中国式城市现代化指数及各分项指数演进态势**

注：城市现代化指数参见右坐标轴，各维度现代化指数参见左坐标轴。

样本期内中国式城市现代化指数的变动表现出如下特征：全国城市现代化指数在样本期间整体呈现出一种既有起伏又不断增长的趋势。具体来看，2014年以前，中国式城市现代化水平保持相对平稳的波动趋势，指数上下波动幅度较小，几乎保持水平，而且这一阶段的城市现代化水平大致维持在0.08左右。而2014年以后，全国城市现代化水平却在2014～2016

年期间呈现显著的上升趋势，2014 年其指数水平仅为 0.085，到了 2016 年却猛增至 0.121，达到峰值，这一期间整体增长了 43%。然而 2016 年以后，中国式城市现代化水平却有所下滑。全国城市现代化指数在 2017 年下跌至 0.105 之后又有所回升，但是回升幅度相对较小。2017 ~ 2019 年，中国式城市现代化水平缓慢上升，2019 年城市现代化指数增至 0.113。样本期间，中国式城市现代化水平整体增长了 32%，整体增长幅度不大。由此可知，中国式城市现代化进程仍有较大的提升空间，存在创新动力相对不足、增速不高等问题，特别是在“三期叠加”、逆全球化浪潮和中美经贸摩擦的背景下在一定程度上延缓了中国式城市现代化进程。

再对各分项维度的现代化指数及其变动特征进行阐述分析。城市人的现代化水平在样本观测期间大致呈现倒“U”形的波动态势。与全国城市现代化指数类似，城市人的现代化指数在 2011 ~ 2014 年间也保持相对平稳的波动趋势，其指数水平大致维持在 0.01 附近。而 2014 年之后，城市人的现代化水平突然呈现上升趋势，其指数水平也在 2016 年增至 0.015，达到最大值。然而 2016 年以后其指数显著下滑，再次于 2019 年下跌至 0.01 的水平。样本期间，城市人的现代化指数由最初的 0.011 降至 2019 年的 0.01，整体增速较小。与其他分项维度的指数水平相比，城市人的现代化水平在 8 个分项维度中居中，是我国城市化建设进程中的薄弱环节。因此，下一步我们要进一步加强人民的身体素质、文化素质和道德素养，推动以人为本的高质量的城市现代化进程。

我国城市经济现代化指数在各个分项维度中一直居于首位，这表明我国城市的经济发展水平较高，同时城市经济的高水平发展也为我国推进城市现代化进程作出了巨大的贡献。对城市经济现代化水平的波动态势进行分析发现：2014 年以前，城市经济现代化指数呈现频繁的上下波动趋势，但是波动幅度不大，始终在 0.015 ~ 0.018 上下波动。2014 年以后其指数水平便呈现快速上升趋势，并于 2016 年达到了峰值 0.025。然而 2016 年却成为变动拐点，2016 年之后其指数就开始急剧下跌，城市经济现代化水平于 2017 年跌至 0.019，随后呈现缓慢下降态势。城市经济现代化的变动特征表明在新发展阶段，我国经济发展面临的下行压力较大。基于此，在我国的城市现代化进程中，要实现城市经济的现代化，就必须要加快调整经济发展方式，加速升级优化经济结构，实现现代化经济体系的完善。

在8个分项维度指数中，始终位居第二位的是我国城市社会现代化指数，仅次于城市经济现代化指数。这也充分说明了我国城市的教育、医疗和社会保障水平皆处于高端水准。随着我国城市社会的现代化水平不断提高，也为我国城市现代化建设打下了坚实的基础。观察分析我国城市社会现代化指数的变动态势，2011～2019年间我国城市社会现代化指数整体呈现波动中逐步向上攀升的发展趋势。样本期间，城市社会现代化指数由2011年的0.013增至2019年的0.020，整体增长率高达59%。具体来看，城市社会现代化水平大致呈现类“W”形的变动态势。其指数分别以2014年、2016年和2017年为拐点，表现为“下降－上升－下降－再上升”的波动趋势。我国城市社会现代化通过不断发展进步，逐渐缩小了与城市经济现代化之间的差距，其指数甚至在2019年超越城市经济现代化指数，成为我国各分项维度指数的第一位。由此可知，在城市现代化进程中，城市现代化的最大动力就是要不断地巩固和提升社会的现代化。

我国城市生活方式现代化水平则始终处于各分项维度的末位，这也是制约我国城市现代化进程中的一块短板。城市生活方式现代化水平在样本观测期间没有发生显著的改变，整体始终保持相对平缓的波动态势。城市生活方式现代化指数在2011～2015年度平缓上升，随后却有所波动，其指数由2015年的0.007增至2016年的0.01，达到峰值后便呈现缓慢下降趋势，整体增长率为5.2%。通过对城市生活方式现代化水平的分析可知，我国城市居民的生活质量、生活方式和思想观念的现代化程度都远远落后于城市经济和社会发展的现代化。新阶段必须进一步深化供给侧结构性改革，充分对接新时代人民的高层次需求，从物质和精神两个方面提供高品质产品。

城市治理现代化水平始终处于各分项维度的中间水平，2011～2019年城市治理现代化水平始终处于0.009～0.013之间，波动幅度较小，整体仅增长30%。这表明，我国的城市治理现代化发展并不尽如人意，与现代社会治理的要求尚有差距。这就要求我们积极建设新型政府，提高政府的治理水平，为城市现代化建设提供高水平的政策环境。

虽然样本初期，城市文化现代化指数位于各分项维度的末位，但是随着时间的推移，其指数水平逐渐上升，逐步成为我国城市现代化发展的重要推动力。2011～2019年整体增长速率达到122%，对我国城市现代化发展的贡献也随之增大。这表明近年来，我国城市的文化设施和文化产品的现代化程度逐步提高，这对推进我国城市现代化建设的作用愈加重要。

城市生态现代化水平于2011～2014年间处于一个相对平稳的发展态势，并且这一阶段城市生态现代化水平较低。然而城市生态现代化水平随后呈现显著上升态势，由2014年的0.008增长至2019年的0.014，逐渐达到较高水平。尽管在初期，我国的城市生态文明建设相对滞后，发展前景不容乐观。但是近几年在国家绿色发展的政策支持之下，我国城市生态现代化水平已经有所提高。在未来，我们要继续重视和加强生态文明建设和绿色发展，大力推进现代化城市的可持续发展。

城市基础设施现代化指数虽然在2011～2013年间有小幅度下滑，但是而后却呈现急剧增长趋势，由2013年的0.008上涨至2017年的0.015，于2017年达到峰值后又呈现缓慢下降态势。整体来看，城市基础设施现代化水平提升了41%。这说明，我国的城市基础设施建设已初具规模，正逐渐成为推动城市现代化的一个主要推动力，未来会在一定程度上保持了较好的发展势头。

## 三、中国式城市现代化的分区域评价

基于中国式城市现代化指数的整体分析和各项维度指数分析结果，本章进一步将全国按照地理区域划分为东部、中部、西部以及东北四个地区，分别对这四个地区的城市现代化水平进行综合评估和分析，见图10－2。总体来看，东、中、西、东北四个地区的中国式城市现代化水平大致呈现相似的波动态势，四个地区的城市现代化指数皆表现为波动中逐步上涨的变动特征。2011～2012年四个地区的城市现代化均有一定幅度的下降，而后呈现缓慢上升的趋势，自2014年之后又以较快的速度攀升，直至2016年达到峰值后又迅速下滑，而后又有所回升。具体来看，四个地区中，东部地区城市现代化水平始终处于首位，指数大都在0.12以上水平波动。2012～2016年间，东部地区城市现代化水平由0.113增至0.169，然而2017年迅速下降至0.147，随后有所缓慢增长，于2019年增至0.16。东部地区城市现代化水平相较于其他地区始终处于领先地位，虽然近几年受到国内外经济下滑的冲击，发展增速较为缓慢，但是仍然表现为不断上升的发展态势。中部地区城市现代化水平居于次位，2011～2019年间城市现代化指数始终分布于0.06～0.11区间，增长率为33%。虽然2017年之后，中部地区城市现代化水平有所回升，但是上升幅度较小。这说明中部地区近几年受到的冲击较大，中部地区也亟须培育发展新动能，推动城市现代化发展新征程。西部地区和东北地区的城市现代化水平相比较而言处于四个地区的末位，两个地区的城市现代化水平在0.055～0.095之间上下波动。2011～2019年，西部地区城市现代化水平整体增长38%，东北地区城市现代化水平增长22%。虽然前期西部地区的城市现代化水平落后于东北地区，但是2016年之后两者差距逐渐缩小，两地区与东部和中部地区的城市现代化水平的差距于2016年之后逐年拉大，表明我国区域发展不平衡、不协调矛盾依旧突出。

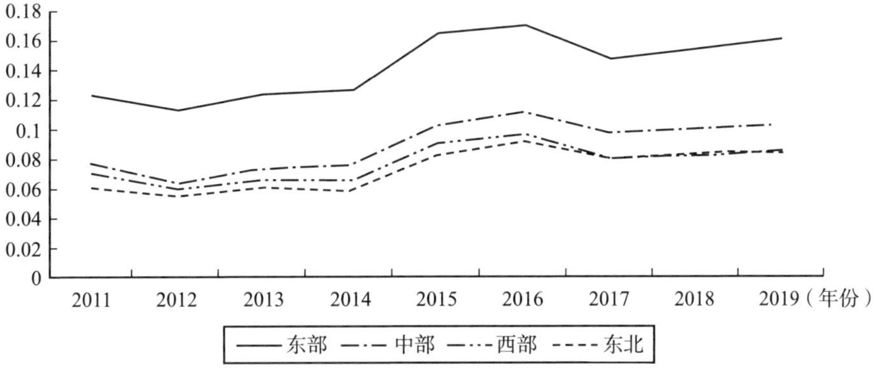


**图10－2　2011～2019年东部、中部、西部、东北地区中国式城市现代化指数演进态势**

## 第五节　推进中国式城市现代化的政策框架

高质量发展是全面建设社会主义现代化国家的首要任务，结合中国式城市现代化水平测度结果分析以及我国城市现代化的特征，本章从各个维度出发提出了以下几点政策建议：以提升现代化的创新发展动能作为核心驱动力；以实现人的全面发展作为发展宗旨；以培育现代化治理体系和治理能力作为制度保障；以发展现代化的生态环境体系和现代化的基础设施体系作为基础保障。促进中国式现代化水平得以提升，进一步推动城市乃至整个国家的高质量发展。

一是提升中国式城市现代化创新发展动能。中国式城市现代化水平的测度结果显示，在各分项维度中，城市经济现代化水平居于前列。这就表明，要想实现我国的城市现代化，就必须提高经济的现代化程度，而创新驱动则是推动城市经济发展的重要因素。同时，通过探究中国城市现代化发展的动态演变规律可知，我国城市现代化发展过程中发展动力不足，城市现代化发展存在俱乐部趋同效应。由此说明，以往我国主要依靠要素投入推动经济的快速发展，然而进入新的现代化建设时期，原有的要素投资驱动力已达到极限，亟待提升现代化创新发展动能作为推动我国城市现代化建设的核心驱动力。所以，在未来的现代化进程中，促进我国城市的现代化建设，最为关键的环节就是提高科技水平和创新能力。

二是促进人的全面发展。由中国式城市现代化水平测算结果可知，我国城市人的现代化发展是我国城市现代化建设中的一个薄弱环节。而城市人的现代化关键在于加大卫生与教育的投入，以此来提高城市人的素质与能力，实现人的全面发展。实现人的全面发展不仅关系到城市的高水平发展，同时也与城市居民的获得感、尊严感和幸福感息息相关。这就要求，（1）优化城市财政支出结构，加大教育、医疗、科技等领域的投资，提高城市优质人才的素质，从而促进城市的经济和社会发展。逐步从以生产为导向的财政支出结构向以民生为导向转变，特别是以教育、卫生为重点的公共投资，以真正地推进人的现代化。（2）保证区域资源配置公平，我国城市现代化水平的不平衡问题不容乐观，空间差异突出表现在优质教育、医疗资源配置不平衡。我国目前的公共资源比较匮乏，因此，在教育、卫生等方面，必须重视资源分配的均衡，以确保人人享有平等发展的机会，实现发展成果的共享。（3）深化供给侧结构性改革，充分对接新时代人民的高层次需求。人的全面发展是经济、政治、精神、社会保障、安全、生活和劳动环境和谐发展的必然产物。城市的现代化建设要集中于满足城市居民的多样化、高水平的需求，有效地为人的全面现代化发展提供有效的服务，与人民的美好生活需要相适应。

三是推进政府治理体系和治理能力的现代化。当前，我国的城市治理水平相对不高，在很多方面仍需进一步完善。所以，新的历史阶段我国应当加速推动国家治理体系和治理能力的现代化发展，建立新型政府，提升政府的现代化水平，为实现我国的城市现代化提供根本制度保障和良好的政策环境。其重点在于：首先处理好政府与市场的关系。政府应当及时有效地承担市场失灵的领域，同时加强市场监管力度。政府部门需要紧密结合实践，强化与企业的沟通与交流，制定系统的政策、法规，以准确引导经济的发展，提高政策落实和实施的能力。其次处理好政府和社会的关系问题，建立起良好的政府和社会的互动机制。加强社会、行业协会、民间团体等机构的体制建设，在增加资讯的透明度和加强对权力的监督的情况下，鼓励民众参加社会公共事务。最后将科技方法和工具运用于现代化政府治理过程中，运用大数据、人工智能、互联网、区块链等新技术，以解决信息不完备的问题，从而避免政府的治理失效。

四是强化现代化的生态环境体系建设。虽然早期我国的生态文明建设还处于起步阶段，其发展状况并不十分理想。但是近几年在绿色发展理念的指引下，我国城市生态现代化水平已经有所提高。然而全国城市现代化水平差异最主要的结构来源为城市生态现代化的差异，这说明我国各个城市之间的生态环境的差异导致了城市现代化水平发展的不平衡。因此在新的历史时期，必须进一步推动生态环境的现代化，实现生态文明建设与绿色发展的和谐统一，同时不断缩小区域间生态文明建设的差距。完善我国的知识产权体系，鼓励科技企业加大对我国绿色科技创新的研发投入，并采取财政、税收、金融等优惠措施，加快我国的生态环保技术的研发。加强高耗能、高污染行业的技术改造，提高行业的整体能效，有效地减少企业的生产行为对生态环境造成的压力。进一步健全生态环境保护的市场机制，通过产权清晰，降低环境保护交易成本，从而达到帕累托最优。政府一方面要弱化对环境的直接管制，另一方面也要引导和完善生态环境的投资和监管机制，并加强与之配套的法律制度。以现代化制度的手段推动我国的生态文明建设，以减少我国的生态环境治理成本。加大社会舆论、财税融资等方面的支持力度，对绿色生产、绿色消费行为进行指导和鼓励。

五是完善现代化基础设施体系。我国的城市基础设施建设已逐渐成为推动我国现代化进程的主要力量。我国城市现代化水平产生差距的主要原因也在于城市基础设施现代化的发展差异，不同城市之间的城市基础设施的差异会造成我国各地区城市现代化发展的不平衡问题。随着数字经济的超常规发展，我国必须加强对数字基础设施建设的支持，以改善区域间的差异，促进城市的现代化进程。加强5G网络覆盖范围和稳定性，加快降低成本。强化人工智能、大数据等技术的研究与应用，大力发展新型的工业网络，为城市的现代化产业链和供应链提供服务。借鉴国外先进的技术，建设云数据中心，使得企业具备高效率处理信息和业务数据的能力。完善更新与新能源配套的智能基础设施，为绿色经济的建设提供支撑。

**【本章小结】**

1. 中国式城市现代化的内涵体现在以下几个方面：拥有高素质的城市居民、高质量发展的城市经济、高层次的城市社会、高端的城市居民生活方式、高水平的城市治理能力、高品质的城市文化产业体系、适宜生存发展的城市生态环境、高效能运转的城市基础设施。城市现代化的实现不仅仅是单纯的某个维度子系统的现代化的实现，而是所有维度的子系统皆实现了高水平的现代化。并且各个子系统之间应当实现可持续的协调发展，最终实现城市全面现代化发展的有机统一。

2. 通过对2011～2019年中国283个地级以上城市现代化水平的测评结果显示，中国式城市现代化整体呈波动中攀升态势。将全国按照地理区域划分为东部、中部、西部以及东北四个地区，分别对这四个地区的城市现代化水平进行综合评估和分析发现，东、中、西、东北四个地区的中国式城市现代化水平大致呈现相似的波动态势，四个地区的城市现代化指数皆表现为波动中逐步上涨的变动特征。

3. 高质量发展是全面建设社会主义现代化国家的首要任务，结合中国式城市现代化水平测度结果分析以及我国城市现代化的特征，提出以下几点政策建议：以提升现代化的创新发展动能作为核心驱动力；以实现人的全面发展作为发展宗旨；以培育现代化治理体系和治理能力作为制度保障；以发展现代化的生态环境体系和现代化的基础设施体系作为基础保障。促进中国式现代化水平得以提升，进一步推动城市乃至整个国家的高质量发展。

**【关键术语】**

中国式现代化　城市现代化　社会主义现代化国家　评价分析

**【思考题】**

1. 中国式城市现代化的理论内涵是什么？
2. 中国式城市现代化的评价指标体系有哪些？
3. 你对你所在城市的城市现代化战略有什么建议？请举例说明。

# 第十一章

# 未来城市

本章重点关注未来城市经济学的相关内容，阐述数字城市、生态城市、韧性城市的含义和基本特征以及产生的技术基础和社会基础，梳理我国城市发展目前存在的矛盾和问题，明确未来城市发展的新模式。

**【重点问题】**

◎ 数字城市产生的社会基础

◎ 生态城市发展现状

◎ 韧性城市的基本特征

## 第一节　数字城市

### 一、数字城市的界定

#### （一）数字城市的内涵

2000 年数字城市的概念产生，随后各地的发展还出现了赛博城市（cyber city）、在线城市（city online）、电子城市（e-city）和数码港（digital port）、信息港（information port）等名称。数字城市在港台地区被称为资讯城市、数码城市、数位城市或资讯港、数码港、数位港等，主要是由于理解和翻译的不同造成的，但这些概念含义基本是一致的。在联合国的文件中，城市信息化和数字城市两者是通用的。在内地用得最多的是城市信息化和数字城市，专家学者更青睐的是数字城市这一概念。

数字城市是一个内涵丰富并不断发展和演绎的理念，至今还没有一个权威的、统一的定义。数字城市是人们对城市认识的又一次飞跃，与低碳城市、生态城市一样，是对城市的一种新的理解，是人们期望把城市建成何种模样的描述。其本质是对城市的基本特征，包括硬件（基础设施）和软件（社会经济）及其相关现象的统一的数字化重现和认识，是用信息化手段来处理、分析和管理整个城市，促进城市的人流、物流、资金流、能量流畅通和协调，是用计算机进行管理的虚拟城市平台。

综上所述，本章对数字城市的理解借鉴薛凯的研究，即数字城市也叫作城市信息化，是指充分利用地理信息技术、宽带网络技术、数据存储技术、数据分析技术、信息展示技术和信息安全技术组成的信息技术体系，对城市基础设施和与生产生活相关的各个方面进行全方位、多层次的信息化加工和使用，有效地整合城市资源、环境、生态、地理、人口、经济、文化、教育和安全等信息资源，形成在综合网络环境下的数字化应用平台，包括政府类、企业类、行业类和个人类应用系统，为城市经济和生活的绝大多数方面提供便捷有效的服务。

数字城市是信息时代发展的必然趋势，是21世纪城市发展的新主题，是提升城市综合竞争力、促进社会经济发展和人们生活水平提高的新动力，是未来城市发展的必由之路。数字城市以直观化、智能化的表达方式为政府提供决策支持、为民众提供便利服务。数字城市是一种城市可持续发展的新模式，它具有使城市管理更加高效快捷、居民生活更加轻松方便等多种优点。在此认识下，数字城市不再仅仅是一个纯技术性概念，而是一种新的城市发展概念，它与工业时代的城市有很多的不同，是人类追求最高生活品质的发展模式。

### （二）数字城市的外延

从科学层面上看，数字城市是一项既能虚拟现实城市又能直接参与管理和服务的城市综合信息系统工程。它通过对现实城市的经济、环境、社会等符合系统的信息资源数据进行高效采集、智能加工、分类储存、自动解决、分析处理、决策支持等，成为现实城市的虚拟对照体。

从技术层面上看，数字城市是以地理信息技术（包括地理信息系统、遥感技术、全球定位系统等）、宽带网络技术（包括互联网技术、物联网技术、无线通信技术等）、数据存储技术（包括海量存储技术、数据库技术、数据仓库技术等）、数据分析技术（包括数据挖掘、机器学习、专家系统、模式识别等）、信息展示技术（包括数据可视化技术、虚拟现实技术、人机交互技术等）和信息安全技术为支撑，以资源管理技术为核心的完整的城市信息系统。

从应用层面上看，数字城市是在城市经济、环境、社会等要素构成的一体化数字平台上和虚拟环境中，利用功能强大的系统软件和数学模型，通过可视化的表达方式再现现实城市各种资源的分布状态，并对城市规划、建设、管理的各种方案进行模拟、分析、研究，促进城市信息资源在全社会的共享和使用，为政府、企业、行业和公众提供信息服务。

从社会层面上看，数字城市是促进城市社会形态由工业社会向信息社会转变的动态发展过程。在这个过程中，通过计算机和信息通信网络等信息工具与劳动生产者的相互合作与分工，形成先进的信息化生产力，并逐渐渗透和辐射到整个社会的各个层面。数字城市将深刻地改变市民的生活方式、生产方式、工作方式和思维方式，它将使城市的社会经济结构从以物质和能量为中心转变为以信息和知识为中心，从而推动城市进入信息社会的发展阶段。

从产业层面上看，数字城市是一种在城市经济和社会发展过程中，信息产业的影响力不断增强并逐渐成为主导的发展过程。一方面，数字城市通过信息技术的产业化，取代了传统工业、制造业成为城市社会经济发展的主导产业，并产生出包括微电子产业、软件产业、互联网产业、移动通信产业、电子商务、数字媒体产业等新兴信息产业，促进了城市经济的快速增长；另一方面，数字城市通过信息技术和产业的渗透作用，推动传统产业部门的升级改造，使传统工业和服务业因吸收了信息技术而得以根本改变，从而提高整个城市的经济运行效率，加速社会各领域的全方位变革。

从资源层面上看，数字城市是城市信息资源成为经济、社会发展最关键的战略资源，并逐渐弱化甚至取代物质和能源的过程。现有的工业化城市是以物质资源和能量消耗为基础的，这已经导致诸如资源匮乏、环境污染等城市问题。数字城市将通过全面地开发与利用以信息和知识为主导的战略资源，直接或间接地减少物质资源和能量消耗，进而使城市的经济结构、社会结构和文化结构得到优化与提升。

从学科层面上看，数字城市是一个多学科交融的综合系统学科，是城市规划学科研究的外延，是一个未来值得重视的研究方向。随着信息社会的发展，原有的集中式城市空间模式将逐渐走向分散化和均质化。城市将失去原来的城区概念，突破现有的物理空间向郊区拓展，网络化的数字空间将逐渐取代原有城市空间的意义。新型产业空间和新型服务经济将以信息部门产生的动力来组织运行，整个过程最终通过数字城市平台来重新整合。

## 二、数字城市的主要类别

综上可见，数字城市是一个宽泛的概念，在技术更新的过程中逐渐演变出新技术支撑下的数字城市类别。本章认为，无论是数字城市、智慧城市或是上述其他城市类型，都可以称作数字城市。

数字城市没有严格的标准定义，偏向于一种理论框架的指代，不同的概念往往具备共通的核心要素，是组成该理论框架的基础部分，同时因其研究背景和目的、概念、实现方式等的不同，会为该理论框架引入新的要素，形成差异化的概念表述。从当前的研究现状来看，数据层 - 基建层 - 服务层 - 用户层的四层结构是当前数字城市的一种通用框架，在这样的框架之下，数字城市侧重有所不同，本章将数字城市主要归结为三种类别，也代表了三种建设思路。

### （一）作为实体城市信息投射的数字城市

数字城市最早期的形态即是作为提供城市信息或服务的平台出现，在这个时期，以互联网平台为代表的基建层是此类数字城市的重点。平台作为基础层，支撑平台运作的是通过互联网收集的各类数据信息所组成的数据层。借助初兴的互联网，为市民提供新闻、地图、活动、餐饮、住宿等与城市密切相关的各类数据信息，或者提供售票预订、餐厅或酒店预订、市政咨询等各类服务，比如在 1985 年就已经出现的美国克利夫兰的 Free - Net，作为当地居民获取城市信息的平台存在，随后广泛传播至美国和加拿大的各个城市。

进一步地，数字城市演变为互动参与型的平台，开始成为通过互联网提供互动和参与机制的一种市民之间、市民与政府机构之间连接的平台。这类数字城市注重服务层建设，伴随着技术进步，作为实体城市信息投射的数字城市的服务层与用户层的互动增强，但这种服务层与用户层的互动仍受限于特定服务条件，以呈现实体城市信息为目标。阿姆斯特丹便是这一类的典型代表，阿姆斯特丹的数字城市尽管在其本身并不长的存续时间内进行了多次用户界面的技术迭代，从最初的文字界面到图表图片界面，再到 3D 模拟界面，但其本质一直是按类别划分版块的信息提供和交互的中心，这些版块的命名借喻实体城市空间，如多数为各种广场（Europe Square 是欧盟相关机构提供信息的版块，Travel Square 则对应各类旅行公司等），还有咖啡厅（Gay Café 是可供“数字市民”进行实时沟通的版块）、邮筒（Post 版块进入后可以发送电子邮件）等，共同组成了形象化的虚拟城市，即数字城市。

数字城市的基础是 ICT 的建设和应用，当网络带宽只能支持文字、图片的交互，数字城市就限于信息提供和简单互动，当高速传输、3D 建模和虚拟现实等技术日益成熟，数字城市就可以实现对真实城市的逼真复刻，获取更大体量、更广泛层面的数据，进行更高效的处理与传输，从而为数字城市的参与者提供更及时的互动。巴黎的 Autreville 是该类数字城市的近期案例，项目在巴黎市区的著名景点和社区公园投放了半透明的触控屏幕，通过增强现实（AR）技术将景点介绍信息或街区的文化活动信息与现实的环境影响共同嵌入屏幕之上，居民或者游客可以点击、旋转屏幕来提取想要的信息，同时还能够获得路线导航的服务。

### （二）作为实体城市机能强化的数字城市

随着物联网、射频识别以及云计算技术的发展，数字城市为城市系统的机能提升带来诸多可能，作为实体城市机能强化的数字城市自成一派，应运而生。这一类数字城市中的数据层是整个数字城市建设的重心所在，以数据收集和处理推动城市决策变革是数字城市系统的重要功能。

菲利波等（Filipponi，et al.，2010）建立的SOFIA项目能够提升城市应对突发重大公共事件的能力，在该项目中，首先通过无线传感器对城市公共空间进行监控，收集重要信息数据，其次利用名为语义信息代理（Semantic Information Brokers，SIB）的系统存储传感器网络产生的数据，进而通过处理器（Knowledge Processors，KP）进行数据处理，生成对事件的消息反馈，这样两套系统联动的机制形成了互操作开放平台（Interoperability Open Platform，IOP），供服务层的应用调取后对事件进行及时响应。在西班牙首都马德里，市政府支持建立的智慧马德里（Smart Madrid）的数字信息平台不仅能够收集传感器的数据，还能够整合来自市民、巡查员、供应商企业所上传的事故信息（比如基础设施、公共设备的损坏状况），通过分析提供到政府相关部门用于决策，从而在全局视角下充分优化资源解决问题。

### （三）作为实体城市环境延伸的数字城市

近几年来，数字城市概念中“城市”的定位也在发生变化，城市中的“人”被凸显出来，在数字城市规划、建设与应用中得到突出强调。在技术迭代升级的同时，人们对技术应用所能带来的对市民生活质量的提升更加关注，城市不再单纯是被技术改造的对象，而是需要成为开放的创新环境，为用户导向的技术变革服务提供生发的动力和场所，欧盟发起的FP7 - ICT和CIP ICT - PSP计划正是致力于此。目前，在此背景下巴塞罗那所实践的数字城市模型就属于这一类别，它强调智慧管理、智慧经济、智慧生活和智慧居民四个方面的内容。智慧管理侧重于利用开放数据为市民提供便捷的政府信息获取渠道；智慧经济是指通过社区化聚集的手段，让公司、学术机构以及市民产生互动与合作；智慧生活的主要目的在于治安管理以及城市交通层面应用新技术新工具；智慧居民则主要是由市政厅为市民提供提升数字应用能力的培训计划。为了支撑这四部分内容的实现，城市除了在光纤网络、Wi-Fi网络、传感器网络等硬件设施上投入之外，还建设了名为“22@ Barcelona”的创新区，通过建立一套涵盖面广泛的智慧城市标准，推动在市政机构、公司、研究机构当中形成力量，推广对城市空间的智慧化管理以及对前沿电子化服务的应用。

## 三、未来数字城市的发展趋势

当前，数字城市仍在不断演变发展当中。1994 年的阿姆斯特丹，其互联网只能供数字城市的市民浏览文字和图片等简单信息，如今 5G 技术已经能够实现 Gbit/s 的峰值速率，远程互联的延时被降低到 1ms 左右的水平，同时全球互联网用户在 2018 年也已经达到 40 亿户，仅中国就超过 8 亿户。在这样的基建层之上，产业组织形式的深刻变革，新兴技术的不断涌现和成熟将持续为数字城市塑造未来新的发展形态。我国高度重视数字城市的技术发展和建设实践，截至 2018 年 11 月，我国计划或正在建设的智慧城市在全国达到 600 多个。同时，为了促进产学研成果转化和落地，智慧城市领域的产业联盟也相继建立，比如国家级的“中国智慧城市产业联盟”“国家智慧城市产业技术创新战略联盟”“中国智慧城市规划建设推进联盟”“中国智慧城市发展促进工作联盟”等，能够提供标准制定、应用技术开发、合作交流、人才培训等各类公共服务。2020 年，在新基建的指引下，数字城市建设有望进一步加速。结合前述分析，本章认为，未来我国数字城市的发展将有以下趋势。

第一，数字城市的三种类别仍将在较长时间内同时存在。因我国地区差异较大，各个城市经济社会发展阶段、产业发展需求不同，盲目推进高级化、智能化的数字城市建设而不考虑城市自身的发展及居民的使用需求恐难以实现数字城市建设的初衷，即解决城市发展的问题。总体而言，大部分城市将朝着实体城市机能强化和实体城市环境延伸的目标推进数字城市建设，但仍有一部分城市选择推进实体城市信息投射的数字城市建设。数字城市建设要注重对标发展需求、满足发展需求，在此基础上，差异化推进不同地区的数字化城市进程。

第二，数字城市将具备更高完整度。从欧美及我国的数字城市建设经验都可以看出，已有的数字城市在项目实践上往往有所侧重，比如更多地偏重交通、公共安全或者政务治理等，这样往往出现各部门、各行业的业务与数据不能实现互联互通，城市可能在某一方面表现出色，但作为一个整体还不够“智慧”。爱立信公司提出的网络社会城市（networked society city）就强调数字城市要成为鲁棒性更强、合作度更高、参与度更高以及流动性更大的城市。先进的数字城市规划和建设应保证城市空间的合理分割和有机组合，充分保障市民各种生活需求；进而，基于云服务，不同人群可以协同合作达成城市的共同目标，优化资源使用；基于便捷的信息获取、高效的沟通渠道，个体在城市发展当中的参与度将大幅提高；基于高度连接和及时响应，城市系统将可以智能地快速响应市民的各种需求，应对突发情况等。

第三，数字城市的公共健康服务能力大幅提升。2020 年新冠肺炎（COVID - 19）疫情是对全世界数字城市建设的一次大考，考核的结果表明，数字城市提供了应对这场危机的多种手段：交通出行数据得到快速高效的处理，为全国人员流动提供了监控条件；多家互联网平台都快速上线了可视化的疫情数据地图以及确诊病例地图，建立了关键信息公开透明传播的平台，等等。但同时疫情也暴露出公共卫生领域数字城市的建设还远远不足，中国 2020 年智慧城市领域支出占比前三的场景依次为智能电网、固定智能视频安防、联网后台系统，合计占比超过总支出的 40%，前文也提及在美国的数字城市项目当中，健康相关的项目数量最少并且重要性最低。面对这样巨大的突发公共卫生事件，许多城市出现反应迟缓、准备不足的情况，未能有足够的数字城市手段组织化地应对疾病传播和协调医疗资源。可以预见的是，在这次疫情之后，公共健康服务领域将成为未来数字城市建设的重要板块，且在规划设计中，用户导向是数字城市公共健康版块建设的重要特征。未来数字城市可通过深度学习、图像识别等技术途径对海量数据充分挖掘，发展个人与医疗系统信息、交通、物流和诊疗服务互联互通的系统，加强不同人群的健康监测和智能分析能力，将大幅提升城市公共健康服务水平。

第四，数字城市建设中市场和社会的力量将进一步加强。从近年来我国数字城市的实践过程看，大多数地区更多强调政府主导，对企业和居民共同参与重视不够，这容易形成政府部门独自投入和小规模封闭运营，信息丰富程度和准确程度不足，以及硬件投入大但缺少规模数据支撑运行能力的问题，从而难以最大限度地发挥数字城市的功用。未来政府在数字城市数据方面应从政府主导、自主投资向多方参与、购买优质企业服务转变，一方面利用这些企业在居民生活领域已经积累的覆盖面广、实时性强的大数据系统，另一方面借助企业在各自领域所积累的内生技术优势使数字城市响应能力进一步提升。

---

【专栏】

杭州是座历史文化名城，同样也是一座创新活力之城。2000 年杭州提出“构筑数字杭州”，2014 年在全国率先提出发展信息经济智慧应用“一号工程”，2016 年在 G20 峰会上杭州成为中国首提“数字经济”的城市。从概念到落地再到发展，“数字”已成为杭州新时代最鲜明的标识。

杭州是第一个提出“城市大脑”的城市，第一个名副其实的“移动支付之城”，第一个开展“5G 车联网试点”并有成果落地的城市，第一个国内自主研发“飞天”超大规模通用云计算系统的诞生地，第一个提出企业上云理念的城市等，杭州创造了多个数字经济领域第一，数字经济连续 23 个季度保持两位数增长，“数字”经济已成为杭州高质量发展的“强劲引擎”。

经济学人智库公布的 2021 年中国新兴市场排名，杭州、深圳、广州、上海及珠海排行前五，杭州位居首位。在全球通讯社联盟播发文章中分析认为，杭州将成为中国新型数字资源的重要集散地，在新一轮全球化经济体系重构中扮演更重要的角色。

在杭州，数字化已浸入城市、生活中的方方面面，处处尽显“数字杭州”。杭州“城市大脑”不断发挥着数字力量，从缓解交通拥堵到精准治理城市，为城市治理现代化立柱架梁。截至 2021 年，已形成警务、交通、文旅、房管、环保等 11 大系统、48 个应用场景同步推进的局面。

2020 年，杭州以新产业、新业态、新模式为主要特征的“三新”经济增加值占 GDP 的 35.5%。数字经济核心产业增加值 4290 亿元，增长 13.3%，高于 GDP 增速 9.4 个百分点，占 GDP 的 26.6%。电子信息产品制造、软件与信息服务、数字内容和机器人产业分别增长 14.7%、12.9%、12.7%和12.3%。规模以上工业中，高新技术产业、战略性新兴产业、装备制造业增加值分别增长 8.6%、8.1%和 11.8%，占规模以上工业的 67.4%、38.9%和 50.6%。

资料来源：杭州市：做强做优城市大脑，打造全国数字经济第一城_数据［EB/OL］.（2021－06－17）. https：//www. sohu. com/a/472350444_121148592.

## 第二节　生态城市

### 一、人类生态环境思想的演变

人类生存繁衍的历史可以说是人类社会同大自然相互作用共同发展和不断进化的历史。选择什么样的发展模式，一直是困扰着人类的重大命题。从对大自然的顶礼膜拜到对技术的自信和对“人定胜天”的执着，进一步到对协调发展的认识和对可持续发展的认知并着手实施，这是一个艰难的认识、实践、再认识、再实践并且仍在继续着的过程。文明是人类改造世界的物质成果与精神成果的总和。人类文明社会演替至今，大体经历了采猎文明、农业文明、工业文明和后工业文明几个阶段。

人类生态环境思想的演变随着文明进程的发展而发展。从对自然的态度以及人类的认识可以看出，人类从最初的听天由命，质朴的牧童经济，再到工业文明阶段，对征服自然、改造自然的反思，最后走向善待自然、可持续发展之路，生态思想的演变经历了一场痛定思痛的过程。在工业文明阶段，发达国家的传统工业化道路，使人类社会付出了过量的资源消耗、环境污染、生态破坏的沉重代价。如果任由这种状况持续下去，地球将不堪重负，经济发展也将难以为继。面对全球生态破坏与环境污染，世界上不少国家致力于发展新型工业文明，以实现生态、经济、社会三者共赢的目标。20 世纪中叶以来，从处理环境问题的实践中，人们逐步认识到，仅依靠科技手段或用工业文明的思维定式去修补环境，是不可能从根本上解决问题的，必须在各个层次上去调控人们的社会行为和改变支配人们行为的思想。人类终于认识到，环境问题也是一个发展问题，是一个社会问题，是一个涉及人类文明的问题。人类经过努力和探索，终于认识到：必须走可持续发展之路。这是人类生态思想演变的一个新阶段。

## 二、生态城市的内涵与特征

### （一）生态城市的内涵

城市作为人类聚居的一种重要形式，是人类政治、经济、社会和科学文化发展到一定阶段的产物。随着城市化进程的不断加快，城市数量和规模迅速膨胀。进入 20 世纪中叶，生产力迅猛发展、人口急剧增加、资源极大消耗以及生态环境的变迁，促使人们对城市问题的研究更加深入。为了解决这一重要课题，人们提出各种各样的方式和途径。其中，最引人注意的是将生态学思想和原理引入城市发展，提出建设“生态城市”的崭新模式。

生态城市是生态文明的必然产物。生态文明强调人与自然的和谐发展，重视自然的生存与发展，追求人与自然之间的平等。“生态城市”尽管在 20 世纪 70 年代初就被提出，但直到 20 世纪 80 年代才被国际社会越来越广泛地接受，但其理念渊源却很久远。由于国际上并没有出现真正意义上的生态城市，所以生态城市的概念并没有达到统一。下面介绍几种具有代表性的观点。

英国学者霍华德（E. Howard）早在 1898 年就提出了“田园城市”的概念，充分表现出使城市与乡村相结合的思想和对理想城市的向往。他倡导用城乡一体的新社会结构形态来取代城乡分离的旧社会结构形态，强调建设田园城市，提出不能忽视城乡一体的主题思想，要把一切最生动活泼的城市生活的优点与美丽的乡村环境和谐地组合在一起，从而为人们展示了城市与自然平衡的生态魅力。

生态城市概念产生于联合国教科文组织 1971 年发起的“人与生物圈计划”，苏联城市生态学家尤尼斯基提出了“生态城市”这个理想城市模式。他按生态学原理试图建立起一种经济、社会和自然三者协调发展，物质、能量和信息高效利用，生态良性循环的人类聚居地，即高效、和谐的人类栖境。

1987 年，美国生态学家理查德·雷吉斯特（Richard Register）对生态城市提出了一个十分概括的解释：生态城市追求人类和自然的健康与活力。他提出了生态城市的原则，这些原则从最初简单的包括土地开发、城市交通和强调物种多样性的自然特征，发展到涉及城市社会公平、法律、技术、经济、生活方式和公众的生态意识等多方面的更加丰富的原则体系。

20 世纪 90 年代，国际城市生态组织认为“生态城市”应包括：重构城市，停止城市的无序蔓延；改造传统的村庄、小城镇和农村地区；修复被破坏的自然环境；高效利用资源；形成节省能源的交通系统；实施经济鼓励政策；强化政府管理。

国内著名生态学者马世骏、王如松于 1984 年提出“社会 - 经济 - 自然”复合生态系统理论，指出城市是典型的复合生态系统；1991 年又指出生态城市建设应满足以下标准：人类生态学的满意原则、经济生态学的高效原则、自然生态学的和谐原则，强调经济发达、社会繁荣、生态保护三者保持高度和谐，技术与自然充分融合，城乡环境清洁、优美、舒适，能够最大限度地发挥人的创造性。

综合中外学者的各种观点，生态城市是运用生态学原理和方法，指导城乡发展而建立的空间布局合理，基础设施完善，环境整洁优美，生活安全舒适，物质、能量、信息高效利用，经济发达、社会进步、生态保护三者保持高度和谐，人与自然互惠共生的复合生态系统。生态城市是由经济、社会、自然构成的复合生态系统。其中，自然子系统是基础，经济子系统是条件，社会子系统是目标。生态城市的本质是追求人与自然的真正和谐，实现人类社会的可持续发展。

近年来，对于城市发展的定位出现很多类似的提法，如“山水城市”“园林城市”“可持续城市”等。“山水城市”“园林城市”强调城市建设的“形”，对城市的社会和经济属性论述较少，但是这种提法符合某些城市和区域的实际特点，易于操作。“可持续城市”以城市的可持续发展为目的。按照世界环境与发展委员会在《我们共同的未来》中的定义，可持续发展是“既满足当代人的需要，又不对后代人满足其需要的能力构成危害的发展”，“可持续城市”强调城市当代人与后代人之间，以及当代不同地域之间，在地球资源和环境问题上的公正公平和平等，并要处理好城市或区域内经济、社会、人口、资源和环境之间的协调关系，强调城市或区域的持续发展状态。

生态城市理念把城市作为一个复合生态系统来看待，在复合生态系统内，实现经济发达、社会进步、生态保护三者高度和谐，物质、能量、信息高效利用；生态城市要求构成城市的各要素要高效、和谐和循环，包括自然生态化、经济生态化和社会生态化。一般认为，“生态城市”比“山水城市”“园林城市”“可持续城市”涵盖的内容更多、更广泛。“山水城市”“园林城市”“可持续城市”可以作为实现生态城市的具体操作步骤。可持续发展是生态城市的明显标志，生态城市是未来理想的城市形态，是可持续发展的最终形态。

### （二）生态城市的特征

从生态学的角度来看，城市是一个独特的生态系统。生态城市是可持续的、符合生态规律和适合自身生态特色发展的城市。城市的生态化模式是人口控制、社会、经济持续发展和资源与环境的节约保护与恢复相统一，追求城市社会、经济与环境整体效益最好的模式。

城市的生态化表现为环境生态化、经济生态化和社会生态化。环境生态化强调保护生命支持系统，发展以保护自然为前提，发展与环境的承载能力相适应，合理利用自然环境和自然资源；经济生态化强调低消耗、高效益、低投入、高产出的经济增长方式，对经济增长不仅重视数量，更追求质量的提高，提高资源的再生和综合利用水平；社会生态化采用可持续的生产、消费、交通和住区发展模式，强调生态意识，保证生活质量、人口素质、健康水平等，创造和谐的社会环境。

一般说来，生态城市具有以下几个共性的基本特征。

(1) 和谐性。和谐性是生态城市概念的核心内容，主要是体现人与自然、人与人、人工环境与自然环境、经济社会发展与自然保护之间的和谐，目的是寻求建立一种良性循环的发展新秩序。生态城市是营造满足人类自身进化需求的环境，充满人情味，文化气息浓郁，拥有强有力的互帮互助的群体，富有生机与活力。

（2）高效性。生态城市将改变现代城市“高能耗”“非循环”的运行机制，转而提高资源利用效率，物尽其用，地尽其利，人尽其才，物质、能量都能得到多层分级利用，物流畅通有序，废弃物循环再生，各行业各部门之间通过共生关系进行协调。

（3）持续性。生态城市以可持续发展思想为指导，公平地满足当代人与后代人在发展和环境方面的需要，保证城市社会经济健康、持续、协调发展。

（4）均衡性。生态城市是一个复合系统，它由相互依赖的经济社会、自然生态等子系统组成。生态城市不是只追求环境优美或自身繁荣，而是兼顾社会、经济和环境三者的效益，各子系统在“生态城市”这个大系统整体协调下均衡发展。

（5）区域性。生态城市本身是一个区域概念，建立在区域平衡基础之上，而且城市之间是互相联系、相互制约的，只有平衡协调的区域，才有平衡协调的生态城市。生态城市同时强调与周边区域保持较强的关联度和融合关系。

## 三、生态城市的创建

### （一）国内外生态城市的发展

20 世纪 70 年代以来，以城市可持续发展为目标，以现代生态学的观点和方法来研究城市，逐步形成了现代意义上的生态城市理论体系。目前已经召开过 5 届国际生态城市大会，举办地点分别在美国伯克利市（1990 年）、澳大利亚阿得雷德市（1992 年）、塞内加尔约夫市（1996 年）、巴西库里蒂巴（2000 年）和中国深圳市（2002 年）。

创建生态城市已经成为 21 世纪国际上更多城市发展的方向和目标。生态城市思想提出后，有关的示范建设也在世界上广泛展开，目前国内外已有不少城市取得了建设生态城市的经验和效果。国际上有许多城市正在按照生态城市目标进行规划与建设，在城市格局、基础设施和社会文化等方面已经具有生态系统或可持续发展的特征。

1992 年，美国在加州伯克利实施了生态城市计划，其理念和做法在全球产生了广泛的影响。位于美国西海岸的滨海城市伯克利的生态城市建设实践卓有成效，有人认为它是全球生态城市建设的样板，也有人认为它是生态城市建设的一个试验。它将生态城市建设的整体实践建立在一系列具体的行动之上，如建设慢行街道，恢复废弃河道，沿街种植果树，建造利用太阳能的绿色居所，通过能源利用条例来改善能源利用结构，优化配置公交线路，提倡以步代车，推迟并尽力组织快车道的建设，召开有关各方参加的城市建设会议等。伯克利还具有典型的城乡一体化的空间结构。在住宅区内，每隔一栋独立住宅就有一块大面积的农田，农田上种植的蔬菜和水果作为“绿色食品”很受当地居民及附近城区居民的喜爱。

澳大利亚的哈里法克斯生态城项目不仅涉及社区和建筑的物质循环规划，还涉及社会与经济结构，它走出传统商业开发的老路，提出了“社区驱动”的生态开发模式，其具体战略要点包括：评价土地的生态承载力；使建筑物与景观植物完美结合并与环境协调；建筑物规划、建设过程中从材料选择、结构设计到施工等对环境不产生负作用；调动居民生态环境意识，使居民参与社区的规划、设计、建设、管理和维护的全过程。

新加坡经过几十年努力，已建设成为举世公认的花园城市和生态型城市。新加坡通过实施“区域通行证”“电子道路收费系统”等措施来贯彻“公交优先”的政策，当时，以公交车作为出行工具的人数占出行总人数的46%。另外，新加坡为促进生态城市建设还成立了“花园城市行动委员会”（Garden City Action Committee），主要负责城市园林绿化的建设和管理，规定道路及各种公用场所必须预留充分空间用于绿化，并种植适于市区环境生长的热带植物；建设生态化公园，在公园内开展社会公益活动，各公园之间由生态廊道连接；制订政策法规，依法管理公园。

巴西的库里蒂巴以可持续发展的城市规划典范而享誉全球，其公交导向式的交通系统革新与垃圾循环回收项目、能源保护项目曾荣获国际大奖；德国埃罗宁市率先执行21世纪议程有关决议，采取多种节地、节能、节水措施，修复生态系统，进行综合生态规划，成为德国生态城市先锋市；西班牙马德里与德国柏林合作，重点研究、实践城市空间和建筑物表面用绿色植被覆盖、雨水就地渗入地下，推广建筑节能技术材料、使用可循环材料等，改善了城市生态系统状况；日本的九州市从 20 世纪 90 年代初开始以减少垃圾、实现循环型社会为主要内容的生态城市建设，提出了将某种产业产生的废弃物为别的产业所利用，地区整体的废弃物排放为零的构想。

总结国外影响较大的生态城市建设案例，其成功的经验主要在于明确具体、现实的目标体系，具体的项目，突出的重点领域，城市建设与生态建设的一体化，详细的分工实施体系，广泛的公众参与，加上具有明确法律地位和角色定位的推进和实施机构及完善的法律条例、市场化的管理体制等作为支撑条件。

为实施可持续发展战略，推动区域社会经济与环境保护协调发展，当时的国家环境保护总局在全国组织开展了生态省（市、县）建设工作，全国生态省（市、县）建设发展迅速。1999 年海南成为我国第一个生态省试点。2003 年，国家环保总局发布了《生态县、生态市、生态省建设指标（试行）》。截至 2007 年，已有海南、吉林、黑龙江、福建、浙江、安徽、江苏、辽宁、陕西、河北、四川、广西和山东 13 个省、自治区开展或即将开展生态省建设工作。

一批县（市、区）开展了生态县（市、区）创建工作，受到社会的广泛关注，产生了积极的影响。2006 年，江苏省张家港市、常熟市、昆山市、江阴市被命名为国家生态市，上海市闵行区为国家生态区，浙江省安吉县为国家生态县。

自 20 世纪 80 年代以来，我国开始进行生态市建设不同层面的探索，在至今近 30 年的实践历程中，已建设生态城市上百个，但真正成功在国际国内产生重大影响的生态城市并不多。相对于国外的生态城市建设，国内的生态城市建设仍然要努力缩小与国外差距，注重结合城市与区域特色，进行符合自身特点、有可操作性的生态城市创建工作。

## （二）创建生态城市，实现可持续发展

### 1. 生态城市建设的基本内容

创建生态城市、实现城市与区域的可持续发展已成为各国政府的共识。各城市由于具有不同经济基础、自然环境和地理位置，采取的措施既

有相似之处，也各有侧重、各具特点。

根据联合国的标准，生态城市建设至少包括六个方面的内容：(1) 有战略规划和生态学理论做指导；(2) 工业产品是绿色产品，提倡封闭式循环工艺系统；(3) 走有机农业的道路；(4) 居住区标准以提高人的寿命为原则；(5) 文化历史古迹要保护，自然资源不能破坏，处理好发展与保护的关系；(6) 把自然引入城市。

美国生态学家理查德（Richard Register）在全面分析和总结生态城市建设理论与实践的基础上，提出了生态结构革命的倡议，并提出了生态城市建设的10项计划：(1) 普及与提高人们的生态意识；(2) 致力于疏浚城市内部、外部物质与能量循环途径的技术和措施研究，减少不可再生资源的消耗，保护和充分利用可再生资源；(3) 设立生态市建设的管理部门，完善生态城市建设的管理体制；(4) 对城市进行生态重建，力求为居民创造多样的自由生存空间；(5) 建立和恢复野生生物的生存环境；(6) 调整和完善城市生态经济结构；(7) 加强旧城、城市废弃土地的生态恢复；(8) 建立完善的公共交通系统；(9) 取消汽车补贴政策；(10) 制定政策，鼓励个人、企业参与生态城市建设。

澳大利亚城市生态协会（UEA）提出生态城市发展原则为：修复退化土地；城市开发与生物区域相协调，均衡开发；实现城市开发与土地承载力的平衡；终结城市的蔓延；优化能源结构，致力于使用可更新能源；促进经济发展；保护历史文化遗产；纠正对生物圈的破坏，等等。

在我国，学者们普遍认为生态城市的规划与建设应遵循自然生态规律与城市发展规律，以持续发展为目标，以生态学为基础，以人与自然和谐为核心，以现代技术为手段，综合协调城市及其所在区域的社会、经济、自然复合生态系统，以促近健康、高效、文明、舒适、可持续的人居环境的发展。在新一轮的城市规划中更多的城市提出了建设生态城市或生态型城市的规划目标。

总之，生态城市建设必须以满足人与自然的协调发展需求为目标，立足于城市市域范围，综合考虑城市周边地区乃至所在区域生态环境的影响因素，将城市用地布局、环境资源保护和污染控制、园林绿化建设、城市基础设施建设等与城市发展环境密切相关的各个方面纳入生态城市建设的范畴。因此，生态城市建设的基本内容应涵盖以下几个方面。

（1）城市用地布局。土地利用的空间配置直接影响生态环境质量的优劣，在城市生态系统内尤为重要，故无论是建设新城还是改造旧城，都必须因地制宜地进行城市土地利用布局的研究，除应考虑城市的性质、规模和产业结构外，还应综合考虑用地大小、地形地貌、山脉、河流、气候、水文及工程地质等自然要素的制约。

（2）城市绿地系统建设。绿地系统应保证城市自然生态过程的整体性和连续性，减少城市生物生存、迁移和分布的阻力，给生物提供更多的栖息地和更便利的生存空间，改善生物群体的遗传交换条件，为生物群体的发展创造更好的生存和繁衍环境。

（3）城市自然保护。城市自然保护的主要内容包括自然资源和自然环境的保护，土地、矿产、水资源、自然历史遗迹和人文景观的保护和管理。

（4）城市基础工程建设。城市基础工程是建设城市物质文明和精神文明的最重要的物质基础；是保证城市生存、持续发展的支撑体系；是保障优良的生活质量、高效的工作效率、优美的城市环境所必备的条件。当前，人们对城市基础设施的需求日益强烈，且主要集中在交通、水、能源、通信、防灾、环卫等系统。

（5）环境污染控制工程建设。从根本上说，城市生态与环境问题的产生是由于能源和资源的流失与浪费，因此，最基本的对策应是改变能源结构，更新与改造技术设备，提高能源与资源的利用率，建立一套完整的环保系统工程，加强城市“三废”及噪声污染的综合整治。

**2. 生态城市建设的步骤**

生态城市建设可分“三步走”，即三个阶段。

第一步：起步期（初级阶段）。这一阶段重在大力宣传、倡导生态价值观，唤起人们对生态城市建设的重视，制订行动计划，建立示范工程，加强能力建设，对社会经济组织结构、功能进行初步调整，为建设阶段做好准备、打下基础。

第二步：建设期（过渡阶段）。这一阶段重在逐步调整、改造社会经济组织结构，提高生活质量，改善环境质量，加强生态重构和生态恢复，增强城市共生能力，进一步增强人的生态意识，使之广泛自觉地参与生态化建设。

第三步：成型期（高级阶段）。这一阶段生态城市并不是处于“静止”的理想状态，而是自觉地通过各种技术的、行政的和行为诱导的手段实现其动态平衡、持续发展，自组织、自调节能力强。但若其正负反馈失衡或自我调控失灵也会导致衰败。

**3. 我国生态城市建设指标**

根据国家环保总局《生态县、生态市、生态省建设指标（试行）》，生态市（含地级行政区）是社会经济和生态环境协调发展，各个领域基本符合可持续发展要求的地市级行政区域。生态市是地市规模生态示范区建设的最终目标。

生态市的主要标志是：生态环境良好并不断趋向更高水平的平衡，环境污染基本消除，自然资源得到有效保护和合理利用；稳定可靠的生态安全保障体系基本形成；环境保护法律、法规、制度得到有效的贯彻执行；以循环经济为特色的社会经济加速发展；人与自然和谐共处，生态文化取得长足发展；城市、乡村环境整洁优美，人民生活水平全面提高。

生态城市要满足以下基本条件和建设指标。

（1）制定了《生态市建设规划》，并通过市人大审议、颁布实施。

（2）全市 80% 以上的县达到生态县建设指标，中心城市通过国家环保模范城市考核验收并获命名。

（3）全市县级（含县级）以上政府（包括各类经济开发区）有独立的环保机构，并为一级行政单位，乡镇有专职的环境保护工作人员。环境保护工作纳入县（含县级市）党委、政府领导班子实绩考核内容，并建立相应的考核机制。

（4）国家有关环境保护法律、法规、制度及地方颁布的各项环保规定、制度得到有效的贯彻执行。

（5）污染防治和生态保护与建设卓有成效，三年内无重大环境污染和生态破坏事件，外来物种对生态环境未造成明显影响。

（6）资源（特别是水资源）利用科学、合理，未对区域（或流域）内其他的社会、经济发展产生重大生态环境影响。

## 四、中国的生态城市建设

目前，中国生态城市建设中存在发展定位过于超前的问题。由于中国生态城市建设起步晚于西方发达国家，在各相关城市有关生态城市建设规划方案形成时大多参考国外案例。例如，“欧盟可持续城市发展框架”建设案例中旧城区改造、人居环境优化、节约资源以及公众参与机制等，无疑对促进中国生态城市建设发展有着积极意义，但是也要注意中国的发展与这些发达国家还是存在差距，包括城市化率普遍有着20%左右的差距，城市发展程度有着工业化与后工业化的阶段差距等。实际上，中国作为制造业大国，城市体系也必定要承载这一国家特色的产业功能，新发展的生态城镇也必须有着产业支撑。未来中国除少数以第三产业为主的中心城市，包括国际性中心与区域性中心城市，可以较早地进入后工业化社会阶段，其他大多数城镇发展还必须充分考虑其制造业功能，必须考虑如何促进制造业的区域适宜化与环境技术现代化，并有机地纳入城镇总体发展规划之中。因此，中国生态城市建设发展面临着比目前国外成功案例要复杂得多的局面，各地生态城市建设必须要有合理的发展定位。

### （一）城市环境与区域环境

随着中国各种类型“生态城市”的创建与评选活动展开，相当多的大中城市努力治理自身的城市生态环境问题，也卓有成效。但是在这一过程中，单纯地强调城市建成区的人居环境与生态设施的建设，甚至强力推进产业“转型升级”，其结果是将生态环境问题从城市转移到城市建成区之外的广大乡镇，甚至是村庄。这种环境问题的空间“扩散”，实际上加大了对“三废”监管和处理的难度，且其危害性丝毫没有减小，如危害严重的雾霾问题、地表地下水体污染问题等，均是这一“以邻为壑”行为的结果。如果说目前生态城市建设存在难点，那么最大的难点就是承接城市转移出的制造业的农村乡镇。首先是监管的困难，需要投入更多的人力与技术设施；其次是污染源分散化带来治理的困难，不仅将增加各项治理成本，而且在技术支撑、投入来源等方面也是问题重重；最后是形成了新的社会问题，包括土地利用与群众就业的影响等。因此，生态城市建设，不仅是城市建成区的生态环境建设，而是市域性的，甚至是超越行政边界的城市影响区范围的。

### （二）生态城市建设与主体功能区规划

主体功能区规划是保障国土空间有序利用与区域协调发展的重要战略举措，其根据各地域自然环境条件与经济发展水平等因素，将国土空间划分为优化开发、重点开发、限制开发与禁止开发四类区域。由于国家主体功能区规划于2010年底正式颁布，而各地生态城市建设规划工作以及重点项目部署大多较早，因此如何及时制定地域性的主体功能区规划，并适时调整原有生态城市建设的日标与功能定位，是各地生态城市建设必须高度重视的现实问题。另外，在目前已经开发的各类生态城项目，由于选址原因，普遍存在影响生态安全的隐患。由于追求优良的自然景观及土地成本的制约，根据国家统计局数据，2020年在建生态城项目选址在湿地等生态脆弱地带占62%，选址占用农田与山地的占32%。这些湿地具有区域性的重要生态调节功能，是不可替代的生态敏感区，大规模开发过程很有可能带来不可逆的系统性破坏。这一趋势不可蔓延，现有的建设项目也必须增加必要的生态修复与补偿措施。

### （三）生态城市建设规划与管理

生态城市是现代城市生态化发展的范畴，具有多种类型的建设模式，模式之间存在显著差异，包括城市区位与规模、城市功能定位、产业结构差异等，这些差异构成了生态城市具体建设规划与建设管理各自的特色。目前中国生态城市建设中，缺乏对各种类型生态城市的系统划分，缺乏对中国生态城市建设实践的整体性构建等重要的基础性工作。首先是“生态城市”与“生态城”概念界定的问题，两者之间既有联系又有区别，区别在于空间规模、整体与部分、发展目标与驱动机制等，如果模糊这些区别，将给相关规划目标、发展定位、管理考核等带来很大困扰。其次是即使作为狭义的生态城，也仍然包含过多的产业类型，从老城区改造到居民新区，从生态农业示范园到生态旅游示范区，从生态科技园到生态工业示范园等，政出多门，互不通气，缺乏规范，使得各类规划设计及其评估管理等工作极为困难。

生态城市建设是一个学科交叉与知识综合的过程，建设规划必须建立在各相关学科最新的知识基础上。但是目前中国生态城市建设规划最为显著的问题是规划理论与方法滞后于建设发展的需要。生态城市发展迅猛，规划项目新、多、快，国内规划设计界任务繁重，无暇吸收消化其他学科的成果；大量国外规划队伍与产业技术力量的介入，成本极为高昂，但是国内队伍对其无从评估，也难以有效吸收转化其技术与方法。各类生态城建设投资大，建设周期长，其建设效果缺乏有效的评估方法。如生态工业示范园，动辄以千亿计的投资，因建设周期过长，内外影响因素多，建设成功率水平较低。2001～2014 年，通过验收和批准命名的国家生态工业示范园，占不到批准建设的国家生态工业示范园总数的 1/3。

---

**【专栏】**

在中国北方渤海之滨、蓟运河畔，有一座耀眼的新城，它从一片盐碱滩涂蜕变成绿意盎然、宜业宜居的新城，用十年时间演绎了一个“绿色蝶变”。这便是中新天津生态城。

中新天津生态城是中国、新加坡两国政府合作的重大项目。2007 年 11 月，两国政府在新加坡签署框架协议，生态城项目选址天津滨海新区。2008 年 1 月，市政府成立中新天津生态城管委会。2008 年 9 月，生态城开工奠基。

中新两国领导人对生态城的开发建设高度重视。天津市委市政府、滨海新区区委区政府认真落实两国领导人重要指示要求和两国政府协议精神，在交通配套、基础设施建设、支持政策、社会资源引入等方面给予生态城全力支持。经过十年探索实践和艰苦努力，一个资源节约、环境友好、经济蓬勃、社会和谐的生态新城已经展现在渤海之滨。

十年来，中新天津生态城构建了轨道交通和慢行道路为支撑的绿色交通体系。确立了目标引领下的规划管控体系和权责明确、良性循环的城市开发模式；走出了污染场地治理和盐碱地改造利用的新道路，成为全国绿色建筑规模化、集中化发展的示范城区，健全城市资源节约集约循环利用体系，形成了优质化、均衡化的公共服务体系。

目前，百余种鸟类在中新生态城域内湿地繁衍生息，形成了集河道、湖面、草地、湿地、海滩为一体的生态景观格局，城市吸引力逐年攀升。生态城绿色建筑标准体系和管理体系在全国多地得到推广。

大力发展绿色产业，生态城初步形成了文化和智能产业聚集发展态势。截至2018年8月，生态城注册企业7083家，注册资本2476亿元，现代服务业占比达到91%。生态城在探索绿色经济支撑城市发展道路上迈出坚实步伐。

资料来源：张道正．中新天津生态城十周年：一个典型的生态城市样本［EB/OL］．（2018－09－12）．https：//baijiahao. baidu. com/s? id = 1611409529781463817&wfr = spider&for = pc.

## 第三节　韧性城市

治国安邦，重在基层。当今世界正面临百年未有之大变局，面对危机挑战，如何更好地巩固发展基石，统筹发展与安全，提升市域治理体系与治理能力现代化？2020年10月，党的十九届五中全会提出，建设韧性城市，提高城市治理水平，加强特大城市治理中的风险防控。2021年3月，十三届全国人大四次会议表决通过《中华人民共和国国民经济和社会发展第十四个五年规划和2035年远景目标纲要》，进一步提出“顺应城市发展新理念新趋势，建设韧性城市”。这标志着“韧性”一词正式被纳入国家治理话语体系，“韧性城市”的概念首次进入最高层级的国家战略规划。

### 一、韧性城市的内涵

习近平总书记指出：“防灾减灾、抗灾救灾是人类生存发展的永恒课题。”[①] 自古以来，城市日益成为人类社会活动的核心载体，在人类文明发

① 李晓东．迎难而上 涅槃重生——抗震救灾精神述评［N］．光明日报，2021－09－14（4）.

展中具有重要地位，而自然灾害、极端天气、全球变暖、环境恶化、瘟疫横行、金融危机、恐怖主义等天灾或者人祸不断损害着城市的肌体。于是，“应急管理”一词应运而生，从实践到理论再到实践，人类不断探寻如何建立起高效的应急管理体系，以期城市能够防范应对风险冲击。但是在传统的应急管理理念中，多呈现被动应对、末端治理、条块分割、各自为战的特点，缺乏科学性、系统性及长效性。在一次次应对风险的实践中，人们发现城市建设与治理涉及社会、管理、经济等诸多复杂内容，加上对危机认识的深入和应对能力的提升，促使人们把目光投向具有动态弹性、有效修复、可持续发展等内涵特征的“韧性”理念，并将其运用于城市治理之中。

首先，从韧性城市的概念来看。狭义上，韧性仅体现在应对自然灾害时的适应和恢复能力。广义上，除了应对灾害冲击外，城市还可能遭受社会动荡、金融危机、大规模失业等社会性冲击。所以，也有学者将韧性城市定义为：“在面对自然和社会的慢性压力或急性冲击后，特别是在遭受突发事件时，城市能够凭借其动态平稳、冗余缓冲和自我修复等特性，依然保持抗压、存续、适应和可持续发展的能力，确保快速分散风险、自动调整恢复稳定，由此做到抵御外来冲击和内部灾害的城市发展态势。”学者冯玥认为，所谓韧性城市，是在“全生命周期管理”思维指引下的城市治理新理念，将城市视为生命有机体，面对灾害能够快速响应处置、有效抵御风险、迅速化解危机、自我修复完善，保持城市秩序和功能运转不受明显影响。根据这一界定，韧性城市与海绵城市、智慧城市、绿色城市、宜居城市、“两型”城市等，都属于城市治理体系和治理能力现代化的范畴，既是城市治理理念的重大突破，也是城市发展战略的重大创新。因此，可以看出，韧性城市是一种具备应对自然和社会风险能力的城市，应对能力越强，韧性城市建设的水平也就越高。

其次，从韧性城市应对突发公共卫生事件来看。瑞典病理学家福尔克·汉申（Folke Henschen，1942）认为：“人类的历史即其疾病的历史。”经济全球化时代，突发公共卫生事件会持续带来新的考验。近20年来，世界经历了SARS、甲型H1N1流感、埃博拉病毒等数次重大疫情冲击。从历史上看，每次重大公共卫生事件都会倒逼一个国家、一座城市治理水平的飞跃。例如，19 世纪席卷欧洲的霍乱催生了奥斯曼男爵改造巴黎的“光之城”计划，破败不堪的贫民窟被林荫大道和煤气灯照亮的纪念碑所取代。新中国成立初期，为根除察北鼠疫，北京市率先实施严格的检疫封锁制度，迅速遏制疫情。2003 年抗击 SARS 期间，全国迅速建立自上而下、覆盖城乡的防疫网络体系，为消除疫情发挥了重要作用。从新冠肺炎疫情暴发前的韧性城市建设实践来看，在较长一段时期内，世界各国普遍将韧性城市建设的重点放在因地质灾害、极端天气引发的公共安全危机，因此防灾减灾举措主要针对基础设施建设、安全维稳、环境保护、建立应急管理机构等领域，而对突发公共卫生事件引发的人类健康风险重视程度不够、制度设计不足，缺乏系统的规划蓝图和跨地区联动协作机制。一旦暴发区域性甚至全球性的突发公共卫生事件，就只能陷入仓促迎战、被动受牵制的窘境。例如，武汉、上海、南京、郑州、西安等特大城市既是发展增长极，也是风险集聚点。人口众多，经济繁荣，人流、物流、信息流等资源要素迅速流动，形成了巨大的城市竞争力。风险会在城市高度密集的区域内快速集聚、快速暴发与快速扩散，产生传统风险与非传统风险交织的“叠加效应”、迅速扩大传播和影响范围的“溢出效应”、人类对于风险感知的“放大效应”以及可能引发次生风险的“链式效应”，从而严重威胁人民的健康安危、经济的持续发展和社会的和谐稳定。

最后，从韧性城市对于新时代城市治理体系与治理能力现代化的提升来看，“十四五”时期开启了社会主义现代化强国的新征程，这既是国家发展的新起点，也是城市发展的新契机。在新发展阶段，既没有先例可供遵循，也没有现成经验可供照搬，需要城市在先进科学的理念指导下率先破局、先行先试去实现市域治理现代化，从而支撑和推动国家治理体系和治理能力现代化。治理现代化既是一种追求现代性的过程，更是一种理性的过程。只有尊重城市发展的客观规律，才有现代化的城市和城市的现代化。韧性城市即是一次现代化的深刻变革，意味着在应对突发公共卫生事件时，要做到治理思维更加科学理性，治理结构更加多元合理，治理模式更加开放包容。例如，从城市规划与建设来看，城市的环境韧性应当包括公共卫生环境韧性以及城市空间结构韧性两个方面。公共卫生环境韧性强调有效的公共卫生治理，既是预防突发公共卫生事件的根本路径，也是

“十四五”规划提出建设“健康中国”的重要任务；城市空间结构韧性要求城市空间规划布局应做到“未雨绸缪”，以满足公共卫生应急管理需求为导向，合理设置城市区域空间的安全生态格局。从城市经济发展来看，城市的经济韧性要求通过调整经济结构和增长方式，有效应对因突发公共卫生事件而产生的外部干扰和冲击，实现经济可持续发展的能力。从城市的法律韧性来看，治理现代化本身就是建立在法治基础之上，依法规划城市、依法建设城市、依法治理城市是防范应对突发事件、加强应急管理、打造韧性城市的根本保障。从城市的社会治理韧性来看，在高度不确定性的风险环境中，有韧性的社会治理体系能够迅速形成高效的反馈循环机制，对外部风险带来的冲击进行自适应调整，维护公共利益安全，确保社会秩序稳定。

## 二、韧性城市的治理理念

进入新时代，城市的重要性愈加凸显，是我国现代化建设的火车头和主战场，既要把握新发展格局的机遇，也要直面形势多变的治理挑战。习近平总书记极为重视城市治理，强调必须“尊重城市发展规律，提高城市工作全局性”，指出要“坚持以人为本、科学发展、改革创新、依法治市，转变城市发展方式，完善城市治理体系，提高城市治理能力，着力解决城市病等突出问题，不断提升城市环境质量、人民生活质量、城市竞争力，建设和谐宜居、富有活力、各具特色的现代化城市”①，以巨大的政治勇气、强烈的使命担当、科学的发展理念，擘画、引领、推动了中国特色社会主义的城市治理新篇章，为深入开展韧性城市建设把关定向、掌舵领航。

### （一）坚持以人民为中心的治理理念

百年党史征程中，人民性一以贯之体现在党的事业发展全过程中。进入新时代，人民性这一根本导向更加着力凸显和强化。2015 年，在党的十八届五中全会上，习近平总书记明确提出了坚持以人民为中心的发展思

① 万鹏．习近平明确中国城市工作总体思路：尊重、顺应城市发展规律［EB/OL］.（2015－12－23）. http：//cpc. people. com. cn/xuexi/GB/n1/2015/1223/c385474－27966984. html.

想。2017年，党的十九大报告中关于新时代坚持和发展中国特色社会主义基本方略的第二条，就是“坚持以人民为中心”。2021年，党的十九届六中全会通过的《中共中央关于党的百年奋斗重大成就和历史经验的决议》，论及中国共产党百年奋斗的历史经验时，再一次掷地有声地强调“坚持人民至上”。习近平总书记始终强调城市是“人民城市”，是对马克思主义城市理论核心要义的传承，是对现代城市发展进程利与弊的反思，更是对新时代中国城市健康发展的指导。2015年12月，习近平总书记在中央城市工作会议上指出，“做好城市工作，要顺应城市工作新形势、改革发展新要求、人民群众新期待”，指明城市治理的价值导向。① 2019年11月，习近平总书记在上海考察时首次提出“人民城市人民建，人民城市为人民”的重要论断，阐释城市治理的核心要义。2020年1月，习近平总书记强调“把人民群众生命安全和身体健康放在第一位”，成为打赢武汉保卫战的根本保障。上述习近平总书记关于“人民城市”的重要论述，是韧性城市建设的根本出发点和落脚点。

### （二）统筹发展与安全的城市治理理念

纵观人类的城市发展历程，发展与安全为一体两翼，同为城市最基础、最重要的公共产品，在很大程度上决定着城市的兴衰存亡。当前，我国各类事故隐患和安全风险交织叠加、易发多发，影响公共安全的因素日益增多，严重影响和制约着城市的发展。党的十八大以来，以习近平同志为核心的党中央从总体国家安全观的高度，强调发展与安全的辩证关系，明确既要善于运用发展成果夯实国家安全的实力基础，又要善于塑造有利于经济社会发展的安全环境，进行发展与安全的顶层设计，系统推进，改变灾难推动型的治理模式。2015年11月，习近平总书记在研究部署城市工作时指出：“严格安全监管，健全城市应急体系。”② 同年12月，在中央城市工作会议上，习近平总书记指出：“要把安全放在第一位，把住安全关、质量关，并把安全工作落实到城市工作和城市发展各个环节各个领域。”为推进我国应急管理体系和能力现代化，习近平总书记明确强调

①② 万鹏．习近平明确中国城市工作总体思路：尊重、顺应城市发展规律［EB/OL］.（2015－12－23）. http：//cpc. people. com. cn/xuexi/GB/n1/2015/1223/c385474－27966984. html.

“要健全风险防范化解机制，坚持从源头上防范化解重大安全风险”，“要加强应急救援队伍建设，建设一支专常兼备、反应灵敏、作风过硬、本领高强的应急救援队伍”，“要强化应急管理装备技术支撑，优化整合各类科技资源，推进应急管理科技自主创新”。2020 年 4 月，习近平总书记在中央财经委员会第七次会议上对城市如何统筹发展和安全做出战略部署，明确指出：“在生态文明思想和总体国家安全观指导下制定城市发展规划，打造宜居城市、韧性城市、智能城市，建立高质量的城市生态系统和安全系统。”①

在发展与安全方面，韧性城市体现出足够的人文关怀和民生温度：一方面，韧性城市建设能够充分保障人的生命权和财产权，使人类尽可能实现“免于恐惧的自由”，保障生存需求，凸显人的“生存权”；另一方面，韧性城市建设具有灾后自我修复的弹性，从而保障人在遭遇灾难后能尽快恢复生活常态，实现“免于匮乏的自由”，满足发展需求，凸显人的“发展权”。尽管西方国家最早提出了韧性城市的概念，但资本主义虚假民主和傲慢资本的制度缺陷，既无法彰显“集中力量办大事”的强大制度优势，也无法凝聚“以人民为中心”的磅礴伟力，因此更多只能停留在纸面规划上。习近平总书记指出，“中国坚持把人权的普遍性原则和当代实际相结合，走符合国情的人权发展道路，奉行以人民为中心的人权理念，把生存权、发展权作为首要的基本人权，协调增进全体人民的经济、政治、社会、文化、环境权利，努力维护社会公平正义，促进人的全面发展。”②

### （三）精细化的城市治理理念

城市治理是国家治理体系和治理能力现代化至关重要的内容。随着我国城镇化率的节节攀升，特大城市、超大城市、城市群、城市圈的出现，使人们对城市的功能和定位有了更高的期待和要求，要求有效治理“城市

① 汪超、宋纪祥．面向新安全格局推进韧性安全城市建设［EB/OL］.（2024－05－09）. http：//theory. people. com. cn/n1/2024/0509/c40531－40231825. html.

② 张伟．为世界人权事业发展进步贡献中国力量［EB/OL］.（2022－03－14）. http：//theory. people. com. cn/n1/2022/0314/c40531－32373850. html.

病”，摒弃粗放式的城市管理模式。面对城市治理新要求，2017 年 3 月 5 日，习近平总书记在参加十二届全国人大五次会议上海代表团的审议时强调，“城市管理应该像绣花一样精细”。指出了城市管理的一个新方向。“精细化治理是对粗放式管理的升华和超越。”[①] 精细化治理，就是要将精细化思维应用到城市治理的每一个地方、每一个领域、每一个环节。将精细化治理的理念与韧性城市建设相结合，可以有效促进韧性城市建设质量的提升。

## 三、我国韧性城市建设的现状与突出问题

### （一）韧性城市建设的现状

我国韧性城市建设实践从 21 世纪初开始，从 2008 年汶川大地震以后，相关的理念逐渐融入国家政策文件当中。2020 年 10 月，党的十九届五中全会更是提出要建设韧性城市。从地方实践来看，我国各地城市也开启了韧性城市建设工作。以黄石、义乌等为代表的中小城市，开展了国际合作类韧性城市建设工作，以北京、广州、上海等为代表的大城市开展的是自主探索类韧性城市建设。湖北黄石自 2008 年起开始了以推进资源枯竭城市转型为核心的韧性实践，重点针对城市洪涝、水污染与水资源短缺、基础设施老化、经济下行、环境退化五大韧性挑战，着力推进水系统、经济系统和生态宜居系统三大重点领域的韧性城市建设。而北京市的韧性城市建设实践围绕地震灾害、矿产事故、传染病疫情、恐怖袭击等 37 种风险因子，重点确定了生态环境、恢复能力、京津冀协同和监测预警能力等韧性城市建设的薄弱环节，进而采取了有针对性的韧性城市建设举措，包括调控城市规模、优化空间布局、健全基础设施保障、提升应急响应能力、推进社会多元共治等。

### （二）韧性城市建设的突出问题

一方面，我国城市已进入“危机频发期”，而另一方面我们的韧性城

① 李洪兴. 让城市管理像绣花一样精细［N］. 人民日报，2019－07－24.

市建设步伐并没有跟上。迄今为止，在全国范围内，开展韧性城市建设的并不多，而且从已经开展韧性城市建设实践的情况来看，很多实践还处于起步阶段。韧性城市建设存在以下突出问题。

制度韧性问题。对于韧性城市建设来说，制度建设是保障。一套科学合理有效可行的应急制度体系，对于韧性城市的长远发展来说是必需的。但是事实上，韧性城市的制度建设才刚刚起步，以国家中心城市为例，截至目前，国家中心城市中仅北京在《北京城市总体规划（2016—2035年)》中提及城市韧性理念，而且在规划细则与落实方面还有待进一步完善，其他国家中心城市均未规划相应的建设方案。除了缺乏规划，还有规划设计不合理不可行等问题。从韧性城市治理的角度来看，在城市规划和开发建设中，应给水资源留出足够的空间，但是现在很多城市规划都没有给水资源的流动给予足够的空间。例如，郑州市的城市规划也存在让河流改道和占据河道的问题。此外，城市洪涝韧性治理的相关法律法规体系、责任制度、引导系统、准入机制等方面也存在着各种各样的问题。这些都是制度韧性的问题。

组织韧性问题。组织韧性是城市韧性建设的基础。没有组织韧性，韧性城市建设是无法运转的。在我们看到的案例中，很多城市都存在着组织韧性不足的问题。郑州“7・20”特大暴雨造成的洪涝灾害中，可以发现组织韧性的问题。政府责权不明晰、管理模式落后等制度运营体系问题严重，现有的建设实施保障体系也有待完善。因为组织韧性不足的问题，导致本来可以避免或减轻的危害发生了。

工程韧性问题。对于应对自然灾害等风险，工程韧性往往是韧性城市建设的关键所在。对于郑州“7・20”特大暴雨造成的洪涝灾害，有专家发现，存在“新兴技术应用浅、洪涝治理设施维护困难等技术工程问题”。还有人推而广之进一步反思提出，要尽快完成高标准城市排水主干管网的建设，再逐步完善次干管和支管。对于局部需要增设泵站或调蓄池以及存在大管接小管等“卡脖子”的地方，也要尽快加强建设，系统提升城市排水防涝基础设施的排放能力。这实际上都是从工程韧性角度提出的问题，是具有普遍意义的问题。

社会韧性问题。对于韧性城市建设来说，社会韧性才是最根本的问题。这不仅是关乎政府组织、社会组织、家庭组织，还关乎每一个人的韧性能力建设问题。因为在大灾大难面前，单靠组织的力量是不够的，还要靠个人及社会组织的力量。这些需要我们认真总结、反思，通过宣传教育和有力组织，来增强社会韧性，让我们能够更好地应对下一次风险的到来。

---

【专栏】

在2021年全国两会上发布的中国“十四五”规划中，在“推进新型城市建设”中提及“韧性城市”。规划要求：“顺应城市发展新理念新趋势，开展城市现代化试点示范，建设宜居、创新、智慧、绿色、人文、韧性城市。”按照国际组织倡导地区可持续发展国际理事会定义，“韧性城市”是能够凭自身的能力抵御灾害，减轻灾害损失，并合理地调配资源以从灾害中快速恢复过来。

而郑州暴雨，让我们看到城市文明在天灾面前是如此地脆弱，推进韧性城市建设任重道远。2021年7月17日夜间以来，河南省普降暴雨、大暴雨，局部特大暴雨，强降水主要集中在西部、北部和中部地区，郑州、焦作、新乡、洛阳、南阳、平顶山、济源、安阳、鹤壁、许昌地区出现特大暴雨。由于遭遇罕见持续强降雨，郑州市常庄水库、郭家咀水库及贾鲁河等多处工程出现险情，郑州市区出现严重内涝，造成郑州市铁路、公路及民航交通受到严重影响。7月20日，极端强降雨导致雨水倒灌郑州地铁站，地面交通停运，地下车库被淹，汽车在洪水中漂来漂去。

2021年7月17日至23日，灾害共造成河南省150个县（市、区）1478.6万人受灾，因灾死亡失踪398人，其中郑州市380人，占全省95.5%；直接经济损失1200.6亿元，其中郑州市409亿元，占全省34.1%。

一场大暴雨，考验一座城市。在这场极端大暴雨面前，海绵城市建设、地下排水系统、地下空间设计，都显得太无力。这次沉痛教训也说明，在重大自然灾害面前，我们在城市规划建设方面做得还远远不够。尤其是对于城市规模已发展为特大、超大级的城市而言，由于人口集中、资源集聚能力强，遭遇重大灾害的时候暴露度更高，损失更大。因此，必须加强韧性城市的建设。

资料来源：许倩．郑州之殇：城市在天灾面前如此脆弱，韧性城市任重道远_中房网_中国房地产业协会官方网站［EB/OL］．(2021－07－28)．http：//www.fangchan.com/news/1/2021－07－28/6825973120986583264.html；朱萍．透视郑州暴雨背后的韧性城市建设：534亿“海绵城市”为何失效？［EB/OL］．(2021－07－21)．https：//baijiahao.baidu.com/s?id=1705906185374531961&wfr=spider&for=pc.

## 四、突发公共卫生事件背景下加快韧性城市建设的新路径

应始终坚持以人民为中心，统筹推进韧性城市建设。科学制定韧性城市发展规划，并将其深度融合到“十四五”规划中。构建全周期、多层次、全流程、整体性、系统化的城市安全体系，打造能抗压、耐冲击、自适应、恢复快的城市应急管理闭环。重点结合防范应对突发公共卫生事件，树立“全生命周期管理”理念，倡导法治思维，创新推进“防治一体化”建设，筑牢人民生命安全和身体健康的制度防线，全面提升韧性城市的免疫力、发展力，实现城市更高水平发展。

### （一）树立“全生命周期管理”的城市发展理念

将“全生命周期管理”引入韧性城市建设，一要准确把握韧性城市治理的本质特征。把城市视为生命体、有机体，将防范应对突发公共卫生事件贯穿韧性城市建设始终，从预警、处置、救护、调度、善后、评估等各个动态环节进行全流程把控，全方位、全要素统筹社会服务和保障功能，确保城市医疗卫生体系能够平时做好常态化服务，战时做好预警、研判、应对和执行。二要贯彻“系统治理、综合治理、源头治理”的基本原则。从系统治理来看，尊重城市发展规律，运用系统集成思路实现“闭环管理”，从源头到末端实现全流程管控。从综合治理来看，强化道德约束、规范社会行为、协调社会关系，实现社会善治。从源头治理来看，着力打通基层社区这一城市治理的“末梢神经”、韧性城市建设的“最后一百米”。三要将“全生命周期管理”纳入城市建设总体规划。在规划设计中，

要从经济社会发展转型升级、基础设施建设提质优化、公共卫生服务保障完善、社区应急能力提升、绿色生态系统和谐健康等多方面全面增强城市自愈能力。

### （二）将法治思维融入韧性城市血脉

习近平总书记强调，“法治是治国理政的基本方式，要更加注重发挥法治在国家治理和社会管理中的重要作用。”① 法治思维是现代治理的首要思维，法治能力是韧性城市建设的核心能力。将法治思维融入韧性城市的血脉，对于提高韧性城市建设各项事业的民主化、科学化、规范化水平，依法保障城市秩序和谐稳定，推动城市经济社会协调发展具有重要意义。具体而言，一是顶层设计，坚持全面依法治市与深化城市改革相辅相成、比翼齐飞，确保韧性城市建设的重大改革事项立法先行、于法有据。通过制定出台韧性城市相关地方立法，不断健全完善韧性城市的规划、建设、管理、改革等领域的相关制度，尤其注重加强城市规划建设、应急抢险救灾、生态保护修复等领域的立法。二是强化实施，积极转变政府职能，推行简政放权，倡导民主协商，切实做到“法定必须为、法无授权不可为”，实现“韧性”治理架构的扁平化。并通过执法、司法和守法各环节，及时制止、纠正破坏韧性城市建设、扰乱经济秩序、社会秩序和政府管理秩序的行为，并对违法者及时依法制裁。三是提升效能，创新推进法治社会建设。提升党员干部的法纪意识，增强全民法治观念，建设覆盖城乡居民的公共法律服务体系，健全依法维权和多元纠纷解决机制，持续优化韧性城市的法治环境。

### （三）增强城市公共卫生医疗系统韧性

习近平总书记指出：“构建起强大的公共卫生体系，为维护人民健康提供有力保障。”② 当突发公共卫生事件来袭时，必须确保城市公共卫生医

① 马怀德．马怀德：让法治在国家治理中充分发挥“轨道”作用［EB/OL］.（2022－12－05）. https：//baijiahao. baidu. com/s?id＝1751388788815558618.

② 习近平．构建起强大的公共卫生体系　为维护人民健康提供有力保障［J］．求是，2020（18）：4－9.

疗系统正常运转。增强公共卫生医疗系统韧性，筑牢人民生命安全和身体健康的坚强防线，创新推进“防治一体化”建设十分重要。一是改革完善疾病预防控制体系。优化疾控机构职能设置，设立公共卫生总师、首席公共卫生专家特设岗位，建立紧密型疾病预防控制三级网络。建立协同推进妇幼保健、精神卫生、综合监督等公共卫生机构建设机制，增强流行病学调查能力、检验检测能力和科学研究能力。二是实现城市医疗资源均衡布局。聚焦专业传染病医院数量不足、大中型医院负压病房床位短缺、社区（村）卫生服务中心诊治能力薄弱等问题，推进市、区院前急救中心建设，加强以城区医疗中心重点专科建设，提升基层医院重症救治能力。并在社区卫生服务中心建立居民健康档案，提供传染病及突发公共卫生事件报告和处理服务等基本公共服务，构建社区居民“10 分钟救治健康圈”。三是创新医防融合机制。健全分级诊疗制度，推进中西医结合。压实属地、部门、单位、个人“四方责任”，完善疾控机构与城乡社区联动工作机制和群防群控机制。在条件成熟时，建成全民健康信息市区一体化平台和健康医疗大数据中心，推动“互联网＋医疗健康”发挥支撑赋能作用。

### （四）健全完善城市应急管理体系

提升应急管理水平，是韧性城市建设最核心的任务之一。实践证明，应对突发公共卫生事件是否有力、有序，打造现代化的城市应急管理体系至关重要。一是建立完善城市应急管理体制。织密“统一指挥、专常兼备、反应灵敏、上下联动”的城市应急处置网络，构建实战化、扁平化、合成化应急处置模式。重点提升突发公共卫生事件综合监测、预报预警、风险评估能力，增强风险管理和应急能力。二是建立完善应急物资保障体系。建设城区应急救援中心、应急物资储备调度中心，做到有备无患。推动应急物资储备专业化与社会化的有机结合，建成国家、地方、军队、企事业单位甚至家庭的一体化应急物资储备体系，实现供需对接、资源共享、快速调配、保障到位。三是强化应急救援队伍建设。构建以专业队伍为主体、以志愿者队伍等社会力量为辅助的应急救援工作队伍体系，提高综合应急救援能力，做到“一专多能”。四是优化公共卫生应急管理体系。完善市、区两级公共卫生应急指挥机制、智慧化预警多点触发机制、多渠道公共卫生预警机制和应急响应机制、分级分层分流的重大疫情救治机制，补齐疾控网络、疾控能力、疾控硬件、医防融合短板，强化疫情救治硬件、重症救治能力、紧急医学救援网络，健全重大疫情救治机制。

**【本章小结】**

1. 数字城市也叫城市信息化，是指充分利用地理信息技术、宽带网络技术、数据存储技术、数据分析技术、信息展示技术和信息安全技术组成的信息技术体系，对城市基础设施和与生产生活相关的各个方面进行全方位、多层次的信息化加工和使用，有效地整合城市资源、环境、生态、地理、人口、经济、文化、教育和安全等信息资源，形成在综合网络环境下的数字化应用平台，包括政府类、企业类、行业类和个人类应用系统，为城市经济和生活的绝大多数方面提供便捷有效的服务。

2. 未来我国数字城市的发展将有以下趋势：一是数字城市的三种类别仍将在较长时间内同时存在；二是数字城市将具备更高的完整度；三是数字城市的公共健康服务能力大幅提升；四是数字城市建设中市场和社会的力量将进一步加强。

3. 生态城市具有和谐性、高效性、持续性、均衡性几个共性的基本特征。

4. 目前我国韧性城市建设面临突出问题，一方面，我国城市已进入“危机频发期”，而另一方面我们的韧性城市建设步伐并没有跟上。韧性城市建设分别存在以下突出问题：制度韧性问题、组织韧性问题、工程韧性问题、社会韧性问题。

5. 突发公共卫生事件背景下加快韧性城市建设的新路径包括：一是树立“全生命周期管理”的城市发展理念；二是将法治思维融入韧性城市血脉；三是增强城市公共卫生医疗系统韧性；四是健全完善城市应急管理体系，实现城市更高水平发展。

**【关键术语】**

数字城市　智慧城市　生态城市　可持续发展　韧性城市　社会韧性　组织韧性　制度韧性

【思考题】

1. 结合现实科技发展状况，列举未来城市发展有哪些新模式。
2. 生态城市的社会基础对于我国当前的城市发展有什么启示?
3. 我国当前城市发展存在哪些问题? 背后的经济学原因是什么?
4. 韧性城市与海绵城市、智慧城市的区别和联系是什么?

# 参 考 文 献

[1] 阿瑟·奥沙利文. 城市经济学 [M]. 北京: 中信出版社, 2003.

[2] 西蒙·库兹涅茨. 各国的经济增长 [M]. 北京: 商务印书馆, 1985.

[3] 山田浩之. 城市经济学 [M]. 大连: 东北财经大学出版社, 1991.

[4] K. J. 巴顿. 城市经济学: 理论与政策 [M]. 北京: 商务印书馆, 1984.

[5] 马歇尔. 经济学原理 [M]. 北京: 商务印书馆, 2005.

[6] 麦卡恩. 城市与区域经济学 [M]. 上海: 格致出版社, 2010.

[7] 吕玉印. 城市发展的经济学分析 [M]. 上海: 上海三联书店, 2000.

[8] 徐学强, 周一星. 城市地理学 [M]. 北京: 高等教育出版社, 2009.

[9] 高鸿业. 西方经济学 [M]. 北京: 华夏出版社, 2006.

[10] 孙久文. 城市经济学 [M]. 北京: 中国人民大学出版社, 2016.

[11] 王雅莉. 城市经济学 [M]. 北京: 首都经济贸易大学出版社, 2008.

[12] 阎小培. 信息产业与城市发展 [M]. 北京: 科学出版社, 1999.

[13] 董利民. 城市经济学 [M]. 北京: 清华大学出版社, 2021.

[14] 魏达志. 中国城市总部经济成长论 [M]. 北京: 清华大学出版社, 2021.

[15] 张敦富, 叶裕民. 城市经济学原理 [M]. 北京: 中国轻工业出版社, 2007.

［16］褚宏启．城市经济学［M］．北京：中国人民大学出版社，2019.

［17］夏大尉．产业经济学［M］．北京：科学出版社，2001.

［18］叶裕民．城市经济学［M］．北京：科学出版社，2001.

［19］顾朝林．中国城镇体系——历史、现状和展望［M］．北京：商务印书馆，1992.

［20］陆铭．大国大城：当代中国的统一、发展与平衡［M］．上海：上海人民出版社，2016.

［21］李小玲．生态城市建设中几个核心问题研究［D］．兰州大学，2015.

［22］薛凯．数字城市的实施策略与模式研究［D］．天津大学，2012.

［23］许竹青，骆艾荣．数字城市的理念演化、主要类别及未来趋势研究［J］．中国科技论坛，2021（8）：101－107.

［24］蒋艳灵，刘春腊，周长青，等．中国生态城市理论研究现状与实践问题思考［J］．地理研究，2015，34（12）：2222－2237.

［25］陆铭．城市、区域和国家发展——空间政治经济学的现在与未来［J］．经济学（季刊），2017，16（4）：1499－1532.

［26］师博，明萌．中国式城市现代化的理论内涵及评价研究［J］．西北工业大学学报（社会科学版），2023（1）：120－131.

［27］任保平，李婧瑜．数字经济背景下中国式城市现代化的路径与政策创新［J］．西安财经大学学报，2023，36（2）：3－11.

［28］安树伟，李瑞鹏．城市群核心城市带动外围地区经济增长了吗？——以京津冀和长三角城市群为例［J］．中国软科学，2022（9）：85－96.

［29］安树伟，王宇光．都市圈内中小城市功能提升的体系建构［J］．经济纵横，2020（8）：33－39.

［30］洪银兴．城市功能意义的城市化及其产业支持［J］．经济学家，2003（2）：29－36.

［31］徐圆，张林玲．中国城市的经济韧性及由来：产业结构多样化视角［J］．财贸经济，2019，40（7）：110－126.

［32］韩峰，李玉双．产业集聚、公共服务供给与城市规模扩张［J］．

经济研究，2019，54（11）：149－164.

［33］朱江丽，李子联．长三角城市群产业－人口－空间耦合协调发展研究［J］．中国人口·资源与环境，2015，25（2）：75－82.

［34］吴福象，沈浩平．新型城镇化、创新要素空间集聚与城市群产业发展［J］．中南财经政法大学学报，2013（4）：36－42.

［35］刘志彪，欧阳良钻．当代城市经济结构变动的趋势、动因和挑战［J］．当代财经，2001（8）：59－64.

［36］刘志彪．经济全球化中的城市功能变化与房地产业发展机遇——以上海为中心的长三角地区为例［J］．南京社会科学，2006（3）：1－5.